Raumordnung in den Niederlanden

– Entwicklungsgeschichte, Recht und Organisation –

VERÖFFENTLICHUNGEN
DER AKADEMIE FÜR RAUMFORSCHUNG UND LANDESPLANUNG

**Forschungs- und Sitzungsberichte
Band 109**

Raumordnung in den Niederlanden

– Entwicklungsgeschichte, Recht und Organisation –

HERMANN SCHROEDEL VERLAG KG · HANNOVER · 1976

Anschriften der Autoren

Prof. Dr.-Ing. Josef Umlauf, Ammerstraße 7, 8120 Weilheim/Obb.

Dr. jur. Jasper Vink, Utenbroekestraat 35, Den Haag/Niederlande

Dr. jur. J. Witsen, Rijksplanologische Dienst, Willem Witsenplein 6, Den Haag/
Niederlande

Dr. H. van der Weijde, Denijstraat 87, Den Haag/Niederlande

Kreissyndikus *Walter Richter,* Händelstraße 15, 4350 Recklinghausen

Best.-Nr. 91 421

ISBN 3 - 507 - 91 421 - 2

Alle Rechte vorbehalten · Hermann Schroedel Verlag KG Hannover · 1976
Gesamtherstellung: Hahn-Druckerei, Hannover
Auslieferung durch den Verlag

INHALTSVERZEICHNIS

Anlage A: Text des Raumordnungsgesetzes (ROG)

Anlage B: Text der Raumordnungsverordnung (ROV)

Anlage C: Text der für die Raumordnung relevanten Artikel des Wohnungsgesetzes

Verzeichnis der deutschen Übersetzung einiger niederländischer Fachausdrücke

Folgende Abbildungen befinden sich in der Kartentasche am Schluß des Bandes:

Abb. 1: Übersichtskarte der Regionalpläne

Abb. 2: Organisationsschema der Raumordnung in den Niederlanden

Abb. 3: Grundbesitz der Gemeinde Amsterdam

Abb. 4: Durchschnittliche Preise bei Ankauf und Verkauf von Baugelände
       durch Gemeinden.

Einführung

Den Hauptteil der vorliegenden Schrift, die Abschnitte I und III—VI, verfaßte Herr Dr. jur. J. Vink unter Mitwirkung von Herrn Dr. jur. J. Witsen. Herr Dr. Vink leitete von 1949 bis 1967 als Direktor und später als Generaldirektor den Rijksplanologische Dienst (Staatliche Raumordnungsbehörde). Während seiner Amtsführung gewann die niederländische Raumordnung ihren Platz im öffentlichen Leben und begann ihre heutige Arbeitsweise auszubilden, deren bisherige rechtliche und organisatorische Grundlagen hier dargestellt werden. Herr Dr. Witsen ist Direktor für allgemeine Angelegenheiten in der Staatlichen Raumordnungsbehörde. Der Abschnitt II stammt von Herrn Dr. H. van der Weijde, bis 1973 Sekretär-Direktor des Nederlands Instituut voor Ruimtelijke Ordening en Volkshuisvesting (Niederländisches Institut für Raumordnung und Wohnungswesen). Die Manuskripte wurden im Dezember 1975 abgeschlossen.

Die Übersetzung der im Anhang abgedruckten niederländischen Gesetzes- und Verordnungtexte besorgte Herr W. Richter, Kreissyndikus, früher Leiter der Rechtsabteilung des Siedlungsverbandes Ruhrkohlenbezirk, im Benehmen mit Herrn Dr. Vink, Herrn Dr. Niemeier, damals Leiter der Obersten Landesplanungsbehörde des Landes Nordrhein-Westfalen und Mitglied der Deutsch-Niederländischen Raumordnungskommission, und mit dem Unterzeichnenden.

Die Übersetzung des Begriffs „ruimtelijke ordening" bereitete einiges Kopfzerbrechen, da er einen anderen verwaltungsmäßigen Zuständigkeitsbereich umfaßt als der deutsche Begriff Raumordnung. Ruimtelijke ordening schließt die raumbezogenen Gesamtplanungen auf allen Verwaltungsebenen ein, also auf den Stufen des Staates, der Provinzen und der Gemeinden; Raumordnung dagegen nur jene auf den übergemeindlichen Ebenen, also auf den Stufen des Bundes und der Länder einschließlich der Regionalplanung, nicht aber jene auf der Stufe der Gemeinden (Bauleitplanung). Das Gesetz über ruimtelijke ordening regelt, der einheits-staatlichen Verfassung der Niederlande entsprechend, die Materie für alle Verwaltungsstufen unmittelbar. In der förderalistisch verfaßten Bundesrepublik enthält das Raumordnungsgesetz des Bundes außer allgemeinen Grundsätzen nur Rahmenvorschriften für die Gesetzgebung der Länder im Sachbereich der Raumordnung in der oben erläuterten Begrenzung. Das Planungsrecht der Gemeinden ist in anderen Gesetzen des Bundes und der Länder geregelt.

Es ist versucht worden, in der Fachsprache neben dem Begriff Raumordnung die Bezeichnung Raumplanung als Sammelbegriff für Raumordnung und Bauleitplanung der Gemeinden, also mit derselben Bedeutung wie ruimtelijke ordening, einzuführen. Es wurde daher zunächst daran gedacht, diesen Ausdruck für die Übersetzung zu verwenden. Er ist inzwischen auch in Österreich und in der Schweiz übernommen worden und hat dort Eingang in die Gesetzgebung gefunden. In der Bundesrepublik ist noch kein Rechtsbegriff daraus geworden, und die Unterscheidung zwischen Raumordnung und

Raumplanung hat sich noch nicht eindeutig durchgesetzt. Das Thema der vorliegenden Schrift war von Anfang an nur auf eine vergleichende Untersuchung im Bereich der Raumordnung, der übergemeindlichen Planung, abgestellt. Für ihren Hauptadressaten, den deutschen Leser, kann diese Begrenzung automatisch klargestellt werden, wenn von dem ihm geläufigen Begriff Raumordnung ausgegangen wird. Die an der Übersetzung beteiligten, oben genannten Mitarbeiter entschieden sich schließlich einhellig dafür, ruimtelijke ordening mit der sprachlich genau entsprechenden Wortbildung Raumordnung zu übersetzen und auf die begrifflichen Bedeutungsunterschiede in der Einführung hinzuweisen.

Einige weitere Erläuterungen sind zur Entstehung und zum Inhalt dieser Veröffentlichung erforderlich.

In der Bundesrepublik besteht schon seit der Zeit des Wiederaufbaus nach dem Krieg ein besonders starkes Interesse an der Raumordnung in den Niederlanden. Maßnahmen von einer im Verhältnis zur Größe des Landes erstaunlichen Großzügigkeit wie die Abdämmung der Zuidersee, die Trockenlegung und Besiedlung der neu gewonnenen Poldergebiete und das „Deltawerk" beeindruckten die Fachwelt und die Öffentlichkeit nachhaltig. Vom gleichen unternehmenden, weitschauenden Geist waren die Konzeptionen der niederländischen Raumordnung getragen. Dagegen hatte die Idee der Raumordnung in der Bundesrepublik seit 1945 schwere Rückschläge erlitten und war starken politischen Widerständen ausgesetzt. Demgegenüber war ihre Entwicklung in den Niederlanden ein unverdächtiges Beispiel dafür, welche Rolle die Raumordnung in einer freiheitlichen Gesellschaftsordnung spielen kann. Begünstigt durch gemeinsame Probleme und dadurch, daß von niederländischer Seite dankenswerterweise vorzügliches Informationsmaterial in deutscher Sprache zur Verfügung gestellt wurde, entstand ein reger Gedankenaustausch. Unter anderem fand sich auf informeller Basis seit 1962 eine kleine Gruppe von Planern aus der Bundesrepublik, den Niederlanden, Österreich und der Schweiz zu jährlichen Begegnungen zusammen, um sich über die Entwicklung der Raumordnung in den beteiligten Ländern zu unterrichten und gemeinsam interessierende Fragen zu erörtern. Diesem Kreis gehörten u. a. auch Herr Dr. VINK und sein Amtsnachfolger, sowie Herr Dr. VAN DER WEIJDE und der Unterzeichnende an. Aufgrund dieser Kontakte regte der Unterzeichnete im Jahr 1970 eine vergleichende Studie über die Ziele und Methoden der Raumordnung in den Niederlanden und in der Bundesrepublik an. Die Akademie für Raumforschung und Landesplanung stimmte einem Antrag zu, die Durchführung des Vorhabens als Forschungsauftrag zu ermöglichen. Es war vorgesehen, daß zunächst von niederländischer Seite die Grundlagen für die vergleichende Studie von einer interdisziplinären Gruppe von Sachverständigen ausgearbeitet werden sollten. Dann sollte eine entsprechend zusammengesetzte Gruppe deutscher Mitarbeiter den Vergleich aus der Sicht der Raumordnung in der Bundesrepublik durchführen und auswerten. In einer Zusammenkunft der von beiden Seiten vorgesehenen Mitarbeiter im Juli 1971 wurde der Arbeitsplan abgesprochen. Von niederländischer Seite sollten vier Beiträge zur Verfügung gestellt werden:

1. Entstehung und Entwicklung der Raumordnung in den Niederlanden,

2. Überblick über die Aufgaben, Ziele und Planungsgrundsätze und ihre Entwicklungstendenzen,

3. Recht und Organisation der Raumordnung,

4. Prozeß der Planung und Planverwirklichung.

Im Lauf der Bearbeitung der Ziffern 2 und 4 zeigte sich, daß die Ziele und Methoden, nach denen die niederländische Raumordnung bis dahin gearbeitet hatte, in jüngster Zeit durch neue Entwicklungen in solchem Ausmaß überholt oder in Frage gestellt wurden, daß es aufgrund der gesammelten Erfahrungen sowie neuer sachlicher und ideologischer Anforderungen notwendig erschien, die ganze Raumordnungspolitik inhaltlich und methodologisch von Grund auf neu zu durchdenken. Auf niederländischer Seite kam man schließlich zu der Überzeugung, daß unter diesen Umständen die Voraussetzungen für eine repräsentative Darstellung der Ziele und Methoden der Raumordnung höchst ungünstig seien und daß daher zur Zeit keine geeigneten Unterlagen zum Thema der Ziffern 2 und 4 zur Verfügung gestellt werden könnten. So mußte das Vorhaben der vergleichenden Studie aufgegeben werden.

Die inzwischen fertiggestellten Beiträge zu den Ziffern 1 und 3 erschienen jedoch der Akademie für Raumforschung und Landesplanung auch für sich allein so inhaltsreich, daß ihre Veröffentlichung in der vorliegenden Form beschlossen wurde. Die Abschnitte I und II stellen nun die verwaltungsmäßigen und geschichtlichen Voraussetzungen für die bisherige Entwicklung der Raumordnung in den Niederlanden dar. Die Abschnitte III und IV geben in Verbindung mit den im Anhang abgedruckten Gesetzes- und Verordnungstexten einen Einblick in den gegenwärtigen Stand des Rechts und der Organisation, wie er bisher so umfassend und authentisch in deutscher Sprache nicht zur Verfügung stand. Der Abschnitt V bringt Material neuesten Datums zu dem sehr aktuellen Thema Bodenrecht und Bodenpolitik. Im Abschnitt VI werden schließlich einige der tiefgreifenden neuen Entwicklungen angedeutet, die in der niederländischen Raumordnung zur Zeit im Gang sind.

„Nach moderner Auffassung stellt die Raumordnung einen bestimmten Aspekt (‚facet‘) der Gesamtpolitik dar, der die verschiedenen Fachgebiete (‚sectoren‘) der Verwaltung miteinander verknüpft, und zwar den räumlichen Aspekt" (S. 84).

Der räumliche Aspekt wird demnach nicht mehr als der „archimedische Punkt" angesehen, von dem aus die Gesamtentwicklung gesteuert werden könnte, sondern als einer neben mehreren anderen Aspekten — den wirtschaftlichen und den sozialkulturellen. Sie alle müssen gleichermaßen von der Regierungspolitik gegenüber den sektoralen Interessen mit Vorrang berücksichtigt und untereinander abgewogen werden.

Auch im Abschnitt II findet sich ein Hinweis auf die Richtung der neuen Entwicklung:

„Die Regierung betont bei ihrer Neuorientierung die moderne Auffassung, daß die Planung nicht auf einen ‚Endplan‘ für einen bestimmten Zeitpunkt abzielt, sondern den Charakter eines zyklischen und kontinuierlichen Prozesses hat, mit einer fortwährenden Rückkopplung. Dieser Prozeß setzt in allen Phasen eine umfassende Forschungsarbeit voraus" (S. 37).

Auch in der Bundesrepublik scheint die Entwicklung in ähnlicher Richtung zu verlaufen wie in den Niederlanden, doch hat sich hier die Theorie noch nicht so stark auf die Verwaltungspraxis und auf Gesetzgebungsinitiativen ausgewirkt, wie dort.

Offensichtlich entfernt sich die Raumordnung immer mehr von dem Begriff der Planung im allgemeinen Sinne, wie ihn die Arbeitsgemeinschaft der Landesplaner der

Bundesrepublik Deutschland einst zu definieren versucht hat („Landesplanung — Begriffe und Richtlinien", Düsseldorf, 1953):

„Planung ist die systematische Vorbereitung eines vernunftgemäßen Handelns von Einzelnen oder von Gemeinschaften, um ein Ziel unter den gegebenen Verhältnissen auf die beste Weise zu erreichen."

Die Entwicklung in der Raumordnung führt von festen „Leitbildern" weg und scheint sich der Auffassung zu nähern, daß großräumige und damit notwendigerweise auch langfristige Gesamtplanung — um so mehr, je größer der Maßstab wird — ein ständiges Annäherungsverfahren an ein ständig sich veränderndes Ziel sein könne oder müsse. Damit würde die zielgerichtete Planung im herkömmlichen Sinne auf den Bereich kurzfristiger Durchführungsplanungen beschränkt. Diesem Bereich würde ein Verfahren vorgeschaltet, das die Zielvorstellungen der Gesamtpolitik ständig mit Hilfe wissenschaftlicher Analyse- und Prognose-Techniken dem jeweiligen Stand des Bedarfs, der wirtschaftlichen und technischen Leistungsfähigkeit und der politischen Willensbildung anzupassen hätte, um Planung, Politik und Sachzwänge besser als bisher koordinieren zu können. Divergenzen zwischen diesen drei Komponenten ergeben ja oft eine Resultierende, die von den schönsten Planungen sehr abweicht. Dabei muß aber die Gegenfrage gestellt werden, wie ein so kompliziertes kontinuierliches Verfahren mit den praktischen Bedürfnissen der Durchführungsplanung und mit der Beweglichkeit einer freiheitlichen Wirtschaftsordnung im Gleichschritt gehalten werden könnte. Die Raumordnung — genauer: Die Planungsaufgabe, die gegenwärtig noch als Raumordnung bezeichnet wird — steht im Hinblick darauf, wie sie den steigenden theoretischen Anforderungen genügen und sich zugleich in der Praxis bewähren kann, vor großen Schwierigkeiten, vor allem in bezug auf ihre effiziente Mitwirkung im demokratischen Entscheidungsprozeß. Die Planungspraxis scheint schon jetzt in dieser Hinsicht der Grenze des „Machbaren" nahe zu sein. In diesen Fragen tritt letzten Endes wieder das alte Problem in Erscheinung, wie und inwieweit großräumige, langfristige Planung mit der hohen Sensibilität demokratischer Willensbildung und mit dem sich überstürzenden Tempo der heutigen Entwicklung in Einklang gebracht werden kann. Eine Lösung dieses Problems wird jedenfalls nicht allein von der Qualität der Planung her möglich sein. Sie hängt ebenso von der Bereitschaft der Politik zur Planmäßigkeit ab. Wenn Politik die Kunst des Möglichen ist, dann ist Planung die Vorbereitung des Bestmöglichen. Wirkliche Kunst des Möglichen setzt aber strenge Erwägung des Bestmöglichen voraus.

Weilheim/Obb.,
im Dezember 1975

Josef Umlauf

I. Die niederländische Verwaltungsstruktur

1. Allgemeines

Im Gegensatz zu der früheren „Republik der Vereinigten Niederlande", die eine föderative Staatsverfassung hatte, ist das heutige „Königreich der Niederlande" seit seiner Gründung im Jahre 1813 ein Einheitsstaat. Für ein verhältnismäßig so kleines Land[1]) wäre eine andere Lösung auch kaum zweckmäßig.

Seit 1848 sind die Niederlande eine parlamentarische Demokratie. Das Grundgesetz selbst ist durch besondere Verfahrensvorschriften gegen übereilte Änderungen geschützt; seine Interpretation steht jedoch nur der Krone und dem Parlament zu. Weder die normalen Gerichte noch ein Verwaltungsgericht sind zu einer Prüfung der Gesetze oder anderer Maßnahmen auf Verfassungswidrigkeit berechtigt.

Die Verwaltungsstruktur[2]) ist territorial und funktional gegliedert. Das Grundgesetz unterscheidet:

a) *territoriale Körperschaften* auf 3 Ebenen, die auch den Hauptrahmen für die Organisation der Raumplanung bilden: den Staat, die Provinzen und die Gemeinden (siehe I./2.);

b) *Zweckverbände,* und zwar:

— von altersher: die „*waterschappen*" oder Wasserverbände (siehe I./5.);

— seit 1938 auch *andere* (kraft eines Gesetzes zu gründende) *öffentliche Körperschaften.* Hierauf stützen sich z. B. die Körperschaft „Rijnmond" und auch verschiedene Zweckverbände für Hafenverwaltung, Erholungsgebiete, Reinhaltung von Gewässern und dergl. In Analogie mit dem Namen „water-schap" werden diese öfters „-schappen" genannt.

2. Gliederung der territorialen Verwaltung

2.1. Staat

Auf der *Staatsebene* sind die in Betracht kommenden Organe:

— die *Krone* (die Königin mit den Ministern);

— die *Minister* und gegebenenfalls die in gewissen Ressorts ernannten „Staatssecretarissen"[3]). Laut Grundgesetz ist der König unverletzbar; verantwortlich sind die Minister, und zwar jeder in seinem Ressort;

---

[1]) Der Größe nach sind die Niederlande viel mehr mit einem Bundesland als mit der Bundesrepublik zu vergleichen (33 000 qkm mit 13,5 Millionen Einwohnern).

[2]) D. h. für das Gebiet in Europa. Die autonomen überseeischen Teile (die Niederländischen Antillen) bleiben hier außer Betracht. Surinam wurde Ende 1975 unabhängig.

[3]) Diese sind ebenso wie die Minister Politiker und entsprechen deshalb nicht genau den deutschen Staatsekretären.

— das *Parlament,* (die „Generalstaaten"), das sich zusammensetzt aus dem Abgeord-
netenhaus („Tweede Kamer") mit 150 und dem Senat („Eerste Kamer") mit 75 Mitgliedern; die ersteren werden alle 4 Jahre in direkter allgemeiner Wahl nach dem
Proporzsystem gewählt[4]), die letzteren stufenweise von den Provinziallandtagen mit
einem Mandat von 6 Jahren;
— der *Staatsrat* („Raad van State"), bestehend aus einem Vize-Präsidenten[5]) und höchstens 24 Mitgliedern. Dieser Rat funktioniert als Beratungsinstanz für die Krone,
als faktisch höchste Instanz in Berufungsangelegenheiten und seit kurzem auch als
Verwaltungsgericht.

2.2. *Provinz*

Das Staatsgebiet[6]) ist in 11 *Provinzen* aufgeteilt, deren Fläche zwischen 1400 und
5100 qkm und deren Bevölkerungszahl zwischen 300 000 und 3 Millionen schwanken.
Die im Provinzgesetz („Provinciewet") vom 25. 1. 1962, Stb. 17[7]) vorgesehenen Pro-
vinzialorgane sind :
— der *Provinziallandtag* („Provinciale Staten") als Legislative, je nach der Bevölkerungszahl ihrer Provinz mit 39—83 Mitgliedern;
— ständige *Ausschüsse* aus dem Provinziallandtag, bzw. vom Landtag einzusetzende
Ausschüsse für Beistand und Beratung (die Mitglieder der letzteren brauchen nicht dem
Landtag anzugehören);
— der *Provinzialausschuß* („Gedeputeerde Staten") als Exekutive und Aufsichtsbehörde,
bestehend aus dem Königlichen Kommissar und 6 von und aus dem Provinziallandtag
gewählten Mitgliedern;
— der *Königliche Kommissar* („Commissaris der Koningin"), Vorsitzender des Landtages
und des Provinzialausschusses, von der Krone auf unbestimmte Zeit ernannt. Der
Königliche Kommissar und der Provinzialausschuß sind dem Provinziallandtag
gegenüber verantwortlich, außer bei Entscheidungen als Aufsichtsbehörde und in
Verwaltungsstreitigkeiten.

Vor kurzem hat die Regierung eine Neugliederung in 26 Provinzen vorgeschlagen.
Diese Reform ist aber noch nicht beim Parlament in Behandlung (siehe Abschn. VI./2.2.).

2.3. *Gemeinde*

Jede Provinz gliedert sich in *Gemeinden* sehr verschiedener Größenordnung: ihre
Flächen schwanken von weniger als 1 qkm bis über 500 qkm, ihre Bevölkerung von
weniger als 500 bis etwa 800 000[8]). Ihre Gesamtzahl ist durch Zusammenlegungen und
Eingemeindungen von über 1200 auf 843 gesunken. Dabei haben der starke Bevölke-
rungszuwachs (1817: rd. 2 Mio. Einw.; 1900: rd 5 Mio.; 1975: rd 13,5 Mio.) und die
modernen Entwicklungstendenzen den Schwerpunkt mehr und mehr zugunsten der
mittelgroßen und großen Gemeinden verschoben (siehe Tab. 1).

---

[4]) So werden auch die später zu nennenden Provinziallandtage und Gemeinderäte gewählt.

[5]) Die Königin hat verfassungsmäßig selbst das Amt des Präsidenten inne, übt dieses jedoch nicht
effektiv aus.

[6]) Mit Ausnahme der neuen IJsselmeerpolder während ihrer ersten Entwicklungsphase.

[7]) Stb. = staatsblad (Gesetz- und Verordnungsblatt).

[8]) Die Ziffern beziehen sich auf die einzelnen Gemeinden. Die Großstädte (z. B. Amsterdam und
Rotterdam mit über eine Million Einwohnern) und auch verschiedene mittelgroße Städte sind Agglomerationen, die sich aus mehreren Gemeinden zusammensetzen.

Tabelle 1:   *Bevölkerung und Zahl der Gemeinden*

Gemeindegruppe nach Einwohnern	Zahl				Bevölkerung v.H. der Landesbevölkerung			
	31.12. 1899	31. 12. 1930	31. 5. 1960	1. 1. 1974	31. 12. 1899	31. 12. 1930	31. 5. 1960	1. 1. 1974
weniger als 5 000	918	774	556	308	34,3	21,2	11,6	6,5
5 000— 10 000	133	172	218	222	17,1	15,2	13,3	11,6
10 000— 20 000	46	86	125	171	12,2	14,9	14,9	18,0
20 000— 50 000	16	28	62	100	9,4	11,5	15,9	21,6
50 000—100 000	4	12	19	26	4,7	10,0	11,4	13,8
100 000 und mehr	4	6	14	16	22,3	27,2	32,9	28,5
Total	1 121	1 078	994	843	100	100	100	100

Zentralamt für Statistik

In dem ganzen Prozeß spiegeln sich die Urbanisation und (namentlich in der Nachkriegszeit) auch die Suburbanisation als überwiegende Züge ab. Bei einer Verteilung der Gemeinden nach Urbanisationsgrad entfallen über 51 v. H. der Bevölkerung auf die städtischen Gemeinden, rund 26 v. H. auf verstädterte ländliche Gemeinden und nur 23 v. H. auf die eigentlichen ländlichen Gemeinden (Stand 1. 1. 1974).

Trotz der großen Unterschiede zwischen den Gemeinden werden diese in der Gemeindeordnung („Gemeentewet") vom 29. 6. 1851, Stb. 85 (seitdem mehrmals abgeändert) rechtlich und organisatorisch gleich behandelt. Die einzige Ausnahme bildet eine Sonderregelung für Gemeinden mit mehr als 100 000 Einwohnern, die gewisse Beschlüsse privatrechtlicher Art (wie Kauf und Verkauf von Grundstücken und dergl.) der höheren Genehmigung entzieht. Diese Einheitsgemeinde wird nach wie vor für richtig gehalten.

Die gemeindlichen Organe sind:
— der *Gemeinderat* („Gemeenteraad") als Legislative, je nach der Einwohnerzahl der Gemeinde mit 7—45 Mitgliedern;
— Ständige *Ausschüsse aus dem Gemeinderat,* bzw. vom Rat einzusetzende *funktionelle oder territoriale Ausschüsse* (die Mitglieder der letzteren können, wenn der Rat so beschließt, auch direkt von der Bevölkerung gewählt werden);
— der *Magistrat* („Burgemeester en Wethouders") als Exekutive, zusammengesetzt aus dem Bürgermeister und 2—6 (ausnahmsweise 7 oder 8) von und aus dem Gemeinderat gewählten Mitgliedern);
— der *Bürgermeister,* Vorsitzender des Gemeinderates und des Magistrats (in dem letzteren Kollegium bei Stimmengleichheit mit entscheidender Stimme), von der Krone auf bestimmte Zeit — 6 Jahre — ernannt, aber unter normalen Umständen nach Ablauf dieses Termins regelmäßig wiederernannt.

Der Bürgermeister und der Magistrat sind dem Gemeinderat gegenüber verantwortlich.

3. Die Stellung der Provinzen und Gemeinden im Staat

3.1. Dezentralisation

Die niederländische Verwaltungsstruktur ist durch eine starke *Dezentralisation* gekennzeichnet. Diese verwirklicht sich in zweierlei Form:

a) Regelung und Verwaltung im eigenen Kreis („autonomie" oder Selbstverwaltung);
b) Mitwirkung bei der Durchführung höherer Regelungen („medebewind"), also eine Art Mitverwaltung.

3.2. Selbstverwaltung

Selbstverwaltung ist ein tief in unserer Geschichte wurzelndes Grundprinzip. Im Grundgesetz werden die Regelung und Verwaltung des eigenen Haushalts den Provinzen und Gemeinden „überlassen", d. h. ihre Autonomie wird nicht von der Staatsverfassung aus verliehen, sondern als eine von altersher bestehende Rechtslage anerkannt. Inhaltlich wird die Selbstverwaltung weder im Grundgesetz noch in den Provinz- und Gemeindegesetzen scharf umgrenzt.

Die notwendige Harmonisierung der Maßnahmen in den verschiedenen Interessenkreisen wird gewährleistet durch:

a) die *übergeordnete Stellung der höheren Regelungen*. Eine Regelung im Rahmen der Selbstverwaltung darf einer höheren Regelung nicht zuwiderlaufen[9]) und darf auch nicht das Gebiet höherer Interessen berühren; weiter tritt sie von Rechts wegen außer Kraft, wenn eine höhere Regelung sich mit ihrem „Gegenstand" befaßt;
b) die *Aufsicht,* die sich sowohl auf die Rechtmäßigkeit als auf die Zweckmäßigkeit bezieht, und zwar:

— *repressiv,* indem alle Beschlüsse der niederen Organe von der Krone suspendiert oder für nichtig erklärt werden können, wenn sie dem Gesetz oder dem Allgemeininteresse zuwiderlaufen;

— *präventiv,* indem viele Beschlüsse durch allgemeine oder besondere Gesetzesbestimmungen einer Meldepflicht, bzw. einer Genehmigung durch den Provinzialausschuß bzw. die Krone, unterworfen sind.

3.3. Grenzen der Selbstverwaltung

Die *Grenzen der Selbstverwaltung* liegen also nicht fest. Es stellt keine Rechtsverletzung dar, wenn die Provinz oder der Staat eine bisher auf niedrigerer Ebene geregelte Materie an sich zieht. Wohl ist jedes Eingreifen in die Selbstverwaltung starken politischen Widerständen ausgesetzt, insbesondere wenn es sich um die gemeindliche Autonomie handelt[10]). In der niederländischen Gesellschaftsordnung mit ihrer ausgesprochenen (stadt-)bürgerlichen Tradition haben gerade die Gemeinden tatsächlich eine durchaus wichtige Machtstellung. Sie üben einen merklichen Einfluß im Parlament aus, und der Niederländische Gemeindeverband, dem alle Gemeinden angeschlossen sind, gilt als eine der stärksten Lobbys.

Dennoch verschieben sich die Grenzen der Selbstverwaltung im Sog der modernen Entwicklung. Anfänglich sind die Provinzen dabei ein bißchen in die Klemme geraten:

---

[9]) Ob dies der Fall ist, kann von den Gerichten überprüft werden.
[10]) So haben die Gemeinden sofort gegen die obenerwähnten Vorschläge zu einer Verwaltungsreform Stellung genommen.

4

wenn eine Materie nicht länger den Gemeinden überlassen werden konnte, wurde sie direkt vom Staat an sich gezogen. Eines der ersten Beispiele war das Wohnungsgesetz 1901. In der letzten Zeit kommen jedoch die regionalen Organe wieder mehr in den Vordergrund, namentlich auch auf dem Gebiete der Raumordnung.

3.4. Mitverwaltung

Durch die auftretenden Verschiebungen gewinnt die *Mitverwaltung* als Dezentralisationsform an Bedeutung, zumal es sich immer weniger um eine bloß mechanische Mitwirkung der niederen Organe handelt. Meistens läßt die übergeordnete Regelung den Provinzen und/oder den Gemeinden bei der Durchführung einen ziemlich breiten Raum, in dem die eigene Regelung oder das eigene Urteil mitsprechen kann. Auch hier gab schon das Wohnungsgesetz 1901 ein Beispiel, indem es die Gemeinden mit der Regelung des Bauens beauftragte, aber den Inhalt der Bauordnung — mit Genehmigung des Provinzialausschusses — dem Gemeinderat überließ[11]). Seitdem hat sich bei der Planung ebenfalls ein System entwickelt, in dem kraft des Raumordnungsgesetzes sowohl die Gemeinde als die Provinz eine wichtige eigene Rolle spielen (siehe Abschn. III. und IV.).

Im ganzen genommen überwiegt jetzt die Einsicht, daß die staatlichen, provinzialen und gemeindlichen Interessenkreise sich nicht genau unterscheiden, geschweige denn scheiden lassen, sondern daß es vor allem auf ein gutes Zusammenspiel ankommt.

3.5. Staat und Selbstverwaltung in der Raumordnung

Speziell im Hinblick auf die *Raumordnung* läßt sich sagen, daß in der heutigen Lage der *Staats*anteil an Bedeutung gewinnt wegen der in Sicht kommenden internationalen Zusammenhänge und der notwendigen Querverbindungen mit der Wirtschaftsplanung, der Sozialplanung und des Umweltschutzes. Die nationalen räumlichen Probleme haben auch im Parlament ein reges Interesse gefunden. Die Sache hat deutlich an politischem Interesse gewonnen. Die *Provinzial*behörden üben von altersher wichtige autonome Aufgaben auf dem Gebiet des „Waterstaats"[12]) aus, haben dazu eine entscheidende Stellung im Flurbereinigungsverfahren und sind mit der Aufsicht über die Gemeinden und Wasserverbände beauftragt. Zwar sind die provinzialen Grenzen mehr historisch als raumplanerisch bedingt, aber dennoch lassen die Provinzen sich als eigenständige Einheiten bei der Planung ansehen: sie leben als solche im Bewußtsein der Bevölkerung und bieten einen Rahmen, der groß genug ist für das Einschätzen der übergemeindlichen Zusammenhänge und übersichtlich genug für eine zielgerichtete Aktivität. Die Provinz eignet sich darum ganz besonders als regionale Planungsbehörde, die nach oben und nach unten eine Schlüsselstellung für Planung und Durchführung innehat[13]).

Die *Gemeinden* bilden die unterste Planungsstufe und sind deshalb besonders wichtig für die Beziehungen zu den Bürgern. Hier handelt es sich um die Ausarbeitung der Pläne in Einzelheiten, die Rechtsverbindlichkeit, das Verfahren, die Aufklärung, aber auch um

---

[11]) Es hieß damals, das Wohnungswesen würde „Rijks-*zaak*" (Staats-sache), aber blieb „gemeente-*taak*" (gemeindliche Aufgabe).

[12]) „Waterstaat" umfaßt alles, was mit Wasserbeherrschung, Wasserwirtschaft, Trockenlegung, Polderwesen, Deichen, Wasser- und Verkehrsstraßen und dergl. zu tun hat. In der deutschen Übersetzung der Gesetzestexte (Anlagen A und B) wird es durch „Straßen- und Wasserbau" wiedergegeben.

[13]) Die jetzt vor Augen stehende Verwaltungsreform, die den Gedanken der Regierung verbunden werden soll mit dem Übergang staatlicher und gemeindlicher Aufgaben auf die neuen Provinzen — u. a. auf dem Gebiet der Raumordnung —, wird diese Schlüsselstellung noch besonders verstärken (siehe Abschn. VI./2.2).

die aktive Beteiligung der Bürger an der Entwicklung ihrer eigenen Umwelt. Ohne die selbständigen und lebenskräftigen Gemeinden wäre die ganze Entwicklung der Planung in unserem Lande undenkbar gewesen. Je mehr der Drang zu einer weiteren Demokratisierung der Planungsprozesse sich durchsetzt, desto wichtiger wird die Frontlage der Gemeinden werden. Die Verwaltungsgesetze (Provinz- und Gemeindegesetz) sind so allgemein gefaßt, daß sie einer neuen Entfaltung der dezentralisierten Struktur nicht im Wege stehen. Wenn es im Rahmen der Verwaltung Hindernisse gibt, dann liegen diese auf dem Gebiet der gemeindlichen Grenzen (siehe Abschn. I./6. und VI./2.) und der Finanzen (siehe Abschn. I./4.). Andererseits läßt sich in der letzten Zeit die Notwendigkeit einer Verstärkung des staatlichen Einflusses immer mehr spüren (siehe Abschn. VI./4.).

4. Die Finanzverfassung

Es ist ein paradoxer Zug im niederländischen System, daß die besonders starke Stellung der Provinzen und vor allem der Gemeinden sich bewähren kann trotz einer relativ sehr schwachen Finanzhoheit. Obwohl der eigene Steuerbereich der Gemeinden in der letzten Zeit erweitert wurde, bleiben die Einnahmen aus den Kommunal- und Provinzialsteuern nur ein Bruchteil der Gesamtbeträge, die den Provinzen und Gemeinden aus staatlichen Quellen zufließen[14]). Im Verhältnis zu den Gesamteinnahmen dieser Körperschaften entfällt auf die eigenen Steuern bei den Provinzen nur ein Anteil von rd 1. v. H., bei den Gemeinden nur einer von 8—9 v. H.

Der weitaus überwiegende Teil der provinzialen und gemeindlichen Einnahmen fällt aus staatlichen Mitteln an, und zwar als Zweckzuweisungen für bestimmte Aufgaben und als Zuwendungen aus dem Provinz- bzw. Gemeindefonds (siehe Tab. 2).

Der Provinzfonds beruht auf dem Provinzgesetz, der Gemeindefonds ist schon seit 1929 kraft einer Sonderregelung (jetzt das Gesetz vom 12. 7. 1961, Stb. 217 — „Financiële-Verhoudingswet 1960" — seitdem mehrmals abgeändert) an die Stelle früherer kommunaler Steuern (u. a. Einkommensteuer und Forensensteuer) getreten. Beide Fonds werden mit einem gesetzlich bestimmten Prozentsatz aus staatlichen Steuern[16]) gespeist. Die Zuwendungen zugunsten der Provinzen und Gemeinden werden grundsätzlich soweit wie möglich nach *objektiven* Maßstäben verteilt; die unteren Körperschaften sollen somit nicht der Willkür des Innenministeriums ausgesetzt sein. Für die Provinzen gilt ein einfacher Verteilungsschlüssel (⅓ der Gesamtsumme wird im Verhältnis zu der Fläche verteilt, ⅓ im Verhältnis zu der Einwohnerzahl und ⅓ in 11 gleichen Teilen); bei den Gemeinden ist das System komplizierter.

---

[14]) Im eigenen Steuerbereich fallen für die Provinzen hauptsächlich beschränkte Zuschläge auf die Hauptsumme der Kraftwagensteuer an. Die eigenen Kommunalsteuern sind eine beschränkte Immobiliarsteuer (ersetzt die bisher den Gemeinden zukommende Hauptsumme der Grundsteuer und die von den Gemeinden erhobenen Zuschläge auf die Hauptsumme der Mietwertsteuer), eine Steuer („baatbelasting") auf Grundstücke, die durch bestimmte gemeindliche Vorhaben genutzt werden, eine Baulandsteuer, sowie Hundesteuer, Wohnforensensteuer, Kurtaxe, Stempel- und andere Gebühren. — Die Steuern werden von dem Provinziallandtag bzw. vom Gemeinderat mit Genehmigung der Krone festgesetzt.

[16]) U. a. Einkommens- und Vermögensteuer, Körperschaftsteuer, Lohnsteuer, Dividendensteuer, Einfuhrzölle und Verbrauchsteuer, Umsatzsteuer, Erbschaft- und Schenkungsteuer, Lotteriesteuer, Sondersteuer auf Pkw, Stempelsteuer und Übergangsgebühren. Der Prozentsatz beträgt zirka 1 v. H. (Provinzfonds) bzw. 12,5 v. H. (Gemeindefonds).

6

Tabelle 2: *Staatliche Zuwendungen und Zweckzuweisungen an Gemeinden, Provinzen und andere öffentliche Körperschaften (hfl 1 Mio.)*

Gemeinden		Provinzen und andere Körperschaften	Summe
1. Zuwendungen aus dem Gemeinde- bzw. Provinzfonds	8 217	474	8 691
2. Zweckzuweisungen für:			
Polizei und Zivilverteidigung	1 082	56	
Verkehr, Straßen- und Wasserbau*)	495	623	
Unterricht	3 123	—	
Kultur und Erholung	53	23	
Sozialfürsorge und Volksgesundheit	5 618	4	
Wohnungswesen	1 215	38	
Handel und Industrie	106	—	
Sonstiges	67	34	
Summe	11 759	778	12 537
Gesamtsumme	19 976	1 252	21 228

*) Kraft des Gesetzes vom 21. 7. 1966, Stb. 367 betr. die Zuwendungen für den Straßenbau („Wet Uitkeringen Wegen") werden die Zuwendungen nach objektiven Maßstäben an die Provinzen und ggf. über die Provinzen an Gemeinden gegeben.

Budgetunterlagen 1975 („Millioenennota").

Es setzt sich zusammen aus

a) einer *allgemeinen Zuwendung* nach einer Formel, wobei die Fläche der Gemeinde, die Baudichte, die Kosten der Sozialfürsorge und die Einwohnerzahl bestimmend sind (der Betrag pro Einwohner erhöht sich stufenweise von hfl 51,45 für die kleinsten Gemeinden bis hfl 145,45 für die größten). „Veredelungen" dieser allgemeinen Formel nach objektiven Maßstäben sind vorgesehen, wenn sich in einer Gruppe von Gemeinden genau umschriebene Umstände ergeben, die den Gemeindehaushalt besonders schwer belasten[17]). Außerdem wird das Ansteigen von Löhnen und Preisen und auch der in Betracht kommenden Ausgaben für Sozialfürsorge völlig kompensiert;

---

[17]) Z. B. von einem Fahrwasser durchschnittene Gemeinden, isolierte Inselgemeinden, Bergbaugemeinden, zentrale Orte in Fördergebieten, Universitätsgemeinden, Gemeinden mit einem historischen Stadtzentrum und Gemeinden mit einem besonders schnellen Bevölkerungsanwachs. Am 1. 1. 1975 sind neue Veredelungen in Kraft getreten für Gemeinden mit schlechten Bodenverhältnissen und für die auszuweisenden „Wachstums-Kerne" (siehe Abschn. III./4. d).

b) einer *Zuwendung für den Elementarunterricht* nach differenzierten Normen, zum Ausgleich aller den Gemeinden zur Last fallenden ständigen Kosten für diesen Unterricht. Der Gesamtbetrag dieser Zuwendung wird zusätzlich zum gesetzlichen Anteil an den obengenannten Steuern vom Staat in den Gemeindefonds abgeführt; außerdem werden die Gehälter direkt vom Staat getragen.

Wenn in einzelnen Gemeinden (wie u. a. in den Großstädten) die Mittel bei weitem nicht genügen für die Deckung ihrer wesentlichen Bedürfnisse, wird aus den Mitteln des Gemeindefonds eine Sonderregelung finanziert. Weiter werden (aber nicht über den Gemeindefonds) die hohen Defizite der 9 städtischen Verkehrsbetriebe jetzt völlig vom Staat getragen.

Bei der Durchführung der Zuwendungen aus dem Gemeindefonds und deren Anpassung an ständig wechselnde Umstände spielt der „Rat für die Gemeindefinanzen" eine wichtige Rolle als Vertrauensstelle der Gemeinden. Der Präsident und alle 9 Mitglieder (Gemeindeverwalter) werden vom Niederländischen Gemeindeverband ernannt, während die 7 seitens der Regierung in den Rat entsandten Mitglieder nur eine beratende Stimme haben. Die Kosten werden vom Gemeindefonds getragen.

Aus der Sicht der Raumordnung sind diese Regelungen grundsätzlich positiv zu bewerten. Abgesehen davon, daß sie überhaupt keine Gewerbesteuer enthalten, verhindern sie auch sonst eine Steuerkonkurrenz zwischen den Gemeinden, so daß die Zielsetzungen der Planung jedenfalls nicht durch die örtliche Verteilung des Steueraufkommens beeinträchtigt werden können. Weiter gibt es in dem System auch Elemente, die sich für die Planungsgedanken positiv auswirken. Auf die Gesamtbeträge der Zuwendungen bezogen, bleiben diese Unterschiede jedoch relativ klein.

Das System als Ganzes hat sich jahrzehntelang gut bewährt. Allmählich hat sich aber in der letzten Zeit die Finanzierung der gemeindlichen Ausgaben — insbesondere in den städtischen Gemeinden — so sehr nach den Zweckzuwendungen und Sonderregelungen verschoben, daß die finanzielle Selbständigkeit der Gemeinden faktisch verloren zu gehen droht. Eine Neuregelung, die ihnen wieder eine größere eigene Entscheidungsfreiheit und Verantwortlichkeit verspricht, tut denn auch not. Die Regierung hofft dies weniger durch eine Änderung der Finanzverfassung zu erreichen, als durch eine Verwaltungsreform in dem Sinne, daß die künftigen Körperschaften wieder nach objektiven Maßstäben tragfähig gemacht werden können (siehe Abschn. VI./2.2.).

Während der letzten Jahre fühlten die Gemeinden sich auch durch die scharfe Staatsaufsicht über die Finanzierung der kommunalen Investitionen in die Enge getrieben. Kraft eines Sondergesetzes für den Kapitalaufwand öffentlicher Körperschaften[18] haben nämlich der Finanzminister und der Innenminister aufgrund der Spannungen auf dem Kapitalmarkt den Gemeinden Ende 1965 eine Zentralfinanzierung über die „Bank für niederländische Gemeinden" auferlegt. Dies bedeutet eine insbesondere für die Großstädte schwer zu ertragende Beschränkung der Investitionsmöglichkeiten für Bodenbeschaffung, große Infrastrukturarbeiten, Sicherstellung von Erholungsflächen usw.[19]. Hier drückte der Schuh jedoch nicht wegen der Finanzverfassung, sondern wegen der allgemeinen finanziellen Lage. Inzwischen hat die heutige Wirtschaftslage dazu Anlaß gegeben, die Zentralfinanzierung Mitte 1975 aufzuheben. Wohl bleibt ein Anleiheplafond bestehen.

---

[18]) Vom 30. 5. 1963. Stb. 239 („Wet Kapitaaluitgaven publiekrechtelijke lichamen"). Danach wird der Kapitalaufwand grundsätzlich genehmigt, wenn eine feste Finanzierung gesichert ist. Bei Konjunkturüberhitzung sieht das Gesetz einen (auf die Provinzen und Gemeinden zu verteilenden) Anleiheplafond vor. Die Zentralfinanzierung ist die schärfste im Gesetz zugelassene Maßnahme.

[19]) Die Kapitalbeschaffung für den gemeindlichen sozialen Wohnungsbau wird zur Zeit vom Staat übernommen.

5. Die Wasserverbände („waterschappen")

Die „waterschappen" stellen den ältesten noch funktionierenden Typ der niederländischen öffentlichen Körperschaften dar. Sie entstanden schon im frühen Mittelalter als Interessengemeinschaften der Grundeigentümer unter dem Rechtsschutz des Landesherrn und im Grunde genommen sind sie das geblieben: Noch immer werden die Verwaltungsorgane nicht von den Einwohnern, sondern von den „ingelanden" (Grundeigentümern, „Deichgenossen") gewählt. Diese Sachlage läßt sich leicht aus der einmaligen Bedeutung verstehen, die die Verteidigung gegen das Wasser und die Wasserwirtschaft im allgemeinen die Jahrhunderte hindurch für die Niederlande hatten.

In unserer Zeit haben die Provinzen eine zentrale Stellung auf diesem Gebiet bekommen, und zwar:

— konstitutiv, da der Provinziallandtag (mit Genehmigung der Krone) zuständig ist für die Gründung, Reglementierung, Reorganisation und Auflösung von „waterschappen";
— überwachend, da der Provinzialausschuß (mit Möglichkeit der Beschwerde bei der Krone) als Aufsichtsbehörde auftritt. („Waterschappen", die mit der Verteidigung gegen das Meereswasser, das Wasser im Ijsselsee oder in den großen Flüssen beauftragt sind, werden in stärkerem Maße vom Staat aus überwacht.) Es gibt im ganzen rd. 800 „waterschappen", die meisten im tiefliegenden Norden und Westen des Landes. Ebenso wie bei den Gemeinden wird eine Konzentration angestrebt; viele kleinere Einheiten wurden schon zu besser ausgerüsteten größeren Körperschaften zusammengelegt[20]. Im Gegensatz aber zu den Gemeinden sind die „waterschappen" auf sehr verschiedene Weise organisiert[21]. Aus der Sicht der Raumordnung ist es wichtig, daß das Wasser in der modernen Zeit immer mehr auch eine soziale Funktion erhält (Wassersport, Erholung am Ufer, Sportfischerei usw.). Außerdem kommt es jetzt nicht nur auf die Wasserbeherrschung, sondern vor allem auch auf die Wasserqualität als einen der bedeutsamsten Umweltfaktoren an. Unter diesen Umständen gewinnt die Rolle der „waterschappen" als Partner im Planungsprozeß an Gewicht.

6. Zusammenarbeit zwischen öffentlichen Körperschaften

Zwischen den Gemeinden gibt es von jeher Formen der Zusammenarbeit. Im Gesetz über die öffentlich-rechtlichen Vereinbarungen („Wet Gemeenschappelijke Regelingen") vom 1.4.1950, Stb. 120 (seitdem wiederholt geändert), ist der Zusammenarbeit zwischen öffentlichen Körperschaften eine breitere Grundlage gegeben. Dieses Gesetz ermöglicht die Zusammenarbeit von Gemeinden untereinander, zwischen Gemeinden und Provinzen und zwischen Gemeinden und Wasserverbänden.

Die Zusammenarbeit ist auf „bestimmte", in der Vereinbarung genauer zu umschreibende, Interessen zu beschränken. Es gibt nunmehr ca. 1400 öffentlich-rechtliche Vereinbarungen. Eine Reihe davon bezieht sich auf raumbedeutsame Interessen wie die Förderung der Freilufterholung oder die Industrialisierung in einem bestimmten Gebiet. Der Bezeichnung „waterschap" entsprechend, nennt man diese Zweckverbände oft „recreatie-schap", „industrie-schap" usw. (siehe oben Abschn. I./1.).

---

[20] 1950 gab es noch 2500 „waterschappen".

[21] Organisation und Befugnisse der „waterschappen" beruhen auf den Gesetzen vom 10. 11. 1900, Stb. 176, zur allgemeinen Regelung der „Waterstaats"-Verwaltung, vom 20. 7. 1895, Stb. 139, zur Regelung der Verordnungen und vom 9. 5. 1902, Stb. 54, zur Regelung gewisser Befugnisse.

Auch der Staat kann sich an einer öffentlich-rechtlichen Vereinbarung beteiligen; dazu ist dann ein Sondergesetz erforderlich. Von dieser Möglichkeit ist bei der Gründung einiger Zweckverbände für die Verwaltung regionaler Seehäfen („haven-schappen") in Groningen und Zeeland Gebrauch gemacht.

In mehreren, namentlich stark verstädterten Gebieten sind die Entwicklungen derart verflochten, daß die Gemeinden durch ein Netzwerk von öffentlich-rechtlichen Vereinbarungen miteinander verbunden sind. So haben die 21 Gemeinden der Oostelijke Mijnstreek in Süd-Limburg insgesamt 21 öffentlich-rechtliche Vereinbarungen. In diesen Gebieten kommt das Bedürfnis nach einer mehr *allgemeinen Form der Zusammenarbeit* auf.

In der Agglomeration Eindhoven wurde ein solcher Verband am 1. 1. 1965 gegründet. Dadurch erhielt ein Gebiet von 11 Gemeinden mit nunmehr 350 000 Einwohnern (davon 191 000 in der Gemeinde Eindhoven) eine Agglomerationsverwaltung und einen Agglomerationsrat, der aus den Bürgermeistern und einer Anzahl von Mitgliedern der Räte der teilnehmenden Gemeinden besteht. Seitdem folgten mehrere Agglomerationen diesem Beispiel. Am 1. 1. 1975 existierten in den Niederlanden insgesamt 54 solcher allgemeinen Verbände. Gewöhnlich haben diese die Raumordnung ihres Gebiets als Aufgabe (meistens durch die Aufstellung eines gemeinsamen Widmungsplanes; siehe Abschn. III./3.1. unter c) und die Förderung der Verwaltungskoordination.

Diese Verbände sind auf der Basis des Gesetzes über die öffentlich-rechtlichen Vereinbarungen gegründet, das aber Zusammenarbeit nur für „bestimmte" Interessen ermöglicht. Es ist deutlich, daß sie mit dieser Bestimmung vielleicht nicht buchstäblich, jedoch sinngemäß im Widerspruch stehen. Sie entsprechen allerdings einem deutlichen Bedarf und werden deshalb von den höheren Behörden akzeptiert.

Für das Rijnmondgebiet (23 Gemeinden mit nunmehr 1 053 000 Einwohnern, davon 636 000 in Rotterdam) ist ein regionales Verwaltungsorgan durch Gesetz ins Leben gerufen worden: das *Gesetz über die öffentliche Körperschaft Rijnmond* vom 5. 11. 1964, Stb. 427 (nachher wiederholt geändert). Diese öffentliche Körperschaft, die genau genommen kein zwischengemeindlicher Verband ist, erhielt auf dem Gebiete der Raumordnung provinziale Befugnisse: sie stellt einen Regionalplan auf (siehe Abschn. III./3.1. unter b), der der Genehmigung der Provinzialverwaltung von Zuid-Holland bedarf; sie hat ferner die Befugnis, den Gemeinden (unverbindliche) Leitlinien und (verbindliche) Weisungen zu erteilen. Die Gemeinden können Rijnmond eigene Befugnisse übertragen; diese Möglichkeit wird aber nur vereinzelt benützt. Der Rijnmondrat besteht aus 81 direkt gewählten Mitgliedern.

Inzwischen sind andere Lösungen in den Vordergrund gekommen. Diese werden im Rahmen der vorgeschlagenen Verwaltungsreform dargelegt (siehe Abschn. VI./2.).

II. Entstehung und Entwicklung der Raumordnung in den Niederlanden

1. Historische Hintergründe

1.1. Vorläufer der Raumordnung

Es ist nicht leicht, für eine historische Skizze von der Entwicklung der Raumordnung in den Niederlanden einen befriedigenden Anfangspunkt zu finden. Wenn man ausgeht von einer modernen Definition der Raumordnung, kann der Anfangspunkt nicht weit in der Vergangenheit zurückliegen. Wesentlich ist jedoch in mehreren neuen Umschreibungen der Raumordnung die gegenseitige Anpassung von Raum und Gesellschaft, und diese wird erst in der letzten Zeit bewußt angestrebt. Man könnte die Auffassung vertreten, daß erst mit dem Inkrafttreten des jetzigen Raumordnungsgesetzes (1965) die wirkliche Geschichte unserer Raumordnung angefangen hat oder aber vielleicht mit der Gründung des Staatsplanungsamtes und der provinzialen Planungsämter (1941/42) aufgrund des ersten provisorischen Vorläufers dieses Gesetzes. Aber andererseits darf nicht außer Betracht bleiben, daß planerische Bemühungen um den Lebensraum von seiten der Behörden schon viel früher nachweisbar sind, ja daß die Behörden sich dieser Aufgabe nie entzogen haben, wenn es ihnen deutlich war, daß ohne ihre Planung und ohne ihr darauf gestütztes Eingreifen in die räumliche Entwicklung unbefriedigende Zustände zu erwarten gewesen wären. Das war besonders der Fall — auch zu Zeiten einer Auffassung, die der öffentlichen Verwaltung nur einen engen Zuständigkeitsbereich zubilligte —, wenn eine starke Dynamik in der Entwicklung eingesetzt hatte oder erwartet wurde, bei der ein vernünftiges Gleichgewicht der betroffenen Interessen nicht gewährleistet war. Es ist nicht unmöglich, daß der ewige Kampf gegen das Wasser, der namentlich in den westlichen und nördlichen Provinzen immer eine Lebensfrage gewesen ist, dazu beigetragen hat, ein günstiges Klima für dieses Eingreifen zu bilden.

In der niederländischen Geschichte begegnen wir einigen charakteristischen Situationen, die zu raumordnerischen Aktivitäten Veranlassung gaben:

a) Stadterweiterungen in großem Umfang,
b) Stadtgründungen, gelegentlich auch der Wiederaufbau von zerstörten Städten und
c) die Schaffung von neuem Land.

1.2. Die Stadterweiterungen

Stadterweiterungen in großem Umfange waren namentlich in der Zeit der Republik der Vereinigten Provinzen, also im 17. und 18. Jahrhundert, infolge des starken Wachstums von Handel und Gewerbe in den Städten ein regelmäßig wiederkehrendes Bedürfnis, dem man im Hinblick auf die hohen Kosten neuer Festungswerke nur in großen zeitlichen Abständen nachkommen konnte. Im Hinblick auf die großen öffentlichen, insbesondere militärischen Interessen, die im Spiel waren, blieb es unerläßlich, daß Planung und Ausführung bei der öffentlichen Verwaltung des Gemeinwesens, der Stadt, lagen. Ohne Plan kann man sich übrigens eine derartig vielgestaltige Operation wohl kaum vorstellen. Die Planung des Straßennetzes und der Parzellierung, das strenge Einhalten der festgesetzten Fluchtlinien, sehr einfache Enteignungsverfahren, gelegentlich auch Zweckbestimmungen betreffend die Ansiedlung von Betrieben und eine Art „betterment-tax" sind auch für unsere Zeit noch interessante Aspekte dieser Stadterweiterungen. In mehreren Fällen haben Planung und Aufbau in jener Zeit eine Monumentalität erreicht, die auch moderne Beobachter noch immer beeindruckt.

1.3. Stadtgründung und Wiederaufbau

Infolge einer von den Landesfürsten betriebenen Politik der Städtegründungen sind auch in den Niederlanden im Mittelalter mehrere Stadtgründungen zu verzeichnen. In den meisten Fällen war schon eine kleine Siedlung vorhanden, und die Stadtgründung hatte eher eine juristische als eine planerische Bedeutung. Ausnahmsweise ist eine neue Ansiedlung einmal vollständig auf eine Stadtgründung zurückzuführen, und zwar in Elburg. Das regelmäßige rechtwinklige Straßennetz, dessen Planung aus dem 14. Jahrhundert für die Gründung dieser Stadt bestimmend war, ist noch heute vollständig erhalten.

Der Wiederaufbau von zerstörten Städten führte nur ausnahmsweise zu einer neuen Planung der Stadt. Die wirtschaftlichen Interessen der Bevölkerung standen dem meistens entgegen, denn eine Neuplanung bedeutete auf jeden Fall eine Verzögerung und Komplizierung des Wiederaufbaues, ganz abgesehen davon, daß eine gründliche Neugestaltung meistens wohl außerhalb des Gesichtskreises der Behörden lag. Zu einer wirklich neuen Anlage kam es in Coevorden wegen der Notwendigkeit, hier eine gut zu verteidigende Grenzfestung zu schaffen (etwa um 1600).

1.4. Die Polder

Bei den großen Einpolderungen des 17. und 18. Jahrhunderts handelt es sich wiederum um ein vielgestaltiges Werk, das ohne ein Mindestmaß an Planung kaum ausführbar gewesen wäre. Hier war es jedoch eine Gruppe von Privatpersonen, die aufgrund behördlicher Erlaubnis den Plan aufstellte und die Trockenlegung durchführte. Die unmittelbare Tätigkeit der öffentlichen Verwaltung war infolgedessen nur sehr gering. Doch kann man hier von einer raumordnenden Tätigkeit sprechen, deren Ergebnisse noch deutlich sichtbar sind. Eine gute Wasserwirtschaft und eine zweckmäßige Nutzbarmachung des neuen Bodens waren zwar entscheidend für diese Planung, aber trotz und mit dieser Zielsetzung ist dort in der Blütezeit des Barocks eine monumentale Landschaft entstanden (Beemster), die sich wohltuend abhebt von den nüchternen Polderlandschaften des 19. Jahrhunderts.

1.5. Zeitalter des Liberalismus

Bekanntlich führt von den planungsähnlichen Bemühungen, von denen oben die Rede war, keine ununterbrochene Entwicklungslinie bis in unsere Zeit. Das 19. Jahrhundert ist auf dem Gebiet von Städtebau und Raumordnung als „Zeit der großen Stille" charakterisiert worden. Dies ist zum Teil darin begründet, daß die Städte wenigstens bis 1870 im allgemeinen kein starkes Wachstum durchmachten. Erst etwa 1870 fängt eine neue Epoche städtischen Wachstums und infolgedessen starker räumlicher Entwicklung jener Städte an, die in der Lage waren, aktiv an der modernen Entwicklung von Industrie und Handel teilzunehmen. Bei diesem städtischen Wachstum spielt die städtische Verwaltung jedoch nicht mehr die führende Rolle, die sie in der Zeit der Republik innehatte. Die alte Tradition einer kräftigen städtischen Raumordnungspolitik war nicht mehr lebendig und die herrschenden liberalen Auffassungen waren für ein Wiederaufleben dieser Tradition ungünstig. Große, im Auftrag der Gemeinden entworfene Stadtpläne fehlten zwar nicht vollständig, denn ungeachtet dogmatischer Auffassungen sahen einige Realpolitiker auch in dieser Zeit die Notwendigkeit planvoller Stadterweiterungen ein. Aber solche Pläne hatten nur eine sehr beschränkte praktische Bedeutung. Sie trat noch am deutlichsten ans Tageslicht, wo bei der Schleifung von Festungswerken Grünanlagen vorgesehen wurden. Meistens waren es die privaten Bauunternehmer und ihre Pläne für den Bau von Wohnungen, die für die Anlage der neuen Viertel entscheidend wurden. Es sind gerade die in dieser Zeit entstandenen, oft ausgedehnten Wohnviertel, welche heute den Anlaß zu Stadterneuerungsmaßnahmen geben.

Einzelne Versuche weitschauender Gemeinden, durch ein Verbot planwidriger Bebauung die von ihnen beschlossenen Erweiterungspläne durchzusetzen, wurden von der Staatsregierung (der Krone) mißbilligt, wie aus Königlichen Beschlüssen der Jahre 1889, 1893 und 1894 deutlich hervorgeht. Die herrschende Meinung war, daß ein derartiges Verbot außerhalb der gesetzlichen Befugnisse der Gemeinden läge und eine unzulässige Einschränkung des Eigentums enthielte.

Ein wichtiges Ereignis, das den Umbruch der Entwicklung damals ankündigte, war die Einführung des Erbbaurechtes in Amsterdam (1896). Das Erbbaurecht sollte nämlich u. a. die Gemeinde in den Stand setzen, die künftige Bebauung zu regeln; denn das war damals auf öffentlich-rechtlichem Wege noch nicht möglich.

Auf regionaler und nationaler Ebene ist im 19. Jahrhundert kaum etwas zu verspüren, das moderner Raumordnung ähnelt. Bei der Trockenlegung des Haarlemermeeres und bei einigen anderen Trockenlegungen in derselben Zeit konnten die Behörden sich nicht ganz der Aufgabe entziehen, die Hauptlinien der künftigen Anlage festzusetzen: Straßen und Kanäle und ausnahmsweise auch den Standort eines neuen Dorfes. Aber bei der Erfüllung dieser Aufgabe hat man sich auf das äußerste Mindestmaß beschränkt und anderen als materiellen Bedürfnissen offensichtlich nicht Rechnung getragen.

Beim Bau des Nordsee-Kanals, der Verbindung Amsterdams mit der Nordsee, wurde zwar eine neue Stadt (anfänglich eher ein Dorf), nämlich IJmuiden, gegründet, jedoch ohne daß die gemeindlichen oder die staatlichen Behörden sich mit der Vorbereitung und Verwirklichung der Stadtgründung befaßten. Dies blieb einem Zusammenschluß von privaten Grundeigentümern überlassen, die hier eine Aktivität entwickelten, die den Bemühungen der jetzigen „private developers" sehr ähnlich war.

Mit der Errichtung der Eisenbahnlinie Amsterdam—Haarlem (1839) hatte man ein sehr großes Werk von nationalem Ausmaß begonnen: den Bau des niederländischen Eisenbahnnetzes. Zum Teil wurden diese Eisenbahnstrecken vom Staat selbst gebaut, während man den Betrieb privaten Gesellschaften anvertraute. Andere wurden aufgrund staatlicher Konzessionen von privaten Eisenbahnunternehmungen gebaut. In beiden Fällen hatte die Planung des Streckennetzes insgesamt und auch die Linienführung im einzelnen einen weit reichenden Einfluß auf die wirtschaftliche und kulturelle Erschließung ganzer Regionen mit ihren Städten und Dörfern, sowie insbesondere auf die räumliche Entwicklung derjenigen Städte, die an das Eisenbahnnetz angeschlossen wurden. Art und Richtung der Stadterweiterung wurden in vielen Fällen — bis in unsere Zeit hinein — stark von der Lage des Bahnhofs beeinflußt.

13

2. Die Raumordnung im Rahmen von Wohnungswesen und Gesundheitsfürsorge

2.1. Der Umschlag der Entwicklung

Die soeben beschriebene liberalistische Epoche der starken Zurückhaltung in Städtebau und Raumordnung rief allmählich eine Reaktion hervor, die gegen das Ende des Jahrhunderts besonders deutlich in Erscheinung trat. Die damalige Bewegung der Wohnungsreformer erstrebte eine gesetzliche Regelung des „Wohnungswesens", zu dem sie auch die Umgebung der Wohnungen rechneten. Damals beherrschten noch die hygienischen Aspekte des Wohnungswesens das Bestreben der Wohnungsreformer. Deshalb bekämpften sie zu große Baudichten, sorgten für Licht und Luft schaffende Fluchtlinien, beschränkten die Errichtung von Mietskasernen, förderten das Einfamilienhaus und setzten sich für Grünanlagen und Spielplätze ein, alles erstrebenswerte Elemente guter Wohnviertel, die jedoch ohne eine gute Planung nicht zu erreichen waren.

Im Wohnungsgesetz von 1901 wurde infolgedessen bestimmten Gemeinden (den größeren und den schnell wachsenden) die Verpflichtung auferlegt, Erweiterungspläne zu beschließen. Nach der Begriffsbestimmung des Gesetzes war der Erweiterungsplan ein Straßenplan, und fast ohne unmittelbare Rechtswirkung. Er gewährte jedoch den Gemeinden einen wichtigen Vorteil: Auf Grund eines solchen Planes konnten sie sich nämlich eines einfachen Verfahrens für die Enteignung bedienen. Um eine vom Erweiterungsplan abweichende Bebauung verhindern zu können, mußten allerdings dem Plan selbst Bauverbote beigefügt werden. Mit ihnen konnte jedoch nur die Bebauung derjenigen Flächen verboten werden, die im Plan für künftige Straßen, Kanäle und Plätze ausgewiesen waren. Das Bauverbot war im übrigen ein selbständiges Rechtsinstrument, dessen sich die Gemeinde auch unabhängig von Erweiterungsplänen bedienen konnte.

Diese an sich noch dürftigen Regelungen im Wohnungsgesetz bildeten den Anfang einer neuen gemeindlichen Planungsaktivität, die allerdings nur langsam in Gang kam.

2.2. Erste Ergebnisse

Die meisten damaligen Gemeinden beschränkten sich darauf, für neue Wohnviertel Erweiterungspläne zu entwerfen und zu beschließen. Doch auch diese Wohnviertel kamen in mehreren Fällen noch auf der Grundlage von nicht auf diesem Gesetz beruhenden Fluchtlinienplänen zustande. Es gab auch vereinzelt Erweiterungspläne, die darauf angelegt waren, ein Gesamtbild von der Entwicklung einer Gemeinde zu zeigen, aber sie hatten oft einen geringen Realitätswert. In einigen Fällen wurde die Vorbereitung dieser Gesamtpläne nicht dem gemeindlichen Hoch- und Tiefbauamt anvertraut, sondern einem freischaffenden Architekten, der die Aufgabe dann in Zusammenarbeit mit dem gemeindlichen Amt erledigte. Auf diese Weise sind schon damals einige städtische Erweiterungspläne zustande gekommen, die sich durch ihre Großzügigkeit und ihre modernen, von den Gedanken der damaligen internationalen Städtebaubewegung beeinflußten Konzeptionen von den dürren, durch Technik und Wirtschaftlichkeit allein bestimmten Plänen der Hoch- und Tiefbauämter vorteilhaft unterschieden. Dies trifft namentlich zu für die vom Architekten BERLAGE entworfenen Pläne für Den Haag und Amsterdam-Süd. Sie sind der Ausdruck eines monumentalen Städtebaus mit großen Verkehrsachsen, geräumigen Plätzen, in viele Richtungen ausstrahlenden Straßen und umfangreichen Grünanlagen.

Utopische Elemente, wie ein internationales Zentrum im Haager Stadterweiterungsplan, wurden gelegentlich in diese Pläne aufgenommen, ohne daß zuvor geprüft worden wäre, ob der diesbezügliche Wunsch des Verfassers überhaupt eine Chance hatte, in einer nicht zu fernen Zukunft verwirklicht zu werden. Die praktische Bedeutung der Pläne aus dieser Zeit darf, wie gesagt, nicht zu hoch eingeschätzt werden, weder im Hinblick auf die Bürger noch im Hinblick auf die öffentliche Verwaltung der Gemeinden selbst. Die Bürger waren noch in vielen Fällen in der Lage, zu bauen, wo sie wollten. Nur wenn der Boden Eigentum der Gemeinde war oder wenn die Eigentümer gezwungen waren, wegen der Anlage von neuen Straßen mit der Gemeinde ein Abkommen zu treffen, war die Situation günstiger. In Amsterdam, wo wie erwähnt seit 1896 bei der Erschließung von neuen Vierteln die Stadt den Bauwilligen Erbbaurechte zur Verfügung stellte, konnte die Stadt mit Hilfe der Erbbauverträge die Bebauung selbst und auch die spätere Benutzung der Gebäude besser steuern und lenken.

Die Gemeinden nahmen auf die Planungen ihrer Nachbargemeinden meistens keine Rücksicht, so daß im Grenzbereich unmögliche Situationen entstanden. Zwar hatten die Provinzialausschüsse, denen die Genehmigung der gemeindlichen Erweiterungspläne oblag, dadurch die Möglichkeit, auf die bessere Abstimmung der Planungen untereinander für verschiedene Teile einer Gemeinde, aber auch für mehrere Gemeinden derselben Agglomeration, hinzuwirken. Die praktische Wirksamkeit ihrer diesbezüglichen Befugnis war jedoch damals offensichtlich nicht groß. Der beste Ausweg aus dieser Situation schien die Eingemeindung der zu einer Agglomeration gehörenden ländlichen oder halbländlichen Gemeinden zu sein. Eingemeindungsvorschläge stießen jedoch oft auf große Widerstände, so daß die Versuche einer zentralen Stadtgemeinde, sich mehr Raum zu verschaffen, sich oft längere Zeit fortschleppten und dann noch am Ende nur teilweise mit Erfolg gekrönt wurden. So war es z. B. in Utrecht, wo der Kampf um mehr Raum von 1910 bis 1953 dauerte. Andererseits hat Amsterdam in dieser Hinsicht schnellere und bessere Erfolge vorweisen können, und zwar im Jahre 1896 und dann wieder 1921. Diese letzte Einverleibung von Nachbargemeinden reichte für die Entwicklung Amsterdams bis in die sechziger Jahre.

3. Beginnender Durchbruch

3.1. Tendenzen nach dem 1. Weltkrieg

Nach dem 1. Weltkrieg zeigte die städtebauliche Entwicklung bedeutende Fortschritte bei der Anlage neuer Wohnviertel, die damals im Zusammenhang mit der aktiven Bekämpfung der während des Krieges entstandenen Wohnungsnot schnell zustande kamen. Der gemeinnützige Wohnungsbau, der gleich nach 1918 eine hervorragende Rolle spielte, gab mehrmals führenden Architekten die Gelegenheit, auch bei der Gruppierung der Wohnungen, also bei der Mikroplanung, neue Ideen auszuführen, wie DUDOK bei dem Ausbau von Hilversum, GRANPRE MOLIERE im Gartendorf Vreewijk bei Rotterdam und mehrere Vertreter der sog. Amsterdamer Schule in den neuen Vierteln von Amsterdam. Der Einfluß der englischen Gartenstadtbewegung ist deutlich spürbar, auch in Amsterdam, wo versucht wurde, namentlich im Norden der Stadt, eine Rückkehr zum Einfamilienhaus und zu einer ländlichen Form der Stadterweiterung einzuleiten. Dies war jedenfalls eine unorthodoxe, sehr gemilderte, den niederländischen Verhältnissen angepaßte Form der Gartenstadt.

Übrigens erfuhr auch die noch sehr kleine Gruppe von Befürwortern einer besseren städtebaulichen Planung in den Niederlanden in dieser Periode den Einfluß von Theorie und Praxis in den führenden Ländern, was teilweise den nach dem Kriege in Gang kommenden internationalen Diskussionen zu verdanken war. Die Errichtung des niederländischen Instituts für Wohnungswesen 1918 (seit 1923 „für Wohnungswesen und Städtebau") hat viel zur Verbreitung der Kenntnis ausländischer Literatur beigetragen. Auf der Grundlage dieser Veröffentlichungen wurde propagiert, daß „Städtebau" eine selbständige Fachdisziplin sei und deren Praktizierung besondere Fähigkeiten und eine besondere Ausbildung voraussetzten. Das englische Town Planning Institute war damals der Inbegriff dieser Idee; dieses Institut wurde auch in den Niederlanden als stimulierendes Modell anerkannt.

Teilweise unter dem Einfluß der ausländischen Literatur wurde zu jener Zeit darauf hingewiesen, daß der Städtebau einen größeren Bereich umfassen sollte als die Städte, daß auch viele ländliche Gemeinden einer derartigen Planung bedürfte und daß die Aufgabe einer solchen Planung nicht aus der Sicht des Wohnungswesens zu erfassen sei, sondern auch dem Wirtschaftsleben, dem Verkehr, der Erholung zu dienen habe, und zwar ohne Vorurteil, in strikter Neutralität. Es war schon damals erkennbar, daß eine derartige Planung sich dem alten Rahmen von Gesundheitsfürsorge und Wohnungswesen entziehen würde.

Auch entwickelte man in dem damaligen Schrifttum die Forderung, die Totalplanung einer größeren Einheit sollte der Planung von kleineren Einheiten vorangehen. Anfänglich dachte man bei der als Gesamtheit zu planenden Einheit an kein größeres Gebilde als ein Stadtgebiet. Bald aber führte die Diskussion darüber zu der Forderung einer Regionalplanung jeweils für ein Gebiet, das in wirtschaftlicher oder geographischer Hinsicht eine deutliche Einheit bildete.

Es ist ohne weiteres verständlich, daß diese damals fortschrittlichen Gedanken über eine moderne Stadtplanung mit dem alten, jedoch allmählich verschwindenden Modell einer engumrissenen Aufgabe der Gemeinden nicht vereinbar war und daß die befürwortete übergemeindliche Planung mit dem noch immer starken Selbständigkeitsstreben der einzelnen Gemeinden schwer in Einklang zu bringen war.

Die städtebauliche Planung dieser Zeit erhielt besondere Akzente von seiten der Naturschutzbewegung. Die Verstädterung auch vieler Vororte und besonders die Bandbebauung entlang den Verkehrsstraßen rief eine Reaktion unter denjenigen hervor, die sich für Natur- und Landschaftsschutz einsetzten und die anfänglich dem Städtebau und ihren Vertretern mißtrauisch gegenüber standen. Es wurde jedoch bald klar, daß zwar ein Gegensatz vorlag zwischen Natur und Landschaft einerseits und der Verstädterung andererseits, aber daß nur die zügellose ungeplante Verstädterung daran Schuld war. Es wurde erkannt, daß eine sachgemäße Planung unter richtiger Einbeziehung von Natur und Landschaft ein wirksames Mittel abgeben konnte, gerade auch im Interesse der Stadtbewohner diese Gefahr zu bannen.

Die Landwirtschaft und ihre spezifischen Interessen blieben damals bei der Planung noch fast überall außer Betracht. Man sah das agrarisch benutzte Gebiet überwiegend von der Stadt aus und wollte mit dem Freihalten dieses Gebietes in erster Linie den Interessen der Stadtbewohner dienen.

Wenn auch diese Gedanken schon im Anfang der zwanziger Jahre ausgesprochen wurden, so war ihre Anwendung bei der praktischen Planung selbstverständlich ein langsam sich entwickelnder Prozeß mit vielen Rückschlägen und Kompromissen.

Auch die Methodik der Raumordnung war in dieser Periode das Thema neuer Überlegungen. Hier machte sich besonders der Einfluß der englischen „civic survey" geltend, des Gedankens nämlich, daß dem Entwurf eines städtebaulichen Planes — bald auch eines Regionalplanes — eine Bestandsaufnahme vorangehen solle. Schon vor dem 1. Weltkrieg war diese Forderung von dem späteren Professor der Raumforschung VAN LOHUIZEN, der damals an der Technischen Hochschule in Delft studierte, ausgesprochen worden, vorläufig allerdings ohne Erfolg. Am Anfang der zwanziger Jahre berichtete dann aber die niederländische Fachpresse regelmäßig über die ersten englischen Regionalpläne, die auf einem „survey" beruhten. Bahnbrechend für den Gedanken der vorherigen Bestandsaufnahme war die Regionalplanung für das Gebiet von New York, die einer Privatorganisation zu verdanken war.

Auf der Amsterdamer Tagung des internationalen Verbandes für Gartenstädte und Stadtplanung (1924) lernten die niederländischen Interessenten die führenden Vertreter der ersten praktischen Modelle auf dem Gebiete der Regionalplanung des Auslands kennen. So wurden sie außer mit den schon erwähnten Planungsbeispielen auch mit dem im Ruhrgebiet in Gang gesetzten Regionalplanungsmodell konfrontiert.

In den folgenden Jahren wurden Gedanken über die Regelung der Regionalplanung erarbeitet und diskutiert, zunächst ohne Erfolg. Die Diskussion spitzte sich zu auf die Frage, ob zum Zweck der Regionalplanung spezielle Körperschaften eingesetzt werden sollten, und wenn nicht, ob die Regionalplanung den Provinzen oder den in irgendeiner Form zusammenwirkenden Gemeinden anvertraut werden sollte. Die Vertreter einer möglichst uneingeschränkten gemeindlichen Selbstverwaltung, die in den Niederlanden auf eine alte und starke Tradition zurückging[22]), lehnten den Vorschlag einer neuen Körperschaft ab, wie beim Gedankenaustausch über einen in diesem Sinne gefaßten Entwurf eines aus privater Initiative entstandenen Komitees (1925) deutlich ans Tageslicht kam.

3.2. Gesetzesänderungen

Bei einer Änderung des Wohnungsgesetzes 1921 und noch deutlicher bei einer wesentlichen Abänderung 1931 wurde versucht, etwas von den neuen Gedanken den geltenden Gesetzen einzuverleiben. Der Erweiterungsplan für die Gemeinde wurde schon 1921 moderner definiert. Der Plan sollte ausnahmslos für alle Flächen des Planungsgebietes die Zweckbestimmungen festlegen. Damit war der Erweiterungsplan Widmungsplan geworden. Man konnte mit guten Gründen diese Definition so deuten, daß nunmehr auch die Ausweisung für ländliche Zwecke erlaubt sei und daß infolgedessen der Anwendung des gemeindlichen Erweiterungsplanes zur Erhaltung von Naturgebieten und agrarischen Zonen nichts im Wege stehen würde. Es stellte sich aber in den dreißiger Jahren heraus, daß die damalige Regierung noch nicht diese Meinung teilte. Einigen Plänen, die von dieser Auffassung ausgegangen waren, wurde die Genehmigung vorenthalten. Erst gegen Ende der dreißiger Jahre kam die Regierung von dieser engen Interpretation ab.

Bei derselben Gesetzesänderung von 1921 wurde dem gemeindlichen Plan eine neue Rechtswirkung gegeben. Der Plan wurde nun zum Maßstab für Baugenehmigungen. Damit gewann die Planung verstärkte praktische Bedeutung.

Bei der Novellierung von 1921 gelangte sogar ein schwacher Ansatz zu einer interkommunalen Planung in das Wohnungsgesetz. Die Regionalplanung fand dann 1931 eine erste Regelung. Sie beruht auf der Zusammenarbeit der zu einer Region gehörenden Gemeinden. Die Möglichkeit, zu diesem Zweck spezielle öffentlich-rechtliche Körperschaften einzusetzen, wie sie während der Diskussion am Ende der zwanziger Jahre ver-

---

[22]) Siehe Abschn. I.

teidigt worden war, wurde im Gesetz nicht vorgesehen, ebensowenig wie die Zuweisung der Aufgabe „Regionalplanung" an die Provinz. Nach dem Gesetz hatten die Provinzialausschüsse lediglich die Möglichkeit erhalten, benachbarte Gemeinden, wenn erforderlich, zu einer Zusammenarbeit zu verpflichten. Die Regionalpläne sollten von den beteiligten Gemeinden einzusetzenden Ausschüssen beschlossen werden und waren dann der Genehmigung des Provinzialausschusses unterworfen; die Gemeinden konnten gegen die Entscheidung des Provinzialausschusses, genau wie bei den gemeindlichen Plänen, bei der Krone Beschwerde einlegen.

Ein auf diese Weise festgesetzter und genehmigter Regionalplan hatte dann direkte Rechtswirkungen auf die Gestaltung der gemeindlichen Pläne, die innerhalb einer bestimmten Frist mit dem Regionalplan in Einklang gebracht werden sollten.

3.3. Moderne Planvorbereitung

Für die Entwicklung der Planung in dieser Zeit ist die allmähliche Ausbildung einer Reihe von Architekten-Städtebauern an der Technischen Hochschule in Delft unter dem Einfluß des 1924 zum Ordinarius ernannten Professors GRANPRE MOLIERE von großer Bedeutung gewesen. Von einer spezialisierten Ausbildung für Raumordnungsarbeit im modernen Sinne war damals noch nicht die Rede. Jedoch wurden am Ende der zwanziger Jahre in Amsterdam und Rotterdam Abteilungen für Städtebau im Rahmen des Hoch- und Tiefbauamtes eingesetzt, etwas später in Rotterdam ein selbständiges Amt für diese Aufgabe (in Den Haag bestand schon seit 1918 ein städtisches Amt für Stadtentwicklung und Wohnungswesen). In Amsterdam und Rotterdam suchte man für die führenden Stellen Mitarbeiter von verschiedener Ausbildung, nicht nur Ingenieure, sondern auch Volkswirte. Infolgedessen war es möglich, in beiden Städten zu Teamarbeit im modernen Sinn zu kommen und die wissenschaftliche Vorbereitung der Planung anzufassen nach englischem und amerikanischem Beispiel. Bei dieser wissenschaftlichen Arbeit waren die damaligen Prognosen der zukünftigen Bevölkerungsentwicklung, die in einer maximalen Bevölkerungsgröße in verhältnismäßig naher Zukunft ausmündeten, richtunggebend. Diese Erwartung, welcher man damals einen hohen Grad von Wahrscheinlichkeit beimaß, änderte das ganze Bild der städtebaulichen Planung gründlich. Wegen des erwarteten Gleichgewichts für die Bevölkerung des ganzen Landes wurde jeder Stadt ein enger und fester Rahmen für die Stadtentwicklung in den kommenden Jahrzehnten gesetzt. Dieser Rahmen war auch für die größten Städte noch sehr übersichtlich und von menschlichem Ausmaß. Damit entglitt den Verteidigern einer satellitenartigen Entwicklung der großen Städte ihr Hauptargument. Konzentration der Bebauung rings um die bestehenden Städte, Ablehnung von Streusiedlungen und Satellitenbildung und weitgehende Freihaltung der offenen Landschaft in der Umgebung der Städte von städtischen Nutzungsarten des Bodens, und insbesondere von nichtagrarischer Bebauung, waren damals wichtige, sich aus der Bevölkerungsprognose ergebende Richtlinien für die gemeindliche Planung.

Diese Grundsätze fanden in dem allgemeinen Widmungsplan für Amsterdam von 1935 ihren ausgeprägtesten Ausdruck. Dieser Plan wurde oft, auch international gesehen, als ein Höhepunkt der damaligen Raumordnung betrachtet. Er beruhte auf einer Reihe von wissenschaftlichen Vorstudien über die zukünftige Bevölkerungsgröße, die Industrie, den Verkehr, den Hafen, während andere Elemente des städtischen Lebens, insbesondere der Raumbedarf für die Erholung, bei der Einreichung des Planes selbst wissenschaftlich erläutert wurden. Die wissenschaftliche Methodik beherrschte diesen Plan

18

stark, doch er war auch deutlich durchdrungen von einer optimistischen Gesinnung im Hinblick auf die weitere Entwicklung der Städte und von einer großen Verantwortlichkeit für das Wohlergehen aller Bevölkerungsschichten.

Man soll aber nicht übersehen, daß nur besonders günstige Umstände eine derartige Planvorbereitung ermöglichten. Die Stadt Amsterdam und nur einige andere größere Städte vermochten diese Umstände zu schaffen, während in den meisten mittelgroßen Städten und in allen kleineren Gemeinden in den dreißiger Jahren Privatplaner, d. h. Architekt-Planer ohne wissenschaftliche Mitarbeiter, für die Vorbereitung der städtebaulichen Pläne herangezogen wurden, wenn man sich nicht sogar damit begnügte, diese Arbeit nichtspezialisierten Beamten mit bautechnischer oder Architekturausbildung anzuvertrauen. Die staatlichen Inspekteure des Wohnungswesens, die auch für die Kontrolle über die Einhaltung der städtebaulichen Bestimmungen im Wohnungsgesetz zuständig waren, zeigten sich in dieser Periode besonders aktiv, unter den Gemeindeverwaltungen aufklärend zu wirken, so daß immer mehr Gemeinden, auch ländliche, dazu kamen, für ihr ganzes Gemeindegebiet Widmungspläne aufzustellen, denen eine konservierende Tendenz innewohnte. Die Auswirkung dieser Pläne beschränkte sich jedoch auf die Bebauung. Alle sonstigen Vorhaben und Änderungen in der Nutzung des Bodens entzogen sich dem Schutz des Widmungsplanes, weil das Wohnungsgesetz keine vom Plan abhängige Genehmigung für diese Vorhaben und Änderungen kannte.

3.4. Erste Regionalplanung

Schon vor dem Inkrafttreten der diesbezüglichen Bestimmungen des Wohnungsgesetzes (1931) hatten einige Provinzen versucht, die Regionalplanung in die Hand zu nehmen. Ein Sonderfall, dem aber kaum Erfolg beschieden war und der auch keine Nachahmung in anderen Regionen fand, war der Auftrag der Staatsregierung an einen eigens dazu gebildeten Ausschuß, einen Generalbebauungsplan für Süd-Limburg (das Kohlenrevier) zu erarbeiten (1918). Der Plan ist auch wirklich fertig geworden (1923/ 1926), blieb aber ohne Rechtswirkung. Ob der Provinzialausschuß der Provinz Limburg bei der Beurteilung der gemeindlichen Pläne sich von diesem Plan hat leiten lassen, ist schwer festzustellen.

Abgesehen von diesem Einzelfall, in dem die Initiative bei der Staatsregierung lag, waren es meistens die Provinzen, die die ersten Versuche auf dem neuen Gebiete der Regionalplanung machten. Die Vorbereitung wurde oft einem Ausschuß vielseitiger Zusammensetzung anvertraut: Vertreter der Provinz und der Gemeinden, technische und Verwaltungsbeamte, Wissenschaftler und andere Spezialisten (Naturschutz, Erholung, Verkehr usw.) sowie Vertreter des Wirtschaftslebens. Ein derartiger Ausschuß verfügte nicht über einen wissenschaftlichen Apparat. Meistens wurden einige grundlegende Daten gesammelt, aber die Beratungen im Ausschuß bildeten den eigentlichen Schwerpunkt der Vorbereitung. Zu einem wirklichen Plan für die Region führte diese Arbeit nicht. Man erstellte in der Regel einen Bericht, der einerseits eine Beschreibung des Regionalplanungsgebietes enthielt und andererseits eine Reihe von Empfehlungen für die gemeindliche Planung und für die Handhabung von gesetzlichen Befugnissen außerhalb des Wohnungsgesetzes gab, die für eine gute räumliche Entwicklung von Bedeutung sein konnten. Besonders in der Provinz Gelderland, wo man diese Form der Regionalplanung sehr aktiv betrieb, sind mehrere Regionalplanungsberichte dieser Art zustande gekommen.

In den Provinzen Nord- und Süd-Holland, wo die fortschreitende Verstädterung in dem Gebiet, das man später mit „Randstad Holland" bezeichnete, schon damals die Provinzialverwaltungen beunruhigte, schlug man eine andere Richtung ein. Es wurden ständige Ausschüsse mit einem sachverständigen Sekretariat für die Beurteilung der gemeindlichen Erweiterungspläne gebildet. Die Genehmigung dieser Pläne, die kraft des Wohnungsgesetzes dem Provinzialausschuß oblag, wurde damit auf ein im fachlichen Sinne höheres Niveau gehoben. Da die Beurteilung im regionalen Rahmen von vornherein ein Teil der Aufgabe dieser Sonderausschüsse war, führte diese Betrachtungsweise nach und nach zu einer Art regionaler Planung für einzelne Gebiete, wo eine zusammenfassende Planung besonders not tat. Später — in den dreißiger Jahren — entstanden hier die ersten wirklichen Regionalpläne im Sinne von Widmungsplänen. Es handelt sich einmal um das Gebiet IJmond Noord an der Mündung des Nordseekanals (die Verbindung von Amsterdam mit der Nordsee), zum andern IJsselmonde, das Gebiet südlich von Rotterdam, und um das Westland, also das Gebiet zwischen Den Haag, Rotterdam und Hoek van Holland. Besonders der Plan für IJsselmonde hat damals viel Anerkennung gefunden, und zwar wegen seines streng methodischen Aufbaus aus Teilplänen für die verschiedenen Fachplanungen, die Raum beanspruchten.

In anderen Fällen versuchten Gemeinden in einem Gebiet durch Zusammenarbeit zu einer Art Regionalplanung zu kommen. Im Gebiet „Gooi" östlich von Amsterdam, ein in landschaftlicher Hinsicht besonders wertvolles und reizvolles Gebiet, das infolgedessen schon damals eine starke Suburbanisierung zeigte, setzten die zusammenarbeitenden Gemeinden schon 1921 einen „Interessenausschuß" ein, dessen Arbeit 1925/1926 zu einem Regionalplan führte, der jedoch für die tatsächliche Entwicklung nicht maßgebend gewesen ist.

Eine ähnliche Initiative unternahm 1924 die Provinzialabteilung Utrecht des niederländischen Gemeindeverbandes. Hier wurde nach umfassenden vorbereitenden Besprechungen 1928 eine Gruppe von freischaffenden Städtebauern eingeladen, einen Entwurf zu einem Regionalplan für den östlichen Teil der Provinz fertigzustellen. 1935 wurde dieser Entwurf veröffentlicht.

Die gesetzliche Regelung von 1931 hat keinen tiefgehenden Einfluß auf die weitere Entwicklung der Regionalplanung in den nächsten Jahren ausgeübt. Der Schwerpunkt lag nach wie vor bei der Provinzialverwaltung, auch in den Provinzen, in denen man dazu überging, Regionalplanungsausschüsse, wie im Gesetz vorgesehen, einzusetzen, so z. B. in Noord Brabant und Limburg. Es stellte sich auch immer deutlicher heraus, daß die Vorbereitung eines Regionalplanes mit Rechtswirkung ein mühsamer und langwieriger Prozeß war, selbst dort, wo man innerhalb enger geographischer Grenzen arbeitete, wie im obenerwähnten Gebiet IJmond Noord. Auch in kleinen Regionalplanungsbereichen hatte man doch mit scharfen Interessengegensätzen zu tun, für die eine befriedigende Kompromißlösung nicht leicht zu finden war. Zehn Jahre nach dem Inkrafttreten des neuen Gesetzes war nur ein Regionalplan offiziell beschlossen worden, nämlich für eine kleines Küstengebiet im äußersten Südwesten der Landes (Kust-West Zeeuws Vlaanderen). Die behördliche Vorbereitung der Regionalpläne in diesem Zeitraum geschah meistens noch immer mit äußerst wenigen Mitarbeitern, die fast überall ausschließlich eine architektonisch-städtebauliche oder bautechnische Ausbildung hatten. Erst gegen Ende der dreißiger Jahre erschien der Sozialgeograph als neue Figur bei der Regionalplanung. Einige Geographieprofessoren aus dieser Zeit zeigten ein lebhaftes Interesse für Probleme der Raumordnung, und gelegentlich wurde an sie appelliert, um mit ihren Studenten wissenschaftliche Arbeit zur Vorbereitung von Regionalplänen zu leisten.

Bei der Trockenlegung der ersten IJsselmeerpolder (Wieringermeer 1930, Noord-oostpolder 1942) wurden Pläne für die Einteilung des neuen Landes, also ihrem Wesen nach Regionalpläne, aufgestellt. Das waren aber hauptsächlich wasserwirtschaftliche und agrarische Zweckmäßigkeitspläne, deren Verfasser der Methodik, den Fachleuten und der umfassenden Sicht der aus dem Städtebau mit seiner Tradition und Erfahrung gespeisten Regierungsplanung absolut fremd gegenüberstanden. Immerhin wurde schon beim ersten Polder ein städtebaulicher Berater und ein Landschaftsberater hinzugezogen. Der Spielraum für den städtebaulichen Berater war beim zweiten Polder deutlich größer als beim ersten. Der Gedanke, daß bei diesem neuen Land eine raumordnerische Aufgabe vorliege (man sprach damals in diesem Zusammenhang oft noch von einer städtebaulichen Aufgabe), wurde besonders von dem niederländischen Institut für Städtebau und Wohnungswesen ausgeführt und propagiert.

4. Der vollendete Durchbruch

4.1. Neue Gedanken und neue Gesetzgebung

Die Gedankenwelt der niederländischen Planer gegen Ende der dreißiger Jahre war einerseits beherrscht durch ein nicht unbeträchtliches Selbstvertrauen, andererseits durch die Überzeugung, daß die gesetzlichen Grundlagen ihrer Arbeit mangelhaft waren. Das Selbstvertrauen war dadurch gestärkt worden, daß immer mehr Gemeinden dazu übergingen, Widmungspläne für ihr Gebiet aufzustellen, so daß das ganze Nationalgebiet zum größten Teil irgendeine städtebauliche Regelung erhalten hatte. In allen diesen Regelungen erschien die Tendenz zur Bebauungskonzentrierung und Landschaftskonservierung. Deutliche Lücken in der gesetzlichen Regelung und in der offiziellen Interpretation der Bestimmungen waren die logische Folge der damaligen Methodik der Gesetzeserneuerung, die mit kleinen, auf ein Mindestmaß beschränkten Verbesserungen auszukommen suchte.

1938 setzte der damalige Innenminister, in dessen Zuständigkeit das Wohnungswesen lag, eine Staatskommission für die Erneuerung des Wohnungsgesetzes ein. Deren Bericht mit einem Gesetzentwurf wurde gerade bei Kriegsausbruch 1940 veröffentlicht. Er entsprach in mehreren Hinsichten den herrschenden Gedanken der damaligen Planer.

Der Entwurf setzte den hierarchischen Aufbau der Raumordnung fort, so daß eine Dreigliederung entstand. Der lokalen und der regionalen Stufe wurde jetzt eine nationale Stufe übergeordnet. Der Gedanke eines allesumfassenden nationalen Raumordnungsplanes war schon vor 1930 gelegentlich, wie ein noch nicht erreichbares Zukunftsideal, ausgesprochen worden. Aber 1938 wurde dieses Ideal zum Hauptthema einer Tagung des niederländischen Instituts für Städtebau und Wohnungswesen gewählt und mit aus der Praxis entnommenen Argumenten — vor allem im Hinblick auf Natur- und Landschaftsschutz — zu einer Forderung für die nächste Zukunft umgewandelt.

Dieser Nationalplan hatte im Gesetzentwurf bindende Kraft gegenüber den Regionalplänen, wie diese bindend waren gegenüber der gemeindlichen Planung. Die Regionalplanung wollte die Kommission in Übereinstimmung mit den Erfahrungen der vergangenen Jahre den Provinzen übertragen. Für die gemeindliche Planung war besonders wichtig, daß im Gesetzentwurf das sogenannte Prinzip des städtebaulichen Vorrangs verankert wurde. Es besagt, daß eine Bebauung nur genehmigt werden könne, wenn vorher eine städtebauliche Regelung für das diesbezügliche Grundstück in Kraft getreten sei. Ein Merkmal der entworfenen Regelungen war auch die Vereinheitlichung der gemeindlichen städtebaulichen Maßnahmen. Es sollte nur ein Entwicklungsplan übrig bleiben, mit dem man alles regeln konnte, wozu man bis jetzt die Vielzahl der einzelnen Rechtsinstitute des alten Wohnungsgesetzes — Erweiterungsplan, Bauverbot, Fluchtlinie, Verordnung für das überbaute Gebiet — brauchte. Diese ganze neue Regelung, der Nationalplan einbegriffen, sollte nach den Vorschlägen der Staatskommission Teil des Wohnungsgesetzes bleiben. Die Mitglieder der Kommission waren in diesem Zusammenhang in Zwiespalt geraten. Man bevorzugte schließlich ein einheitliches Gesetz, das nicht nur das ganze Wohnungswesen umfassen sollte, sondern auch die Regelung der Raumordnung auf den drei Verwaltungsebenen.

4.2. Neue Gesetzgebung und Organisation in der Kriegszeit

Während des Krieges war es nicht möglich, den Vorschlägen dieses Berichtes vollständig zu folgen. Jedoch kam 1941 ein Erlaß der Staatssekretäre (Secretarissen-Generaal) zustande, der eine nicht sehr weit vom Gesetzentwurf entfernte Sonderregelung der provinzialen und nationalen Raumordnung enthielt, während für die gemeindliche Planung die alten Bestimmungen des Wohnungsgesetzes aufrechterhalten blieben.

Die wichtigsten Bestandteile der neuen Regelungen (teilweise im erwähnten Erlaß, teilweise in Ausführungserlassen) waren:

a) Der Nationalplan wurde geregelt. Die Vorbereitung dieses Planes sollte die Hauptaufgabe einer neu einzusetzenden staatlichen Raumordnungsbehörde sein. Die offizielle Aufstellung des Planes oblag dem Staatssekretär des Innenministeriums.

b) Die Regionalplanung wurde neu geregelt. Sie wurde den zusammenwirkenden Gemeinden entzogen und den Provinzen zugeordnet.

c) Die Raumordnung wurde stark hierarchisch geordnet. Die Pläne der kleineren Gebietseinheiten sollten innerhalb einer bestimmten Frist in Übereinstimmung mit dem Plan der größeren Einheit aufgestellt werden und, wo der Plan der kleineren Einheit Abweichungen vom übergeordneten Plan enthielt, war er sofort nichtig.

d) Der Präsident der staatlichen Raumordnungsbehörde erhielt die Befugnis, bezüglich des Inhalts regionaler und gemeindlicher Pläne Weisungen zu erteilen.

e) Eine weitgehend neue Regelung betraf die Durchsetzung der Pläne gegen nicht vorgesehene Bebauung oder sonstige, den Plänen entgegenstehende Vorhaben. Diese Rechtswirkung erstreckte sich auch auf die in Vorbereitung befindlichen Pläne. Dem Präsidenten der staatlichen Behörde wurde zu diesem Zweck das Recht gegeben, gegen solche Vorhaben im weitesten Sinne Einspruch zu erheben, was dann zur Folge hatte, daß die Ausführung der angefochtenen Vorhaben aufgeschoben werden mußte. Dagegen hatte der Interessent das Recht, Beschwerde beim Staatssekretär des Innenministeriums einzulegen.

f) In organisatorischer Hinsicht war es bedeutungsvoll, daß jetzt eine Zentralstelle entstand, die nicht nur mit der Vorbereitung eines Nationalplanes (oder von Teil- und Fachplänen) beauftragt war, sondern auch mit der Koordination der Planungsmaßnahmen von Provinzen und Gemeinden, sowie ferner, daß die Provinzen jetzt verpflichtet waren, provinziale Planungsämter zu bilden. Auf beiden Ebenen waren auch ständige Ausschüsse vorgesehen und Beiräte sowie sonstige Ausschüsse. Dadurch entstand die Möglichkeit, auf der einen Seite viele Dienststellen (und auf National-

22

ebene mehrere Ministerien) an der Arbeit zu beteiligen und die behördliche Koordination zu fördern sowie auf der anderen Seite die Vertreter von vielen privaten Organisationen und viele Sachverständige zu Rate zu ziehen.

Während der Kriegsjahre wurde der Planungsarbeit selbstverständlich in mancherlei Hinsicht ein Dämpfer aufgesetzt. Die Unsicherheit des Lebens, die Zerrüttung von Wirtschaft und Gesellschaft, die Lähmung der demokratischen Organisation und die Furcht vor feindlicher Einmischung in die Planung legten der Arbeit große Beschränkungen auf. Bei den Gemeinden wurde jedoch die planerische Vorbereitung des Wiederaufbaues von kriegszerstörten Vierteln teilweise schon in den Kriegsjahren mit Hilfe einer einfachen Notregelung vorgenommen.

Aus dieser Regelung darf hervorgehoben werden, daß ein städtebaulicher Wiederaufbauplan einfacher und schneller als der Widmungsplan des Wohnungsgesetzes zustande kommen konnte. Durch die Notregelung wurde allgemein gesehen die Grundlage für den Wiederaufbau verbessert und im besonderen die tatsächliche Wiederaufbauarbeit mittels einer einfachen Enteignungsregelung erleichtert. Auf diese Weise sind z. B. die sehr umfassende Neuplanung und der Neubau der Innenstadt von Rotterdam verwirklicht worden.

Regionalpläne kamen in dieser Zeit nicht zustande. Die Bildung der provinzialen Planungsämter mit einem Kern von Mitarbeitern, die vorbereitende Arbeit für die Nachkriegszeit tun konnten, erwies sich jedoch als wertvoll für die Zukunft.

Auch die Arbeit der staatlichen Behörde blieb vorläufig zum größten Teil in den eigenen vier Wänden. Eine wichtige Ausnahme stellte die Veröffentlichung von Listen von Naturgebieten dar, in denen jedes Vorhaben bei dieser Behörde angemeldet werden mußte. Dadurch erhielt sie Gelegenheit zu einer Beurteilung der Vorhaben aus der Sicht der Planung. Auf diese Weise wurde eine schon lange fühlbare Lücke im Naturschutzrecht wenigstens teilweise ausgefüllt. Obgleich nur ausnahmsweise Beschwerden erhoben wurden und andererseits wahrscheinlich nicht alles gemeldet wurde, was unter die gesetzliche Verpflichtung fiel, darf angenommen werden, daß diese Maßnahme eine günstige naturerhaltende Wirkung gehabt hat. Ein Nachteil war, daß viele Interessenten zu der irrtümlichen Vorstellung kamen, die Nationalplanung habe eine einseitige, auf Natur- und Landschaftsschutz ausgerichtete Aufgabe. Die Arbeit der staatlichen Behörde mit dem Ständigen Ausschuß, die viele in das planerische Denken einführte, und vor allem die monatlichen Zusammenkünfte der Behörde mit den provinzialen Raumordnungsbehörden, die ein gutes Zusammenspiel förderten, haben sich später positiv ausgewirkt.

4.3. Die ersten Jahre erneuter Freiheit

Die erste Zeit nach der Beendigung des Krieges ist gekennzeichnet durch einen lebhaften Optimismus auf allen Gebieten des gesellschaftlichen und politischen Lebens. Man unterschätzte die schwere Aufgabe der Beseitigung der Kriegsschäden und der Neuordnung von allem, was zerrüttet war, keineswegs, aber man fühlte sich diesen Aufgaben gewachsen.

Anfänglich herrschte Unsicherheit über die Anwendung der rechtlichen Regelungen aus der Kriegszeit. Aber ein Erlaß vom 17. 9. 1944 (Besluit Bezettingsmaatregelen) bestätigte vorläufig den Erlaß über die Nationalplanung. Man nahm damals an, daß infolgedessen die sogenannten Ausführungserlasse und insbesondere der Erlaß, der die Regelung der Regionalpläne enthielt, auch bestätigt waren. Aber es stellte sich bald heraus, daß die Staatskommission für das Besatzungsrecht anders urteilte, so daß die Regionalplanung ihren gesetzlichen Halt verloren hatte. Die Regierung löste dieses Problem, indem sie einen Entwurf zu einer neuen, noch immer vorläufigen gesetzlichen Regelung der National- und Regionalpläne dem Parlament unterbreitete. Dieser bekam 1950 Gesetzeskraft. Dieses Gesetz ist, abgesehen von kleinen Abänderungen, bis 1965 (zum Teil bis 1970) in Kraft geblieben. Die Regelung aus der Besatzungszeit wurde in großen Linien übernommen, wobei Einzelheiten, die mit den niederländischen Verwaltungsprinzipien in Widerspruch standen, ausgemerzt wurden.

Eine wichtige Änderung betraf die Aufstellung der Regionalpläne. Sie wurde der Zuständigkeit des Provinzialausschusses entzogen und dem Provinziallandtag anvertraut. Die einfache und viele Aspekte umfassende Regelung des Wiederaufbaus blieb in Kraft und wurde bald in ein Wiederaufbaugesetz aufgenommen.

In den ersten Nachkriegsjahren wurden die verfügbaren planerischen Kräfte stark von der städtebaulichen Vorbereitung des Wiederaufbaus in Anspruch genommen. Hier begegneten den niederländischen Planern zum ersten Mal die Problematik von Planungen für das Stadtinnere und für alte Wohnviertel sowie die eigentümlichen Schwierigkeiten einer auf sofortige Verwirklichung abzielenden kurzfristigen Planung.

Bei der Regional- und Nationalplanung konnte man jetzt mit der in den Studiengemächern und Sitzungssälen angefangenen Arbeit ans Tageslicht kommen. Dabei leuchtete es immer mehr ein, daß ein rechtlich bindender und mehr oder weniger endgültiger Plan für große Gebietseinheiten gerade in einer Zeit schneller Veränderungen mit einem hohen Grad von Unsicherheit belastet ist und deshalb fast unüberwindliche Schwierigkeiten mit sich bringt. Namentlich bei der Direktion der staatlichen Behörde begann das Ideal des allesumfassenden und rechtsverbindlichen Nationalplanes in dieser Zeit zu verblassen. Aber aufgegeben war es noch nicht, wie sich beim Abschied des ersten Direktors 1949 zeigte. Jedenfalls wurde unter dem Einfluß der Erfahrungen mit der ersten Vorbereitung eines allumfassenden nationalen Bodennutzungsplanes dem fachlichen Teilplan für eine einzelne Nutzungsart mehr Interesse entgegengebracht.

Eine Tendenz, die sich in dieser Zeit in den Jahresberichten der staatlichen Behörde deutlich abhebt, ist das Bestreben, allen Interessen, die Raum in Anspruch nehmen wollen, neutral entgegenzutreten und besonders den Verdacht einer Überakzentuierung von Naturschutz und Landschaftspflege zu beseitigen.

Die Landwirtschaft, die früher wie gesagt bei der Planung wenig Aufmerksamkeit gefunden hatte, rückte jetzt stark in den Vordergrund, teilweise unter dem Einfluß der Nahrungsmittelknappheit in den Kriegsjahren. Auch politisch wurde die Landwirtschaft in dieser Zeit ein besonders starkes Element. So entstand eine Überakzentuierung der agrarischen Interessen.

Eine andere Tendenz trat in diesen Jahren ebenfalls in Erscheinung. Die staatliche Behörde war genötigt, die Arbeit bezüglich einzelner Interessen oder Fachgebiete in ihrem Bezug auf die Raumordnung weniger als zuvor in den eigenen Ausschüssen zu konzentrieren, sondern vielmehr der Bildung von Ausschüssen für die Raumordnungsaspekte innerhalb der verschiedenen Ministerien ihres Fachgebietes Rechnung zu tragen. Mehrere Fachministerien bauten ihre Organisation in diesem Sinne aus. Das war ein Symptom für das Voranschreiten des Denkens in Raumordnungskategorien auch in Kreisen, die noch vor kurzem diesem Denken fremd gegenübergestanden hatten. Es blieb aber ein Denken vom eigenen Fach aus und infolgedessen der Gefahr der Einseitigkeit ausgesetzt.

24

Die wissenschaftliche Vorbereitung der Planung wurde in dieser Periode ausgebaut; immer mehr Volkswirte und Geographen, später auch Soziologen, wurden zu dieser Arbeit herangezogen. Die wissenschaftlichen Abteilungen der staatlichen und der provinzialen Behörden wuchsen allmählich an. Gelegentlich erhielten auch unabhängige wissenschaftliche Institute Aufträge für Teiluntersuchungen. So beauftragte die staatliche Behörde das ISONEVO (Institut für soziale Untersuchungen betreffend das niederländische Volk), eine umfassende Untersuchung der Bevölkerungsverteilung in den Niederlanden vorzunehmen. Aus dem Bericht, der die Ergebnisse dieser Untersuchung enthält, wird erkennbar, wie man mit den damals zur Verfügung stehenden Daten und Methoden versucht hat, das zentrale Problem der nationalen Raumordnung zu bewältigen und insbesondere die Vor- und Nachteile einer fortschreitenden Verstädterung zu erfassen (1949).

4.4. Neue Vorbereitung einer modernen Raumordnungsgesetzgebung

Die Erkenntnis, daß die bestehende gesetzliche Grundlage für eine wirksame Raumordnung auf allen Verwaltungsebenen nur unzureichende Befugnisse gewährte und nicht zu der erforderlichen Koordination zwang, führte zu der Einsetzung einer neuen Staatskommission für die Vorbereitung einer modernen Regelung von Wohnungswesen und Raumordnung (1947).

Diese Kommission, unter dem Vorsitz des Amsterdamer Staatsrechtsprofessors G. VAN DEN BERGH, erstattete 1950 ihren Bericht und fügte diesem zwei Entwürfe bei, einen für ein neues Wohnungsgesetz, den anderen für ein Raumordnungsgesetz, das die bisher im Wohnungsgesetz geregelte städtebauliche Gemeindeplanung und die regionale und die nationale Raumplanung enthalten sollte. Dieser Entwurf eines Raumordnungsgesetzes fußte im wesentlichen in der Gedankenwelt, die schon den Entwurf von 1940 inspiriert hatte. Nach wie vor sah man in den Plänen ein statisches Instrument mit kräftiger Rechtsbindung, weniger aber eine programmatische Festlegung. Derartige Pläne sollten auf den drei Verwaltungsebenen beibehalten werden und verbindliche Wirkung haben nach unten. Ein wichtiger Unterschied zu dem Entwurf von 1940 war die Empfehlung, jetzt das Wohnungswesen vollständig von der Raumordnung zu trennen. Im übrigen war der Bericht mehr akademisch als praktisch orientiert, im Gegensatz zu seinem Vorgänger. In gewisser Hinsicht zeigte der neue Entwurf den Einfluß der damaligen neuen englischen Gesetzgebung (Town and Country Planning Act 1947), namentlich in einer Regelung, die auf einen allmählichen Abbau der Erwartungswerte des Bodens abzielte.

5. Übergangszeit (1950—1960)

5.1. Neuorientierung der nationalen Raumordnung

Während man im Ministerium die Neuregelung der Raumordnung auf der Grundlage des soeben charakterisierten Entwurfes studierte, bekam die Praxis der Raumordnung immer mehr den Einfluß des schnell wachsenden Raumbedarfs für städtische Zwecke zu spüren. Die viel höheren Geburtenziffern in den Nachkriegsjahren, das immer größer werdende Raumbedürfnis pro Kopf der Bevölkerung und die tatsächliche und für die Zukunft zu erwartende Konzentration in den großen Stadtregionen gaben den Raumordnungsproblemen eine ganz neue Dimension und eine neue Prägung. Schon im Jahresbericht 1949/1950 der staatlichen Behörde wurde mitgeteilt, daß ein

Sonderausschuß der Ständigen Ausschusses mit dem Studium der Entwicklung im Westen des Landes beauftragt worden sei. Die Arbeit konzentrierte sich zuerst auf die Ballungsgebiete im Westen, wo der Raummangel schon damals schlimm war: das Gebiet IJmond und die Haager Agglomeration. Bald wurde auch der Südwesten des Landes in diese Arbeit einbezogen (Jahresbericht 1954).

Allmählich erweiterte sich die Sicht von den einzelnen Problemgebieten mit der höchsten Dringlichkeit auf den ganzen Westen und bald auf das ganze Land. Die Erscheinung einer von der staatlichen Behörde zusammen mit der Behörde für Wirtschaftsplanung bearbeiteten Broschüre „Het Westen en overig Nederland" (Der Westen und die übrigen Teile des Landes, 1956) und eine auf dem Inhalt dieser Broschüre beruhende Ausstellung haben dazu beigetragen, Interesse für die Problematik und für die Notwendigkeit einer nationalen Raumordnungspolitik zu wecken. Die Möglichkeit, mit Hilfe einer stärkeren Entwicklung außerhalb des Westens den Druck im Westen selbst zu mildern, rückte nachdrücklich in den Blickwinkel der Überlegungen.

Die Ausschußarbeit im Rahmen der staatlichen Behörde mündete 1957 in einen Bericht (Rapport Westen des Landes), der zum ersten Mal eine integrale Konzeption von der anzustrebenden Entwicklung im Westen aufzeigte. Dieses Zukunftsbild schloß sich eng an die traditionellen städtebaulichen Leitgedanken der vergangenen Jahre an. So kennzeichnete dieses Konzept zum Beispiel das Bestreben, im Städtering des Westens die bestehenden Städte auch auf die Dauer als räumlich getrennte Schwerpunkte zu erhalten. Die Expansion der „Randstad" sollte nach außen gelenkt werden, weil sonst die agrarische Mitte innerhalb des Städteringes bedroht würde. Eine Minderheit im Ausschuß war der Auffassung, man könne besser die städtische Entwicklung im Westen konzentrieren und dabei die Mitte soweit als notwendig preisgeben, damit der übrige Teil des Landes um so besser der Urbanisierung entzogen werden könne. Für das Ausdehnungsbedürfnis der „Randstad" wurde jetzt auch der Bau von neuen Städten, vor allem im Gebiet der Zuiderzeepolder, in Erwägung gezogen. Diese Gedanken waren in gewissem Sinne etwas Neues.

Den Bau von neuen Städten in den Niederlanden hatte man bis dahin fast immer abgelehnt, weil auch die größten Städte nicht sehr groß waren und, wie man lange Zeit gemeint hatte, nicht viel mehr anwachsen würden. Auch ließ das dichte Netz vorhandener Städte, so glaubte man, nicht viel Raum zur Einfügung von neuen gartenstadtartigen Siedlungen. Es ist in diesem Zusammenhang charakteristisch, daß das niederländische Institut für Raumordnung und Wohnungswesen erst 1957 zum ersten Mal eine Tagung über die Frage abhielt, ob der Bau von neuen Städten auch in diesem Lande in Betracht komme.

5.2. *Der erste Regierungsbericht über die Raumordnung*

Es dauerte einige Zeit, bis die Staatsregierung zu den Empfehlungen des obenerwähnten Berichtes Stellung nahm. Das geschah 1960 im ersten Regierungsbericht über die Raumordnung, der sein Erscheinen vor allem dem Drängen des Parlamentes verdankte. Die Bedeutung dieses Berichtes lag insbesondere darin, daß die Regierung sich jetzt zum ersten Mal über die räumliche Problematik des ganzen Landes und über die zu führende Raumordnungspolitik äußerte.

Die Akzentuierung der Schwierigkeiten im übervölkerten und unter Raummangel leidenden Westen fiel in den Darlegungen dieses Berichtes weniger stark aus. Die harmonische Entwicklung des ganzen Landes wurde nunmehr zur zentralen Frage. Eine optimale Lebens- und Arbeitsumwelt in allen Teilen des Landes zu fördern, wurde jetzt zum Hauptziel der Raumordnung erklärt. Eine gewisse Entfaltung der „Randstad" wurde positiv gewertet. Eine praktikable Lösung sah der Bericht in dem Zusammenhang zweier positiver Anstrengungen: das Gebiet der „Randstad" sollte gerade für die Erfüllung seiner spezifischen Aufgaben weiterentwickelt, und gleichzeitig sollten die Problemgebiete in den übrigen Provinzen gefördert werden.

Das sich auf diesen Bericht gründende Regierungsprogramm sah folgendes vor: die Verabschiedung eines neuen Raumordnungsgesetzes, eine bessere Koordination der Maßnahmen des Staates und das Schaffen günstiger Bedingungen für die erwünschten Entwicklungen. Das letztere sollte mit der staatlichen Finanzierung von bestimmten Vorhaben gefördert werden, wobei der Staat bei der Vergabe der Finanzierungsmitteln auch über Prioritäten, Ausführung und Gestaltung der Vorhaben entscheiden sollte. Zu diesem Programm gehörte außerdem die Absicht, spezifische Maßnahmen im Interesse einer besseren Bevölkerungsverteilung weiterzuführen, sowie raumrelevante Maßnahmen nur nach zusammenfassenden Entwicklungsplänen, und zwar vom Ständigen Ausschuß der staatlichen Behörde, beurteilen zu lassen.

Es wird deutlich, daß in diesem Programm von Aktivitäten der Staatsregierung ein moderner und umfassender Begriff von der Raumordnung durchklingt, anders als es in der Politik der ersten Nachkriegszeit gewesen war. Es handelte sich nun nicht mehr in erster Linie um die Ausweisung des Bodens für verschiedene Zwecke, sondern — wie es der Regierungsbericht formulierte — darum, daß die Behörden die räumliche Entwicklung des Landes in ihrer ständigen Beziehung zu dem Bevölkerungswachstum, dem Wachstum des Wirtschaftslebens und der sozialen, kulturellen und geistigen Entfaltung des Volkslebens zu lenken hätten.

5.3. Die Regionalplanung

Nach der damaligen gesetzlichen Regelung erforderte die Vorbereitung verbindlicher Regionalpläne eine sehr umfassende und mühsame Arbeit. Es waren nicht nur gründliche wissenschaftliche Vorbereitungen notwendig, sondern auch viele Beratungen mit öffentlichen Körperschaften und privaten Organisationen mit dem Ziel, befriedigende, auf wenig Widerstand stoßende Lösungen zu finden. Vor allem, wenn man versuchte, ziemlich große Gebiete in einem Regionalplan zu erfassen, erwiesen sich die Hindernisse als fast unüberwindlich. So entstand die Tendenz, die Regionalplanung auf kleine, nur einige Gemeinden umfassende Gebiete zu beschränken. Ein Beispiel von diesem Bestreben war ein 1953 von der Staatsregierung genehmigter Regionalplan für ein ländliches Gebiet von etwa 12 000 ha in der Provinz Noord-Brabant. Die Neuplanung des dürftigen Straßennetzes war der Kern dieses Regionalplanes. Ein noch extremeres Beispiel war der Regionalplan für eine Verkehrsstraße in derselben Provinz. In einigen Fällen beschritt man einen anderen Ausweg, man stellte nämlich sogenannte regionale Fachpläne auf. Das geschah namentlich für Wassergewinnungsgebiete, wie in den Provinzen Limburg, Groningen und Utrecht.

Die Regionalpläne aus diesem Zeitabschnitt zeigen beträchtliche Unterschiede im Hinblick auf die Festlegung von Einzelheiten. Am weitesten in dieser Richtung ging der Regionalplan für die Insel Walcheren in der Provinz Zeeland, der 1955 von der Staatsregierung genehmigt wurde. In diesem Sonderfall (Wiederaufbau) war die Regierung geneigt, eine ziemlich weitgehende Einzelfestlegung gutzuheißen, aber andererseits wurde in der diesbezüglichen Genehmigung deutlich zum Ausdruck gebracht, daß der Regionalplan nicht mehr regeln sollte, als aus provinzialer oder regionaler Sicht notwendig wäre.

Eine umstrittene Frage bei diesen Regionalplänen betraf die Möglichkeit, in einer zum Plan gehörenden Verordnung Bestimmungen aufzunehmen, die sich unmittelbar an die Bürger richten. Wie oben erwähnt, war einer der Leitgedanken des Gesetzgebers, daß die Regionalpläne verbindlich für die gemeindlichen Pläne sein sollten und daß die Rechtswirkung auf die Eigentümer sich mittels der gemeindlichen Pläne vollziehen würde. Nun war im System des alten Wohnungsgesetzes die zwingende Rechtswirkung der gemeindlichen Pläne beschränkt auf die Bauvorhaben. Man konnte infolgedessen behaupten, daß daneben ein vom Recht der Gemeindepläne nicht erfaßter Bereich lag (alle Vorhaben anderer Art), den die Regionalpläne zum Gegenstand ihrer Regelungen machen konnten. Wo die Staatsregierung Regionalpläne zu genehmigen hatte, behandelte sie diese Streitfrage nun sehr vorsichtig. Eine allgemeingültige Entscheidung der Streitfrage enthielten jedenfalls die Genehmigungen nicht.

5.4. *Die gemeindliche Planung*

Bei der gemeindlichen Planung trat in dieser Zeit die Vorbereitung von großen neuen Wohnvierteln in den Vordergrund. Die meisten Wiederaufbaupläne waren fertig und wurden ausgeführt, und die zur Verfügung stehenden Kräfte konnten jetzt für die planerische Vorbereitung einer zweckmäßigen Bekämpfung des quantitativen Wohnungsmangels eingesetzt werden. Mangel an Zeit und die knappe Finanzlage hatten in mehreren Fällen einen ungünstigen Einfluß auf die Errichtung der neuen Wohnviertel. Die dogmatische Übertreibung des „Neighbourhood"-Gedankens, die in der ersten Nachkriegszeit unverkennbar war — wie auch in anderen europäischen Ländern —, wurde bald aufgegeben. Die Planer strebten besonders danach, die neuen Wohnviertel mit allem, was nach moderner Lebensauffassung unerläßlich war, auszustatten. Man suchte eifrig nach neuen urbanen Formen, weil nunmehr die Stadt, im Gegensatz zu den stadtverneinenden Tendenzen der Vorkriegszeit, eine positive Bewertung erfuhr. Das Abwechseln von Einfamilienhäusern mit Mehrfamilienhäusern, vorläufig noch mit wenigen Hochhäusern im engeren Sinne gemischt, und verschiedene Gruppierungen der Baumassen und der Freiflächen sind kennzeichnend für die Widmungspläne dieser Periode. Dennoch war die herrschende Meinung, daß die neuen Wohnviertel mehr monoton als abwechslungsreich sind und daß die lokalen Unterschiede, besonders die Unterschiede zwischen städtischen und ländlichen Wohnvierteln, immer mehr verschwanden.

Die Probleme einer wirklichen Stadterneuerung blieben damals meistens noch außerhalb des Gesichtskreises der Behörden. Der starke Wohnungsmangel verhinderte den Abbruch von Altwohnungen. Nur ausnahmsweise, zum Teil im Zuge des Wiederaufbaues, kam man zu einigen echten Stadterneuerungsplänen, wie in Amsterdam, in einigen mittelgroßen Gemeinden (Vlaardingen, Dordrecht, Maastricht), wo besondere Umstände dies begünstigten.

Bei der gemeindlichen Planungsarbeit nahm jetzt auch in den mittelgroßen Gemeinden das sozialwissenschaftliche Element unter den Mitarbeitern einen größeren Platz ein. Immer mehr Gemeinden dieser Gruppe setzten für diese Arbeit Sonderdienststellen ein oder verstärkten ihre Hoch- und Tiefbauämter mit Mitarbeitern dieser Art.

28

5.5. Neue Städte

Bisher hatte man, wie gesagt, in den Niederlanden für die Stadterweiterung immer den Anschluß an die bestehenden Städte bevorzugt und den Bau von neuen Städten abgelehnt. Das an sich zur Nachahmung anspornende Beispiel der englischen „New Towns" aus der Nachkriegsperiode brachte diese Auffassung anfänglich nicht ins Wanken. Aber in den fünfziger Jahren wurde deutlich, daß man nicht in allen Situationen mit einem mehr oder weniger konzentrischen Ausbau der Städte auskommen werde. Besonders bei Rotterdam (Hoogvliet) und Den Haag (Zoetermeer) erwies sich ein anderer Weg, nämlich die Errichtung einer neuen Stadt, als notwendig. Das Zusammenwirken mehrerer schon erwähnter Faktoren brachte einen Umschwung in der Einstellung zu der Gründung von neuen Städten: das starke Bevölkerungswachstum in dieser Periode, der stark anwachsende Raumbedarf pro Kopf der Bevölkerung, die fortschreitende Konzentration im Westen und die spezielle Raumnot in der Nähe der genannten Städte. Es leuchtet ein, daß es im stark besiedelten Gebiet der „Randstad" besonders schwierig war, einen befriedigenden Standort für eine neue Stadt zu finden. Im Fall von Den Haag führte die Standortentscheidung zu tiefgreifenden Meinungsverschiedenheiten unter den beteiligten Behörden. Jedenfalls kann nicht geleugnet werden, daß die Satellitenstadt Zoetermeer, die das Endergebnis der Verhandlungen ist, einen Verstoß gegen die Raumordnungspolitik darstellt, die die Mitte der „Randstad Holland" freihalten wollte und will.

Bei Amsterdam kam es in dieser Zeit noch nicht zu ähnlichen Stadtgründungsbeschlüssen. Vorläufig vollzog sich die Erweiterung dieser Stadt noch einerseits nach dem Widmungsplan aus der Vorkriegszeit und andererseits in einem neuen Erweiterungsgebiet im Norden am Ufer des IJ-meeres, wo der erwähnte Plan keine Bebauung vorgesehen hatte.

Besondere Institutionen auf dem Gebiete der Verwaltung, wie die in England mit dem Bau der neuen Städte beauftragten „Corporations", wurden in den Niederlanden nicht geschaffen. Auch in diesem Zusammenhang war die Tradition der gemeindlichen Selbstverwaltung ein Hindernis. Wenn eine derartige Siedlung auf dem Gebiet einer kleinen Nachbargemeinde gebaut werden sollte, überließ man die Planung und die Ausführung dieser Gemeinde. Die daraus entstehende Spannung zwischen Verwaltungskraft und Gesinnung einerseits und der Aufgabe andererseits konnte durch eine Verstärkung der gemeindlichen Dienststellen, Einschaltung von privaten Planern und Zusammenwirken mit der Mutterstadt nur teilweise gelindert werden.

6. Die Integration der Raumordnung im neuen Rahmen einer zeitgemäßen Gesamtpolitik auf den drei Verwaltungsebenen

6.1. Das neue Gesetz

Nach einer gründlichen internen Vorbereitung und einer ausführlichen Erörterung im Parlament kam das neue Raumordnungsgesetz 1962 zustande. Es dauerte jedoch noch bis 1965, ehe diese Regelung in Kraft treten konnte, weil die Übergangs- und Durchführungsvorschriften noch nicht fertig waren.

Der Inhalt der neuen Gesetzgebung wird in Abschnitt III ausgeführt, während die Gesetzestexte in den Anlagen A, B und C abgedruckt sind. — An dieser Stelle werden deshalb nur einige Hauptmerkmale des Raumordnungsgesetzes 1962 hervorgehoben.

Auf der nationalen Ebene wurde jetzt der Gedanke eines Nationalplanes, also eines das ganze Staatsgebiet umfassenden Widmungsplanes, aufgegeben. An seine Stelle trat die — übrigens wenig definierte — Raumordnungspolitik, abgesehen von der Befugnis der Staatsregierung, Fachpläne für das gesamte Staatsgebiet zu beschließen, z. B. für Naturschutz, für Erholung usw. Im Regierungsentwurf fehlte diese Befugnis. Sie wurde aber durch einen Abänderungsvorschlag des Ministers vom Parlament eingeführt. Dieser Abänderung stimmten insbesondere diejenigen Abgeordneten zu, die meinten, die Regierung sei mit dem vollständigen Abschaffen des Nationalplanes zu weit gegangen.

Für die Provinzen wurde der Regionalplan aufrecht erhalten. Jedoch wurde die bisherige Rechtswirkung diesem Plan entzogen. Er hat jetzt überwiegend einen programmatischen Charakter und kann deshalb schneller und ohne Genehmigung der Krone aufgestellt werden.

Es ist nicht erstaunlich, daß viele Sachverständige, die von alters her gewohnt waren, die Rechtswirkung als einen Wesenskern der Pläne zu betrachten, dieser neuen Figur vorläufig zögernd gegenüberstanden. Man fürchtete, daß der unverkennbare Vorteil einer schnelleren, der Dynamik der Entwicklung Rechnung tragenden Regionalplanung mit dem Nachteil einer geringeren rechtlichen Wirksamkeit der Pläne erkauft worden sei. Hierauf anspielend wurde im Jahresbericht 1962 der staatlichen Raumordnungsbehörde von einem Experiment der Freiheit gesprochen. Wie man sich die Lösung vorgestellt hat, wird in Abschnitt III dargelegt.

Für die Gemeinden wurden jetzt zwei verschiedene Pläne vorgesehen: einmal der programmatische Strukturplan, der keine Rechtswirkungen hat und wie der Regionalplan auf einfache Weise, ohne aufsichtsbehördliche Genehmigung, aufgestellt werden kann; zum anderen der Widmungsplan.

Man regelte das Institut des Widmungsplanes neu. Allen Gemeinden wurde es jetzt zur Pflicht gemacht, für das Gebiet der Gemeinde, das nicht zu im Zusammenhang bebauten Ortsteilen gehört, einen Widmungsplan aufzustellen, während die Gemeinden sich innerhalb geschlossener Ortsteile eines solchen Planes bedienen können. Die Rechtswirksamkeit dieser Pläne wurde verstärkt. Nicht nur die künftige Bebauung muß nun mit dem Widmungsplan übereinstimmen, man kann jetzt im Plan sogar bestimmen, daß er auch für andere Vorhaben verbindlich sein soll. Außerdem wurde die Möglichkeit geschaffen, die Nutzung der vom Plan erfaßten Flächen und der darauf befindlichen Baulichkeiten der Rechtswirkung des Planes zu unterwerfen.

Andererseits räumte das neue Gesetz die Möglichkeit ein, den gemeindlichen Plänen eine ziemlich große Flexibilität zu geben. Dazu trug vor allem die Befugnis der Gemeinderäte bei, sich auf globale Festsetzungen in den Plänen zu beschränken und den Magistrat zu ermächtigen, den Plan im einzelnen rechtsverbindlich auszugestalten und innerhalb der im Plan zu bestimmenden Grenzen abändern zu können.

Als etwas Neues im Gesetz erschien jetzt eine Entschädigungsregelung für Betroffene, die durch Bestimmungen eines Widmungsplanes Schaden erleiden oder erleiden werden. Bis dahin war die Regelung einer Entschädigung den Behörden überlassen worden.

Zusammenfassend kann man sagen, daß der Gesetzgeber die Starrheit der alten Pläne in beträchtlichem Ausmaß beseitigt hat und daß der Einfluß der höheren Verwaltungsstufen auf die Pläne der niedrigeren doch nicht fehlt. Inzwischen werden auf Grund der

Erfahrung mit dem neuen Gesetz doch wieder Tendenzen zur Verstärkung des staatlichen Einflusses spürbar (siehe Abschn. VI./4.).

6.2. Der zweite Regierungsbericht

Die Neuorientierung der niederländischen Raumordnung auf dieser modernisierten Rechtsgrundlage konnte sich selbstverständlich nicht schnell vollziehen. Jedenfalls kam bald nach dem Inkrafttreten des Gesetzes auf der nationalen Stufe eine neue zusammenfassende Darlegung der Raumordnungsproblematik und -politik zustande, der zweite Regierungsbericht, der 1966 erschien. Damit hatte der Begriff „Regeringsbeleid inzake de ruimtelijke ordening" (Raumordnungspolitik der Staatsregierung) aus dem Gesetz einen deutlichen Inhalt bekommen. Jedoch wird der Regierungsbericht als Ausdruck der zu führenden Politik im Gesetz nicht genannt, dort ist nur der retrospektive Bericht über die Regierungspolitik im vergangenen Jahr vorgeschrieben.

Nach dem zweiten Regierungsbericht ist die Förderung der günstigsten Entwicklung aller Landesteile, besonders auch derjenigen, die in wirtschaftlicher Hinsicht relativ zurückgeblieben sind, noch stärker als zuvor Richtschnur für die Raumordnungspolitik der Staatsregierung.

Der Umfang der Verstädterung wird in einer Skala von Einheiten wachsender Größe zusammengefaßt, die sich jetzt schon deutlich zeigen und von denen die sogenannten städtischen Zonen die größten sind. Die künftigen städtischen Bereiche sollen nach der Vorstellung der Staatsregierung sich hauptsächlich innerhalb dieser Zonen entwickeln, und zwar, was ihre Struktur betrifft, in einer Zwischenform zwischen Konzentration und gestreuter Bebauung.

Was die künftige Bevölkerungsverteilung zwischen den verschiedenen Landesteilen angeht, wurde eine ziemlich starke Verschiebung aus dem sehr an Raummangel leidenden Westen zugunsten der weniger entwickelten Gebiete im Norden und Osten und der IJsselmeerpolder vorgesehen.

Nationale Straßen- und Erholungspläne waren im Bericht integriert. Das ganze anzustrebende Zukunftsmodell der räumlichen Entwicklung wurde in einem planartigen Bild zusammengefaßt, dem jedoch nur indikative Bedeutung beizumessen ist.

Im Bericht kommt deutlich ans Tageslicht, wie sehr einerseits die Zielsetzung der nationalen Raumordnung von den Zielen der nationalen Gesamtpolitik beeinflußt wird, und andererseits, daß die Verwirklichung der Raumordnung nur teilweise abhängt von der zweckmäßigen Anwendung der spezifischen Instrumente der Raumordnung, aber immer stärker von der Politik vieler Ministerien und von der der Provinzen und Gemeinden.

Der Bericht wurde im Parlament und in Fachkreisen zumeist günstig aufgenommen. Kritische Äußerungen betrafen z. B. das Fehlen einer ausführlichen, auf Untersuchungsergebnisse sich stützenden Begründung, das Fehlen von Alternativlösungen oder von verschiedenartigen Modellen, und die Befürchtung, daß eine weitere Entwicklung von Häfen und Industrien im „Europoort"-Gebiet gehemmt werden könnte. Eine mehrmals wiederholte Gegendarstellung, die auch noch in letzter Zeit befürwortet worden ist, stellt dem Zukunftsbild der beschränkten städtischen Zonen im Westen mit dem offenzuhaltenden „grünen Herz" das Bild einer starken, teilweise auch im „grünen Herzen" stattfindenden metropolitanen Entwicklung gegenüber, planmäßig vorbereitet und ausgeführt, die es ermöglichen würde, eine erstklassige Weltstadt zu bilden mit allen Vorzügen, mit demselben Versorgungsniveau und der wirtschaftlichen und kulturellen Mannigfaltigkeit, die wir in den großen europäischen Hauptstädten kennen.

6.3. Die Raumordnungspolitik seit dem Erscheinen des zweiten Berichtes

Die Frage, ob die Staatsregierungen seit 1966 dem Hauptinhalt des Berichtes, dem sie doch alle zugestimmt haben, in ihrer tatsächlichen Politik treu geblieben sind, läßt sich kaum einheitlich beantworten. Zerfällt diese Politik doch in eine Menge von Maßnahmen und Beschlüssen aller Art, die sich schon in Anbetracht der starken Dynamik oft mehr oder weniger von den allgemein gefaßten Richtlinien entfernen müssen. Aber wie die Erfahrung gelehrt hat, kommt es auch vor, daß wirtschaftlicher Druck und insbesondere das Motiv der Arbeitsbeschaffung zu Abweichungen führen, wie z. B. bei der Genehmigung einer Industrieansiedlung in der Nähe von Moerdijk (1967), im Gebiet zwischen den städtischen Zonen von Holland und Brabant.

Begründete Kritik an der nationalen Raumordnungspolitik in der Zeit seit dem Erscheinen des zweiten Berichtes betrifft namentlich das ungenügende Wachstum des nördlichen Landesteiles, der gegenüber den Absichten des Berichtes sehr zurückgeblieben ist, und die fortschreitende Suburbanisierung außerhalb der städtischen Zonen, besonders auch im Gebiet des „grünen Herzens" der Randstad Holland. Im allgemeinen sind die kleinen Siedlungen viel mehr gewachsen, als es im Bericht vorgesehen war, wobei die überaus starke Motorisierung mit im Spiel gewesen ist. Hier zeigt sich eine tief verwurzelte Vorliebe für das Wohnen in derartigen Bebauungskernen. Es ist bis jetzt nicht gelungen, in den städtischen Zonen gute Alternativen anzubieten.

Das Instrument der Weisung[23]) hat die Staatsregierung nur selten gebraucht. Aber man darf annehmen, daß die Staatsregierung auf dem Hintergrund des Weisungsrechtes ihren Standpunkt in kontroversen Angelegenheiten ohne formelle Weisung mehrmals hat durchsetzen können. Das kommt allerdings nur ausnahmsweise ans Tageslicht, wie in dem Gebiet des Regionalplanes „Vecht- en Plassengebied" in der Provinz Utrecht, wo das starke Bevölkerungswachstum mehrerer Gemeinden die Erhaltung der wertvollen Natur- und Kulturlandschaft in dieser Umgebung bedrohte.

Besonders im Gebiet Europoort hat die Staatsregierung mehrmals deutlich gemacht, wo sie die Grenze für die Hafen- und Industrieentwicklung ziehen will. Die dynamische Entwicklung der Hafen- und Industriegebiete im Südwesten des Landes und der Konflikt mit den vielen Gruppierungen, die sich für die Erhaltung einer befriedigenden Umwelt einsetzen, hat die Staatsregierung veranlaßt, den Staatlichen Raumordnungsausschuß mit einem Sonderbericht für diesen Teil des Landes zu beauftragen, der 1971 veröffentlicht wurde. Der Sonderbericht unterscheidet sich in seiner Methodik — viel weniger in seinen Empfehlungen — stark vom zweiten Regierungsbericht: In ihm wurden jetzt drei Modelle, ein wirtschaftliches, ein sozial-kulturelles und ein Umwelt-Modell, nacheinander erarbeitet.

Bei der Vorbereitung des dritten Berichtes über die Raumordnung hat die Regierung selbst zunächst die Bilanz gezogen über die Auswirkungen, die die Politik aufgrund des zweiten Berichtes gehabt hat. Die Ergebnisse sind zum Ausdruck gebracht in der im Dezember 1973 erschienenen „Orientierungsnote", welche in ihrer endgültigen Form das erste Kapitel des dritten Berichtes darstellen soll.

---

[23]) Siehe Abschn. III/3.4.

32

Festgestellt wird, daß die wirkliche Entwicklung in mehreren Hinsichten von den Richtlinien des zweiten Berichtes abgewichen ist, aber auch, daß sich in der vergangenen Zeit Änderungen in der Sicht auf das Problem gezeigt haben. Namentlich ist die Erkenntnis lebendig geworden, daß Grenzen gezogen werden sollen im Hinblick auf:

— den Mangel an Raum,
— die beschränkte Verfügung über Grundstoffe,
— die beschränkte Tragfähigkeit der natürlichen Umwelt,
— den beschränkten finanziellen Spielraum.

Die Orientierungsnote erwähnt folgende Punkte, in denen die Entwicklung den Zielsetzungen der Raumordnungspolitik nicht entsprochen hat:

— Die Streuung der Bevölkerung, namentlich zum Norden hin, ist weit hinter der Zielsetzung zurückgeblieben.
— Es ist nicht gelungen, die Bebauung in den städtischen Zonen und Stadtregionen genügend zu bündeln. Infolgedessen ist die Suburbanisierung erheblich weiter fortgeschritten als geplant.
— Unter dem Einfluß der Suburbanisierung ist das „grüne Herz" der Randstadt Holland ernsthaft beeinträchtigt worden.
— Im allgemeinen liegt das Wachstumstempo der kleinen ländlichen Kerne erheblich über der Norm des zweiten Berichtes.
— Die Stadterneuerung ist langsamer verlaufen als vorgesehen.
— Das Netz der Autobahnen ist weniger schnell ausgebaut worden als geplant war, aber auch die öffentliche Beförderung weist einen Rückstand auf beim Programm.
— Die geplanten großen Truppenübungsplätze sind nicht zustande gekommen.
— Eine neue Bodenpolitik ist nicht verwirklicht worden.
— Die Verwaltungsreform auf örtlicher und regionaler Ebene ist erheblich langsamer verlaufen als vorgesehen war.

Die Ursachen dieser Abweichungen liegen zum Teil in den geänderten Ansichten bei der nach dem zweiten Bericht amtierenden Regierungen, aber der Meinung der jetzigen Regierung nach sind sie doch hauptsächlich der mangelhaften Wirksamkeit des Instrumentariums zur Verwirklichung der beabsichtigten Politik zuzuschreiben (u. a. wird hingewiesen auf den ungenügenden Zusammenhang der Zielsetzungen und auf die ungenügende Koordination zwischen den Verwaltungsebenen). Andererseits wird hervorgehoben, daß die politische Evidenz anfangs noch nicht in genügendem Ausmaß anwesend war. Bei der erneuten Besinnung, welche die Regierung aufgrund der hier kurz zusammengefaßten Überlegungen für notwendig hielt, hat sie denn auch sowohl die Zielsetzungen als die Instrumente betrachtet.

6.4. Die Regionalplanung

Nach dem Inkrafttreten des Raumordnungsgesetzes wurde in der Regionalplanung vorläufig noch auf der Grundlage des alten Gesetzes weitergearbeitet. Die Übergangsregelung besagte nämlich, daß die Entwürfe zu einem Regionalplan noch gemäß der alten Regelung beschlossen und genehmigt werden konnten. Aber auch abgesehen davon kostete es den Behörden und Planungsämtern in einigen Provinzen offensichtlich einige Mühe, ihre Arbeitsweise und ihre Planentwürfe auf die neuen Auffassungen, die dem Gesetz zugrunde liegen, umzuorientieren.

Andererseits wurde in mehreren Provinzen ziemlich schnell nach dem Erscheinen des zweiten Regierungsberichtes diesem Beispiel gefolgt, indem man für das ganze Gebiet ein zusammenfassendes Totalbild der provinzialen Raumordnung gab, meistens in verbaler Form mit indikativen Karten zur Erläuterung. In der Provinz Gelderland gab man einige skizzenhafte unverbindliche Modelle für die künftige räumliche Entwicklung.

Bei der Regionalplanung zeigte sich übrigens jetzt eine Tendenz, größere Gebietseinheiten als früher ins Auge zu fassen, z. B. in den Provinzen Zeeland und Zuid-Holland. Dagegen blieb man in der Provinz Noord-Holland, die von alters her besonders aktiv war auf dem Gebiet der Regionalplanung, noch bei ziemlich kleinen Einheiten.

Eine andere bemerkenswerte Tendenz bei der Regionalplanung neuen Stils war der Versuch, deutlich zu unterscheiden zwischen Elementen, die nur eine indikative Bedeutung für die gemeindliche Planung haben, anderen, die einen höheren Grad, und abermals anderen, die einen sehr hohen Grad von Verbindlichkeit haben. Dabei wurden die zulässigen Abweichungsmargen genau angegeben.

Übrigens zeigt die neue Regionalplanung auch das Bestreben, mit mehreren Alternativen zu arbeiten, deren Vor- und Nachteile man genau abzuwägen versucht. In dieser Regionalplanung spiegelt sich auch immer deutlicher die große Besorgnis, die man im Zusammenhang mit Fragen des Umweltschutzes hegt.

Neu ist ferner das Bestreben, zu einer mehr oder weniger organisierten Mitsprache der Bevölkerung zu gelangen, was der jetzigen Vorbereitung von Regionalplänen seinen Stempel aufdrückt.

6.5. Regionalplanähnliche Gebietsplanung

Es ist schon erwähnt worden, daß bei der Trockenlegung der IJsselmeerpolder die Fachleute und die Methodik des Städtebaus und der Raumordnung anfänglich kaum eine Rolle spielten. Von Polder zu Polder wurde diese Rolle jedoch immer größer. Der Einfluß wuchs, als Sonderabteilungen in der Nachkriegszeit bei den beiden mit der Vorbereitung und der Ausführung der Planung für das neue Land beauftragten Dienststellen gebildet wurden, und diese Entwicklung fand ihren Höhepunkt in der Aufstellung eines Strukturplanes für die südlichen IJsselmeerpolder 1961. Einige Merkmale dieses Planes, besonders im Vergleich zu den Plänen für die älteren Polder, sind folgende:

a) die raumplanerische Vorbereitung,

b) die Vielseitigkeit der berücksichtigten Gesichtspunkte (nicht mehr hauptsächlich wasserwirtschaftliche und agrarische),

c) der Umfang der Flächen, die zur Verfügung gestellt wurden, um solchen Bedürfnissen, die im alten Land nicht oder nur schlecht befriedigt werden konnten, dienen zu können (Städte, Industrie, Erholung),

d) die vollständige Integration der neuen Polder in das umgebende Land.

Eine andere Art von Gebietsplanung, die immer vielgestaltiger wird, stellen die Flurbereinigungspläne dar, die immer mehr den Charakter von Vielzweck-Plänen bekommen haben. Die Koordination dieser Pläne mit der Regionalplanung läßt gelegentlich noch zu wünschen übrig.

Auch ist man in den letzten Jahren allgemein zu der Überzeugung gelangt, daß das bestehende, immer noch hauptsächlich agrarisch orientierte Flurbereinigungsgesetz keine angemessene Grundlage für moderne ländliche Gebietsrekonstruktionen sein kann, bei denen doch nicht-agrarische Interessen immer stärker in den Vordergrund treten. Deshalb ist für die im Rahmen der nationalen Planung bezweckte Rekonstruktion der Pufferzone zwischen den Haager und den Rotterdamer Agglomerationen (Midden-Delfland) ein Sondergesetz entworfen worden, das gleichzeitig eine Art Prototyp für ein zukünftiges Landeinrichtungsgesetz sein kann.

6.6. Die gemeindliche Planung

Auch bei den Gemeinden war der Übergang zum neuen System nicht einfach. Trotz der langen Vorbereitungszeit des neuen Gesetzes bestand vorläufig noch viel Unsicherheit über die richtige Interpretation der neuen Bestimmungen.

Bei der besonders einfachen Regelung des programmatischen Strukturplanes ergaben sich in diesem Zusammenhang kaum Schwierigkeiten. Der Gesetzgeber hatte bei der Vorbereitung der Regelung dieses Instituts besonders an die Stadterneuerung gedacht. Doch zogen mehrere Gemeinden es vor, die Hauptlinien ihrer Stadterneuerungspolitik nicht in der gesetzlichen Form eines Strukturplanes festzusetzen, sondern in der weniger prägnanten verbalen Form einer Erklärung.

Die im Gesetz auch vorgesehene Strukturplanung für mehrere Nachbargemeinden zusammen kam in einigen Fällen zustande, aber doch viel zu selten.

Bei der Vorbereitung der gemeindlichen Widmungspläne neuen Stils befanden sich die Gemeinden, ihre Dienststellen und ihre Berater auf bekanntem Gebiet. Trotzdem ist es in vielen Fällen nicht gelungen, die Anpassung der bisherigen Pläne an das neue Gesetz innerhalb der dazu gewährten Frist von 5 Jahren zu vollziehen. Daraus ergab sich namentlich eine bedenkliche Situation in den sogenannten Meldungsgebieten (vgl. oben unter 4.2.), wo der bezweckte Schutz von Natur und Landschaft kraft der neuen Regelung von den gemeindlichen Widmungsplänen übernommen werden sollte. Eine vom Ministerium eingesetzte Arbeitsgruppe versuchte den Gemeinden durch die Veröffentlichung von Musterbestimmungen mit konservierender Wirkung für derartige aus der Sicht von Natur- und Landschaftsschutz wertvolle Gebiete behilflich zu sein, aber am Ende der genannten Frist waren die erwünschten Pläne für diese Gebiete nur teilweise zustande gekommen.

Bei der Planung der Stadt- und Dorferweiterung hatte das neue Gesetz zwar neue Möglichkeiten eröffnet, in dem es jetzt dem Gemeinderat gestattete, die Detaillierung oder die Abänderung von detaillierten Plänen dem Magistrat zu überlassen, aber viele Gemeinderäte zeigten sich zu einer solchen Delegation nicht geneigt[24]. Dazu kam noch, daß Beschwerdeentscheidungen der Krone in bestimmten Fällen die Delegation beeinträchtigte, weil die Einräumung der Befugnisse nach Auffassung der Beschwerdeinstanz zu weit ging.

Es war eine nachhaltige Aufklärungsarbeit unter anderem durch zwei Tagungen und eine Veröffentlichung des niederländischen Instituts für Raumordnung und Wohnungswesen notwendig, um die Gemeinden etwas mehr mit den Vorteilen dieser Delegation vertraut zu machen.

Die Pläne für neue Wohnviertel oder Stadtteile zeigten damals in dem, was sie an Bebauung konzipierten, eine deutliche Verschiebung in Richtung auf das Hochhaus, ob-

---

[24]) Siehe auch Abschn. III./3.2. und die Fußnote [40]).

gleich die Bewohner nach wie vor meistens das Einfamilienhaus vorzogen. Dieser Gegensatz zwischen Bauprogramm und Wohnwünschen ist wahrscheinlich teilweise auf Bestrebungen der Staatsregierung in dieser Zeit zurückzuführen, die die Industrialisierung des Wohnungsbaues fördern wollte. Im neuen Amsterdamer Stadtteil Bijlmermeer findet man wohl das einseitigste Beispiel dieser Entwicklung: ein honigwabenartiges Gefüge, das den Plan beherrscht und das sehr verschieden beurteilt wird. Das für diesen Stadtteil vorgesehene Transportsystem (Stadt-Bahn), das ohne eine starke Konzentration der Bevölkerung im Bereich der Haltestellen nicht befriedigend funktionieren kann, hat den Plan stark beeinflußt.

Die kritische Beurteilung der neuen Wohnviertel aus dieser Periode im Vergleich mit älteren Vierteln, die von der Bevölkerung allmählich positiver bewertet wurden — was sogar für die in vieler Hinsicht schlechten Viertel aus der Zeit vor dem Wohnungsgesetz gilt —, hat erst zu lebhaften Diskussionen, später auch zu wissenschaftlichen Untersuchungen Anlaß gegeben. Diese haben jedoch noch nicht zu klaren Ergebnissen geführt.

Zu Stadterneuerungszwecken, also für das Stadtinnere, kamen wenige Widmungspläne zustande. Den Gemeindeverwaltungen stellten sich hier besondere Schwierigkeiten in den Weg. Erstens war in diesen Gebieten der Kampf der Interessen besonders groß. Die Bevölkerung der alten Viertel wurde allmählich aktiviert und drängte zu einer wirksamen Mitsprache, ohne daß es in den meisten Fällen gelang, dieser Mitsprache eine demokratisch befriedigende Form zu geben. Andererseits arbeitete jede Gemeindeverwaltung unter dem Einfluß der Bevölkerung und ihrer Interessengemeinschaften oft weniger zielbewußt. Nachdem für die Sanierung von Elendsvierteln im traditionellen Sinne ursprünglich meistens der radikale Abbruch als Richtschnur gegolten hatte, gewannen nun Konservierungs- und Renovierungstendenzen an Bedeutung, was oft eine verzögernde Neuorientierung und eine Neubearbeitung der Pläne bedeutete.

Im übrigen war der mühsame Verfahrensgang der Pläne, der bis zur endgültigen Entscheidung der Krone nicht selten 5 Jahre umfaßte, besonders im Hinblick auf die starke Dynamik der räumlichen Entwicklung ein schwieriges Problem. Es leuchtete immer mehr ein, daß man zu einer zweckmäßigen Beherrschung der Entwicklung in diesen Gebieten und zur Ausführung der Stadterneuerungsvorhaben einer schnelleren und viel flexibleren Planung bedarf. Auch fehlt eine Reihe von Befugnissen, deren Anwendung die Verwirklichung von Stadterneuerungsvorhaben fördern kann, z. B. Vorkaufsrecht, Umlegungsverfahren, Abbruchgebote, die Befugnis, weitgehende Renovierungen zu erzwingen usw. Ein Stadterneuerungsgesetz, das diese Lücken ausfüllen soll, ist in Vorbereitung (siehe Abschn. III./4.d).

Auch stellte sich heraus, daß die Stadterneuerung eine sehr vielgestaltige Operation ist, die nicht nur auf einer raumplanerischen Vorbereitung beruhen sollte, sondern auch auf einer Art Sozialplanung und auf einer finanziellen Planung. Sie kann nur durch den Einsatz von vielen gemeindlichen Dienststellen sowie von privaten Gesellschaften und Personen zu einer unbeschränkten Ausführung gelangen. Das Eingebettetsein der Raumordnung in der Gesamtpolitik zeigt sich bei der Stadterneuerung besonders klar.

Eine neue Form bei der Vorbereitung und der Ausführung dieser Pläne sind die privaten Entwicklungsgesellschaften („private developers"), die sich bereit erklären, die ganze Operation einer Stadterneuerung vorzubereiten, zu finanzieren und auszuführen innerhalb einer bestimmten Frist. Unter welchen Bedingungen es möglich ist, in diesem Sinne ein Abkommen mit einer derartigen Unternehmung zu treffen, ohne Nachteil für die öffentlichen Interessen und ohne daß die Mitsprache der Bevölkerung dadurch ihre

Bedeutung verliert, ist noch eine umstrittene Frage. Das größte Beispiel einer derartigen Zusammenarbeit zwischen einer Gemeinde und einer privaten Unternehmung bildet der Plan Hoog Catharijne in Utrecht, der inzwischen teilweise zur Ausführung gekommen ist, jedoch noch immer zu tiefgehenden und emotionalen Diskussionen Anlaß gibt.

7. Der dritte Regierungsbericht

Wie oben erwähnt, hat die jetzige Regierung einen dritten Bericht über die Raumordnung in Vorbereitung genommen. Die Dezember 1973 veröffentlichte Orientierungsnote zu diesem Bericht (siehe oben unter 6.3.) ist dem Verfahren der raumordnerischen Kernentscheidungen unterzogen worden gemäß der 1972 erschienenen „Öffentlichkeitsnote" (siehe Abschn. VI./3.). Sodann hat die Regierung Mitte 1975, unter Vorlegung einer Abänderungsnote, ihre Entscheidung in dieser Angelegenheit dem Parlament mitgeteilt. Die übrigen Teile des dritten Berichtes sind noch in Vorbereitung.

Bei ihrer Neuorientierung betont die Regierung die moderne Auffassung, daß die Planung nicht auf einen „Endplan" für einen bestimmten Zeitpunkt abzielt, sondern den Charakter eines zyklischen und kontinuierlichen *Prozesses* trägt mit einer fortwährenden Rückkopplung. Dieser Prozeß setzt in allen Phasen eine umfassende Forschungsarbeit voraus.

Die Raumordnung spielt sich in einer Verflechtung zwischen verschiedenen Planungsfeldern ab. In den Niederlanden unterscheidet man dabei gegenwärtig die sogenannten „facetten", d. h. die räumliche, wirtschaftliche und soziokulturelle Planung, jede mit eigenem Spitzenorgan auf nationalem Niveau, und weiter die sogenannten „sectoren" (Fachplanung) wie Verkehr und Transport, Wohnungsbau, Landeinrichtung, Erholung usw. Dies macht das Gewährleisten einer guten räumlichen Kohärenz, mittels einer verwaltungsmäßigen und amtlichen Koordination auf den verschiedenen Verwaltungsebenen (horizontal) und zwischen den Ebenen (vertikal), zu einem zentralen Ausgangspunkt.

Bei der Umschreibung der Zielsetzungen kommen die oben (unter 6.3.) erwähnten neueren Ansichten zum Ausdruck, namentlich darin, daß die Umwelt und das Lebensklima jetzt viel mehr Aufmerksamkeit finden, und zwar nicht nur in den Städten, sondern auch in den ländlichen Gebieten. Neben den Gebieten, deren Entwicklung zu fördern bzw. neu zu strukturieren ist (der Norden und Süd-Limburg), kommen jetzt auch die städtischen Konzentrationsgebiete in den Vordergrund als Problemgebiete. Innerhalb dieser Gebiete meldet sich mit Nachdruck das Problem der Stadterneuerung an.

Das „grundlegende Ziel" ist jetzt die Förderung solcher räumlicher und ökologischer Voraussetzungen, daß

a) die wesentlichen Bestrebungen von Individuen und Gruppen in der Gesellschaft möglichst gut zu ihren Rechten kommen,

b) die Verschiedenheit, der Zusammenhang und die Dauerhaftigkeit der natürlichen Umwelt möglichst gut gewährleistet werden.

Dieses grundlegende Ziel wird in folgende „Hauptzielsetzungen" spezifiziert:

1. Entwicklung und Erhaltung kultureller Werte,

2. Förderung der Entfaltungsmöglichkeiten von Individuen und Gruppierungen,

3. Bekämpfung von regionalen Rückständen hinsichtlich Umfang und Qualität der Arbeitsgelegenheit,

4. eine gerechte regionale Einkommensverteilung,

5. Förderung eines selektiven wirtschaftlichen Wachstums,

6. Entwicklung und Instandhaltung des ökologischen Systems.

Aus diesen Zielen folgen dann schließlich mehr detaillierte „*Subzielsetzungen*" für die natürliche Umwelt, das Landschafts- und Stadtbild, die Verstädterung, das ländliche Gebiet, die Kommunikationssysteme und die öffentlichen Einrichtungen.

Mit Bezug auf das Instrumentarium zur Ausführung enthält die Note politische Vorhaben auf dem Gebiet der Bevölkerungs- und Bodenpolitik, der Gesetzgebung (siehe Abschnitt VI), gewisser strategisch wichtiger Punkte (u. a. die Dezentralisierung des amtlichen Staatsapparates), der räumlichen Kohärenz und der Wechselwirkung mit dem Finanzwesen und der Verwaltungsorganisation.

Was die räumliche Kohärenz betrifft, mißt die Regierung den sogenannten „*Strukturskizzen*" (zielend auf allgemeine räumliche Entwicklungen, die die staatliche Behörde in bestimmter Richtung beeinflussen will) und den „*Strukturschemas*" (zielend auf Aktivitäten, bei denen der Akzent auf den eigenen Aufgaben des Staates in einem bestimmten Sektor liegt) besonderen Wert zu. So sind in 1974 ein Strukturschema Trink- und Industriewasserversorgung und Mitte 1975 ein Strukturschema für die Elektrizitätsversorgung bis zum Jahr 2000 dem Verfahren der raumordnerischen Kernentscheidungen unterzogen worden.

Die Strukturschemas sollen in den allgemeinen Rahmen der Strukturskizzen passen. Sie werden dann in mittelfristigen Plänen detailliert. Aus diesen letzteren Plänen wird sich in concreto zeigen, mit Bezug auf welche Projekte eine Abwägung der Interessen in einem Regionalplan notwendig ist und für welche Arbeiten also endgültige Entscheidungen über Ortsbestimmung und Ausführung getroffen werden sollen.

Das Parlament hat die Orientierungsnote mit nur geringen Änderungen verabschiedet.

8. Theoretische Vertiefung und Ausbildung

Die knappe Wiedergabe der Gedanken im ersten Teil des dritten Regierungsberichtes hat gezeigt, welch langer Weg zurückgelegt worden ist, seit die Raumordnung zu Anfang des 20. Jahrhunderts erneute Aufmerksamkeit auf sich zog.

Die Raumordnung in den Niederlanden hatte lange Zeit, wie überall, einen pragmatischen und empirischen Charakter. Die Zielsetzung war beschränkt, die Methodik beruhte auf eigener oder von anderen weitergegebener Erfahrung. Die Ausbildung der Planer, bis zum 2. Weltkrieg meistens Architekten oder Bauingenieure der Delfter Technischen Hochschule, war auf die kreative Entwurfsarbeit zugeschnitten. Die Verwendung von Mitarbeitern mit sozialwissenschaftlicher Ausbildung auf den Planungsämtern führte zu einer Bereicherung der Vorbereitungsarbeiten für die Planung mit einer mehr wissenschaftlichen Methodik, die zu einer kritischen Nachprüfung von traditionellen Regeln und Richtzahlen führte. Die Bildung einer Arbeitsgruppe beim niederländischen Institut für Raumordnung und Wohnungswesen (1946), später einer Sektion für „planologische" Forschung (Raumforschung), förderte die Kenntnis von Problemen und Erfolgen auf diesem Gebiet und den Austausch von Erfahrungen und Gedanken. Jedoch war sicher in den sechziger Jahren noch kaum die Rede von einer theoretischen Begründung der Raumordnung, wie sie in jener Zeit namentlich in den Vereinigten Staaten von Amerika (Journal of the American Institute of Planners) und etwas später auch in England zutage kam.

Erst die Errichtung von Lehrstühlen für Planologie an mehreren Universitäten, von denen Amsterdam (1962) der erste war, und von Ausbildungs- und Forschungsinstituten, die von den Lehrstuhlinhabern geleitet wurden, hat eine theoretische Vertiefung herbeigeführt und zum Aufholen des Rückstandes auf diesem Gebiete beigetragen.

Es besteht jetzt auch, unabhängig von den Universitäten, ein Institut für Raumforschung im Rahmen der Organisation TNO (angewandte naturwissenschaftliche Untersuchungen), das in der Lage ist, Aufträge seitens der Behörden auszuführen.

An den Universitäten von Amsterdam und Nimwegen haben Studenten der Sozialwissenschaften die Möglichkeit, in dem Fach Planologie eine Doktoratsprüfung zu machen, während an diesen und an verschiedenen anderen Universitäten in mehreren Wissenschaften die Möglichkeit eröffnet ist, im Rahmen einer Doktoratsprüfung die Planologie als Nebenfach zu wählen.

III. Planungsrecht

1. Einführung

Die hier folgende Wiedergabe sollte unter dem Vorbehalt verstanden werden, daß die wirklichen Zustände und Vorgänge bei der Raumordnung sich nur teilweise aus dem geltenden Planungsrecht ablesen lassen, weil

a) wie immer, auch auf diesem Gebiet *außergesetzliche Kräfte* wie politischer Wille, Tatkraft der Behörden, Reife der öffentlichen Meinung und dergl. stark mitbestimmend sind für dasjenige, was tatsächlich geschieht und manchmal trotz einer mangelhaften Gesetzgebung auch funktioniert;

b) die Raumordnung in den Niederlanden immer noch *im Werden begriffen* ist (vgl. die Übersicht im Abschnitt II), wobei stets die Praxis voranging — und geht — und Gesetzgebung und Organisationsformen früher oder später folgen. Gerade jetzt befinden wir uns im Strom neuer Wandlungen: Zur internationalen planerischen Arbeit, zu einer wirksamen Nationalplanung in der Form einer integralen Entwicklungsplanung, zu neuen Formen für das Zusammenspiel von Behörden und Bürgern, zu neuen Ansichten über den Planungsprozeß selbst;

c) das niederländische Raumordnungsgesetz sich auf die *formale* Art und Weise der Raumordnung (die zugelassenen Pläne, die zuständigen Organe, das vorgeschriebene Verfahren, den Rechtsschutz für die Beteiligten und dergl.) beschränkt und demzufolge keine inhaltliche Einsicht in die zu treibende Planung ermöglicht; dafür ist man auf andere Quellen wie die Raumordnungsberichte der Regierung, die parlamentarischen Unterlagen usw. angewiesen;

d) das niederländische Planungsrecht *kein kodifiziertes Ganzes* ist, sondern sich über das grundlegende Raumordnungsgesetz (Abschn. III./3.) und eine Reihe von Fachgesetzen (Abschn. III./4.) verteilt, wobei im Rahmen der Durchführung auch das Boden- und Enteignungsrecht (Abschnitt V.) und das Budgetrecht einen wesentlichen Bestandteil des ganzen Systems bilden[25]). Die Raumordnung kann sich somit nur aufgrund verschiedener Gesetze und unter Verantwortlichkeit verschiedener Organe effektiv vollziehen.

Den Rahmen für diesen Prozeß bildet die Verwaltungsstruktur. Je mehr die heutigen Tendenzen sich durchsetzen, desto mehr wird die Raumordnung eine gemeinsame Aufgabe der ganzen Verwaltung, und dies immer deutlicher, nachdem auch die Wirtschaftsplanung, die sozial-kulturelle Planung und der Umweltschutz als integrierende Elemente einer Gesamtentwicklungsplanung mitbeteiligt werden. Umgekehrt erfordern die Dy-

---

[25]) Die Staatsausgaben beanspruchen (1975) rd. 32% des Nationaleinkommens; rd. 20% davon sind raumbedeutsam.

40

namik und die stark vergrößerten Maßstäbe der modernen räumlichen Entwicklung mehr und mehr eine Anpassung der Verwaltungsstruktur an die Raumordnungspolitik (siehe Abschn. VI./2.2.).

2. Raumordnung und Wohnungswesen

Wie aus Abschnitt II. hervorging, hat sich mit dem Inkrafttreten des Raumordnungsgesetzes vom 5. 7. 1962, Stb. 286, am 1. 8. 1965 endgültig die Trennung zwischen der Raumordnung als eigenständiger Aufgabe und dem Wohnungsgesetz 1901 vollzogen. Das neue Wohnungsgesetz vom 12. 7. 1962, Stb. 287, beschränkt sich auf das Wohnungswesen im engeren Sinn. Trotzdem hat dieses Gesetz noch eine spezielle Stellung unter den vielen Fachgesetzen behalten, einmal weil es in der Form der Baugenehmigung eines der Hauptinstrumente für die Handhabung der Raumplanung enthält (siehe Abschn. III./3.3.), andererseits wegen der besonderen Bedeutung, die die gesamte Besiedelungsproblematik für die Raumordnung hat. Dazu kommt unter den heutigen Umständen die in großen Teilen des Landes noch herrschende Knappheit auf dem Wohnungsmarkt. Der sowohl menschlich als politisch dringenden Aufgabe, diese in kürzester Zeit durch Neubau und Erneuerung beheben zu können, verdanken die Staatsorgane für das Wohnungswesen[26] mit ihrer fachlichen Beratung, ihrer Kontingentierung und vor allem ihrer Finanzierung und Subventionierung des ganzen sozialen Wohnungsbaues einen weit größeren Einfluß als aus den Gesetzen abzulesen ist.

Weiter läßt sich im Raumordnungsgesetz selbst noch deutlich spüren, daß die Materie sich aus der von den Kommunalplänen bedingten Sphäre des alten Wohnungsgesetzes entwickelt hat. So liegt in dem Raumordnungsgesetz immer noch der stärkste Akzent auf der im kommunalen Rahmen zu planenden Flächenwidmung und wird die unter den heutigen Umständen immer bedeutungsvollere Problematik der Nationalplanung nur äußerst summarisch, wenn nicht sogar mangelhaft, geregelt (siehe auch Abschn. VI./ 3.—5.). Auch ist das Gesetz noch nicht auf den modernen Charakter der Planung als Prozeßplanung (siehe Abschn. II./7) zugeschnitten.

3. Raumordnungsgesetz (ROG)[27]

3.1. Planungsinstrumente

Dem dreistufigen Verwaltungsaufbau entsprechend, gliedern sich die Planungsmaßnahmen in:

— *Nationalplanung* (Staatsaufgabe): die nationale Raumordnungspolitik, ggf. mit nationalen Fachplänen für bestimmte Teilaspekte dieser Politik;

— *Regionalplanung* (provinziale Aufgabe): die Regionalpläne;

— *Ortsplanung* (gemeindliche Aufgabe): die kommunalen Struktur- und Widmungspläne.

---

[26] Der Generaldirektor für das Wohnungswesen und die Bautätigkeit (zugleich Generalinspekteur für das Wohnungswesen) mit seinen regionalen Direktoren (zugleich Inspekteuren).

[27] Siehe den Text des ROG und der Durchführungsverordnung (,,Besluit op de Ruimtelijke Ordening") vom 24. 7. 1965, Stb. 339 (ROV), in den Anlagen A und B; die relevanten Artikel des Wohnungsgesetzes sind in der Anlage C abgedruckt.

Das Instrumentarium als Ganzes läßt sich als ein System sich überlagernder Entwicklungsprogramme charakterisieren, wobei sich in der Richtung von oben nach unten die Akzente mehr und mehr auf (städtebauliche) Konkretisierung, Gestaltung, Flächenwidmung, Verbindlichkeit und Rechtsschutz für die Grundstückseigentümer verschieben. Dementsprechend enthält nur der kommunale Plan auch eine verbindliche Regelung der Flächennutzung[28].

Umgekehrt nimmt von unten nach oben die direkte Ausrichtung auf die Bodennutzung ab und treten die langfristige Entwicklungsplanung — und damit auch engere Zusammenhänge mit der Wirtschafts- und der sozialkulturellen Planung — mehr in den Vordergrund. Je größer der Rahmen, desto globaler wird die Wiedergabe der Planungsgedanken. Während bei den Ortsplänen der Hauptakzent auf den genau ausgearbeiteten, rechtsverbindlichen zeichnerischen Darstellungen mit verbaler Erläuterung liegt, treten bei den Regionalplänen die verbalen Programme in den Vordergrund und haben die zeichnerischen Darstellungen einen erläuternden ("indikativen"), öfters stark schematisierten Charakter. Für die Nationalplanung wird selbst das Wort "Plan" vermieden.

Zu den verschiedenen Planungsmaßnahmen ist noch folgendes zu bemerken[29].

a) Nationalplanung

— Die *Raumordnungspolitik* ("Regeringsbeleid inzake de ruimtelijke ordening"; Art. 2 ROG) wird vom Raumordnungsminister vorbereitet, von der Regierung geführt.

Über die geführte Politik wird alljährlich bei dem Haushaltsentwurf dem Parlament berichtet; die zu führende Politik wird in den Raumordnungsberichten[30], in Sonderberichten[31] und im schriftlichen Verkehr mit dem Parlament dargelegt. Sie ist nur für die Regierung selbst politisch verbindlich, kann aber durch Weisungen auch nach außen rechtsverbindlich gemacht werden (Abschn. III./3.3. u. 3.4.).

— *Nationale Fachpläne* für bestimmte Teilaspekte der Raumordnungspolitik ("facetplannen"; Art. 2³ ROG) können von der Krone aufgestellt werden und sind dann den Generalstaaten zur Kenntnis- und eventueller Stellungnahme zu unterbreiten[32]. Diese Möglichkeit wurde auf Initiative der Zweiten Kammer im ROG aufgenommen, hat aber bisher keine Anwendung gefunden. Zunächst werden in der Praxis die im Gesetz nicht genannten "Strukturschemas" benutzt (siehe Abschn. II./7.).

b) Regionalplanung

— Der *Regionalplan* ("streekplan"; Art. 4ff. ROG, Art. 2ff. ROV) wird aufgrund ständiger Forschung vom Provinzialausschuß vorbereitet und vom Provinziallandtag aufgestellt. Er besteht aus einem verbalen Programm für die künftige Entwicklung des Raumes in Hauptzügen, eventuell mit Phaseneinteilung, und einer oder mehreren zeichnerischen Darstellungen mit Erläuterung. Beizufügen ist eine Begründung, die

---

[28] Im Gesetz steht der Charakter als Flächenwidmungsplan dermaßen im Vordergrund, daß die Funktion als Entwicklungsprogramm nur in der Begründung erwähnt wird.

[29] Für Einzelheiten wird auf die Anlagen A, B und C verwiesen.

[30] Der "Zweite Bericht" erschien 1966. Der "Dritte Bericht" wird in Teilen erscheinen. Der erste Teil ("Orientierungsnote") wurde Ende 1973 veröffentlicht; die Veröffentlichung des zweiten Teiles (die zu führende Politik in Hinsicht auf die Verteilung und Mobilität der Bevölkerung, die Entwicklung der "Wachstumskerne" und die Erhaltung und Verstärkung der Städte) ist gegen Ende 1975 vorgesehen.

[31] Z. B. die Berichte über den Südwesten und den Norden (1971, 1972).

[32] Siehe über die künftige Bezeichnung dieser Pläne als "sectorplannen" Abschn. VI./5.

auch die Ergebnisse der Forschung[33]) und der Beratung mit Nachbarprovinzen, Staatsämtern und den in Betracht kommenden Wasserverbänden enthält.

Der Regionalplan ist fakultativ und nur für die Provinz selbst politisch verbindlich[34]), kann aber durch Weisungen auch nach außen rechtsverbindlich gemacht werden (siehe Abschn. III./3.4.). Die Pläne sind, wenn die Krone keine Befreiung erteilt, mindestens alle 10 Jahre zu revidieren. Zur Zeit sind 49 Regionalpläne in Kraft, darunter 7 Fachpläne für Naturschutz, Erholung und Schutz von Wassergewinnungsgebieten (siehe auch die Übersichtskarte, Abb. 1; die Abb. 1—4 befinden sich am Schluß dieses Bandes).

c) Ortsplanung

— Der *Strukturplan* („structuurplan"; Art. 7ff. ROG, Art 9 ROV) bildet die kommunale Stufe der langfristigen Entwicklungsplanung; er besteht, ebenso wie der Regionalplan, aus einem verbalen Programm für die künftige strukturelle Entwicklung der Gemeinde, nötigenfalls mit Phasierung, erläutert durch eine oder mehrere zeichnerische Darstellungen. Der Strukturplan ist fakultativ und nur für die Gemeinde selbst politisch verbindlich. Planungsraum ist das Gebiet der Gemeinde, ggf. das gesamte Gebiet verschiedener zusammenwirkender Gemeinden.

— Der *Widmungsplan* („bestemmingsplan"; Art. 10—32 ROG, Art. 10—16 ROV) ist fakultativ für die im Zusammenhang bebauten Ortsteile, obligatorisch für die übrigen Teile der Gemeinde. Als einziger Plan in der ganzen Reihe ist dieser Plan direkt rechtsverbindlich, d. h., daß er gegen Verstöße geschützt wird, ggf. auch schon während der Vorbereitungsphase (siehe Abschn. III./3.2.). Außerdem ist der Widmungsplan Grundlage für Enteignungen (siehe Abschn. V./4.).

Der Plan legt, „soweit dies für eine sinnvolle Raumordnung erforderlich ist", die Zweckbestimmung[35]) der erfaßten Flächen fest; er besteht denn auch primär aus einer oder mehreren zeichnerischen Darstellungen und, soweit im Rahmen der Flächenwidmung erforderlich, aus Vorschriften für die Nutzung der beteiligten Grundstücke und Baulichkeiten. Eine rechtsverbindliche Phasierung ist möglich. Für die Planung der Gebiete, die in der nächsten Zukunft für Bebauung in Betracht kommen, gelten besondere Bestimmungen (siehe Art. 11 ROG, Art. 14 ROV).

Sowohl der Strukturplan als der Widmungsplan werden aufgrund beständiger Untersuchungen vom Magistrat vorbereitet und vom Gemeinderat aufgestellt[36]). Bei der Vorbereitung eines Widmungsplanes sollen auch die wirtschaftlichen Durchführungsmöglichkeiten der in nächster Zukunft zu verwirklichenden Teile in Betracht gezogen werden. Beiden Plänen ist eine Begründung beizufügen, die auch die Ergebnisse der Forschung und der Beratung mit Nachbargemeinden, Staatsämtern und Wasserverbänden enthält. Die Pläne sind, wenn der Provinzialausschuß keine Befreiung erteilt, mindestens alle 10 Jahre zu revidieren.

---

[33]) Siehe für die Forschungsobjekte Art. 2 ROV.

[34]) Im Rahmen der vorgeschlagenen Verwaltungsreform (siehe Abschn. VI./2.2.) ist die Möglichkeit vorgesehen, im Regionalplan Gebiete auszuweisen, in denen die gemeindlichen Befugnisse hinsichtlich der Strukturpläne und Widmungspläne (siehe folgenden Abschnitt c) von der Provinz übernommen werden.

[35]) Diese kann sich auf alle Aspekte der Bodennutzung beziehen (siehe Art. 13 ROV).

[36]) Im Rahmen der vorgeschlagenen Verwaltungsreform (siehe Abschn. VI./2.2.) können die gemeindlichen Befugnisse hinsichtlich der Strukturpläne und Widmungspläne in gewissen Fällen von der Provinz übernommen werden.

d) *Stadterneuerung*

Das ROG bietet keine speziellen Planungsinstrumente für die *Stadterneuerung*. Diese werden in einem besonderen Stadterneuerungsgesetz aufgenommen werden. Ein von einer interministeriellen Arbeitsgruppe aufgestellter Vorentwurf dafür wurde Anfang 1974 der Zweiten Kammer vorgelegt mit einer vorläufigen Stellungnahme des Raumordnungsministers und des „Staatssecretaris" für die Stadterneuerung (siehe Abschn. III./4.d.)[37]).

Solange dieses Gesetz nicht zustande gekommen ist, sind auch bei der Stadterneuerung die allgemeinen Maßnahmen des ROG anzuwenden, wobei allerdings der Rechtsschutz für Planentwürfe während der Vorbereitungsphase verlängert wird, wenn es sich um einen Strukturplan für die geschlossene Ortschaft handelt (siehe Art. 21[7] ROG). Weiter sind staatliche Zuschüsse für die Durchführung von Widmungsplänen im Rahmen der Stadterneuerung möglich (Art. 32 ROG).

Der Schutz besonders wertvoller Stadt- und Dorflandschaften wird im Denkmalgesetz geregelt (siehe Abschn. III./4. g.); letzten Endes verwirklicht sich aber auch dieser mittels der Widmungspläne.

3.2. *Verfahren*

Für die *nationale Raumordnungspolitik* ist im ROG kein Verfahren vorgeschrieben. Bei dem *nationalen Fachplan* beschränkt das Verfahren sich auf interministerielle Vorbereitung und parlamentarische Kontrolle (siehe Art. 2[3] ROG). Inzwischen hat die Regierung dem Parlament zugesagt, in wichtigen Fällen — bei sogen. „planerischen Kernentscheidungen" (siehe Abschnitt VI./3.) — ein Verfahren einzuhalten, das eine zweckmäßige Beteiligung sowohl der Öffentlichkeit als der Zweiten Kammer gewährleistet.

Auch bei dem *Regionalplan* und dem *Strukturplan* ist das gesetzliche Verfahren sehr einfach: Bekanntgabe und Auslegung des Planentwurfes mit einer bestimmten Frist für die Erhebung von Einwendungen, Aufstellung durch den Provinziallandtag bzw. den Gemeinderat und Mitteilung an den Minister bzw. den Raumordnungsinspekteur (siehe Art. 4 und Art. 7—9 ROG). Als nicht direkt rechtsverbindliche Programme brauchen diese Pläne keine Genehmigung[38]).

Bei dem *Widmungsplan* gliedert sich das Verfahren in 4 Phasen:

— (fakultativ) ein Vorbereitungsbeschluß („voorbereidingsbesluit"), wenn der Gemeinderat verhüten will, daß die Planungsgedanken noch vor der Aufstellung des Planes lahmgelegt oder beeinträchtigt werden (siehe Art. 21, 22 und 46 ROG und Art. 50 Wohnungsgesetz);

— Aufstellung durch den Gemeinderat nach Bekanntgabe und Auslegung des Planentwurfes mit einer bestimmten Frist für die Erhebung von Einwendungen (siehe Art. 23—26 ROG);

— Genehmigung durch den Provinzialausschuß, wobei die vom Gemeinderat abgelehnten Einwendungen wiederholt oder neue Einwendungen gegen Änderungen im Planentwurf erhoben werden können (siehe Art. 27, 28, 34 und 35 ROG);

---

[37]) Sitzung 1973/1974, Nr. 12 790.
[38]) Wohl ist es üblich, daß der Minister die Regionalpläne vom Staatlichen Raumordnungsausschuß begutachten läßt und sich über etwaige Bemerkungen mit dem Provinzialausschuß in Verbindung setzt. Nötigenfalls kann der Minister Weisungen erteilen.

44

— Beschwerde bei der Krone, einzulegen vom Gemeinderat, vom Raumordnungsinspekteur oder von denjenigen, die sich mit Einwendungen an den Gemeinderat und den Provinzialausschuß gewandt hatten (siehe Art. 29 ROG). Die Krone beschließt nach Anhörung des Staatsrates, Abteilung für Verwaltungsstreitigkeiten[39]). Die Abteilung bedient sich eines ständigen amtlichen Beraters für die Voruntersuchung und hält dann eine öffentliche Sitzung ab, in der die streitenden Parteien ihre Sache verteidigen können.

In dem ganzen Verfahren wird sowohl über die *Rechtmäßigkeit* als auch über die *Zweckmäßigkeit* der Pläne geurteilt. Die bisherige Praxis der Krone zieht dabei die Grenzen selbst so weit, daß sie nötigenfalls von Amts wegen auch über Punkte entscheidet, die von den Parteien nicht streitig gemacht wurden.

Die bisherige Erfahrung hat gezeigt, daß das gesetzliche Verfahren nicht genügend den unterschiedlichen Belangen Rechnung trägt, denen es dienen soll, nämlich:

a) einer effektiven *Beteiligung der Öffentlichkeit* an der Planung, und

b) dem *Rechtsschutz für die Grundeigentümer*.

Die Eigentümer kümmern sich am meisten um die konkrete Flächenwidmung; die Bürger sind öfters auch stark an den Zielsetzungen der Planung interessiert. Das Gesetz legt, wie gesagt, den Akzent auf die Flächenwidmung, und zwar dermaßen, daß einerseits die Beteiligung der Öffentlichkeit nur mangelhaft erfolgen kann, andererseits das Verfahren zu sehr in die Länge gezogen werden kann. Weil nämlich „Jedermann" sich am Verfahren beteiligen darf, können auch Privatleute, interessierte Organisationen, Aktionsgruppen usw. ohne persönliches Risiko die Planungsentscheidungen um Jahre verzögern und so die sachlichen Interessen der Eigentümer und der Durchführung beeinträchtigen.

Weiter hat es sich herausgestellt, daß die Gemeinden nicht genügend die gesetzlichen Möglichkeiten benutzen, um einen Widmungsplan in globaler Form aufzustellen und die Ausarbeitung oder gewisse Abänderungen innerhalb der im Plan zu bestimmenden Grenzen an den Magistrat zu delegieren (siehe Art. 11 und 15 ROG). So werden die Pläne unnötig starr und verlängert sich die ohnehin schon lange Zeit zwischen der Vorbereitung eines Planes und der Durchführung privater Initiativen noch mehr. Die Gemeinden suchen jetzt mehr und mehr einen Ausweg in der Antizipation gemäß Art. 19 ROG in Verbindung mit Art. 50[8] Wohnungsgesetz (Baugenehmigung) und Art. 46[8] ROG (Anlagegenehmigung), obwohl diese Möglichkeiten für eine so weitgehende Anwendung nicht vorgesehen waren. Diese „Flucht in die Antizipation" hat derartige Ausmaße angenommen[40]), daß eine Gesetzesänderung vorbereitet wird. Inzwischen hat in verschiedenen Provinzen der Provinzialausschuß schon ein öffentliches Verfahren als Bedingung für seine Mitwirkung bei der Antizipation vorgeschrieben. Die Gedanken über die künftige Lösung der ganzen Materie werden im Abschn. VI./3. dargelegt.

---

[39]) In diesen Fällen funktioniert der Staatsrat nicht als Verwaltungsgericht. Seine Gutachten über die Entscheidung werden jedoch in den weitaus überwiegenden Fällen von der Krone akzeptiert. Wenn nicht, dann muß das Gutachten zugleich mit der abweichenden Entscheidung veröffentlicht werden.

[40]) Im Jahre 1970: 6300 Antizipationsbeschlüsse, 1974: 14 000.

3.3. Handhabung und Durchführung

Auch hier läßt sich spüren, daß das ROG einen Überakzent auf die rechtsverbindliche Flächenwidmung legt. Die wichtigsten Bestimmungen über die Durchführung der Pläne sind nämlich auf Abwehr von Verstößen gegen diese Widmung ausgerichtet, und zwar durch:

— Versagung der Baugenehmigung und ggf. der Anlagegenehmigung[41]) für Vorhaben, die dem Widmungsplan oder den Planvorschriften entgegenstehen (Art. 48 Wohnungsgesetz, Art. 44 ROG);

— Strafandrohung (Art. 59 ff. ROG);

— Verwaltungsvollziehung (Art. 210 Gemeindeordnung, Art. 58 ROG).

Nächst diesen negativen Maßnahmen, die der früheren Auffassung der Verwaltung als Eingriffsverwaltung entsprechen, kommt es jedoch in der Praxis der modernen Leistungsverwaltung immer mehr auch auf den positiven, fördernden Anteil der Behörden an der Durchführung der geplanten räumlichen Entwicklung an, insbesondere im regionalen und nationalen Rahmen (Aktivplanung). Hier handelt es sich teilweise um *indirekte* Maßnahmen (Schaffung oder Verbesserung der relevanten Bedingungen für das plangemäße Ausrichten der gesellschaftlichen Kräfte, z. B. durch Ausbau der Infrastruktur, Maßnahmen auf dem Gebiet der Verwaltungsstruktur, der Steuern und Subventionen, der Arbeitsbeschaffung und Wanderung, der öffentlichen Verkehrsmittel, der Wirtschaftsförderung, der Bodenpolitik, der soziokulturellen Ausstattung, der Standortwahl für öffentliche Einrichtungen usw.). Andererseits setzt die Aktivplanung auch eine *direkte* Förderung der erwünschten Entwicklung durch eigene Ausführungsmaßnahmen voraus (z. B. Urbarmachung und Besiedelung der neuen Polder, sozialer Wohnungsbau, Gründung öffentlicher Industrieansiedlungen, Schaffung großer Erholungsanlagen usw.).

Bei diesen und anderen vergleichbaren Maßnahmen spielt die Flächenwidmung als solche, wenn überhaupt, keine primäre und entscheidende Rolle. Das letztere ist erst der Fall, wenn der Bürger als Grundstückseigentümer ins Blickfeld tritt, also bei der Durchführung auf gemeindlicher Ebene. Erst in diesem beschränkten Rahmen können also die gesetzlichen Sanktionen ihre Anwendung finden.

Auch die wenigen Bestimmungen im ROG, die sich mit den positiven Durchführungsmaßnahmen befassen, liegen in der gemeindlichen Sphäre. Das Gesetz enthält nämlich:

— die Möglichkeit, in einem Widmungsplan gewisse Teile auszuweisen, für die die Verwirklichung des Planes in der nächsten Zukunft als notwendig gilt (als Voraussetzung für ein beschleunigtes Enteignungsverfahren; siehe Art. 13^1 ROG und Abschn. V./4.);

— die Möglichkeit, in einem Widmungsplan die Durchführung gemeindlicher Vorhaben rechtsverbindlich zu phasieren (siehe Art. 13^2 ROG);

— die Verpflichtung für die Gemeinden, Erschließungsverordnungen für private Baulanderschließung zu erlassen (siehe Art. 42 ROG).

---

[41]) Eine Baugenehmigung ist für alle Bauvorhaben erforderlich (Art. 47 Wohnungsgesetz); eine Anlagegenehmigung („aanlegvergunning") kann in dem Plan und auch schon während der Vorbereitungsphase für andere als Bauvorhaben gefordert werden (z. B. Anlage von Straßen, Kanälen, Öl- und Gasleitungen, Kiesgruben, Bodenentnahme und dergl.; siehe Art. 14, 21^3 und 44 ff. ROG).

Das Fehlen einer Regelung der übergemeindlichen Durchführung ist ein ausgesprochener Mangel des ROG[42]). Weitere Unzulänglichkeiten sind, daß es in der heutigen Gesetzgebung keine Durchführungspflicht gibt, keine rechtlich gesicherten Einflußmöglichkeiten der Planung auf die Investitionen der Fachressorts, keine verbindliche Abstimmung der provinzialen und gemeindlichen Budgets auf die Planung (außer den allgemeinen Aufsichtsbestimmungen in der Provinz- und Gemeindeordnung; siehe Abschnitt I.).

In Abschnitt VI. wird dargelegt, daß verschiedene Maßnahmen zur Beseitigung dieser Mängel in Vorbereitung sind.

Beim heutigen Stand der Gesetzgebung liegen die wichtigsten Ansatzpunkte für eine Aktivplanung in der zielbewußten Durchführung der eigenen öffentlichen Maßnahmen und Vorhaben, und weiter vor allem im Enteignungsrecht (siehe Abschn. V./4.) und in den indirekten Einflußmöglichkeiten, namentlich den im ROG enthaltenen organisatorischen Voraussetzungen für die „horizontale" und „vertikale" Koordination der zu treffenden raumbedeutsamen Maßnahmen (siehe Abschn. IV./4. und IV./5.).

3.4. Wahrung der übergeordneten Belange

Im lockeren, stark dezentralisierten System des ROG gibt es nur noch auf der untersten Stufe eine Rechtswirkung nach außen. Demzufolge ist auch die übergeordnete Planung, soweit sie von der Flächenwidmung abhängt, auf die Kommunalpläne angewiesen[43]).

Vor allem kommt es darum jetzt auf ein gutes Zusammenspiel zwischen den nationalen, regionalen und kommunalen Behörden an, davon ausgehend, daß die Raumordnung sich nicht in Verwaltungsbereiche aufteilen, sondern sich nur als ein integrierter Prozeß in einer Art Gegenstromverfahren verwirklichen läßt. Für eine wirksame Politik müssen die Initiativen von oben nach unten und von unten nach oben einander gegenseitig durchdringen und beeinflussen. Die großräumigen Pläne brauchen die Planung im kleineren Rahmen auf dem Wege zur Ausarbeitung, Handhabung und Durchführung; umgekehrt erfordert eine Realpolitik auf der unteren Ebene das Bewußtsein, daß sie die Entwicklung im eigenen Bereich nur als Teilprozeß in einem größeren Zusammenhang sinnvoll planen und fördern kann[44]).

Diese Einordnung der Kommunal- bzw. Regionalpläne wird in erster Linie durch die besondere Bedeutung gestützt, die die Planung auf der höheren Verwaltungsstufe allein schon dem größeren Rahmen und dadurch der besseren Übersicht über die Entwicklungszusammenhänge verdankt. Weiter ist die Verwirklichung der Planungsziele im örtlichen bzw. regionalen Bereich in mancher Hinsicht von raumbedeutsamen Investitionen (insbesondere Infrastrukturvorhaben) der jeweiligen höheren Behörde abhängig. Dazu kommt dann noch eine gewisse präventive Auswirkung der Rechts- und Fachauf-

---

[42]) Kommt die vorgeschlagene Verwaltungsreform (siehe Abschn. VI./2.2.) zustande, dann kann dieser Mangel größtenteils behoben werden, und zwar teilweise durch die Neueinteilung der Verwaltungseinheiten selbst und weiter insbesondere durch die vorgesehenen neuen Befugnisse der Provinzen im Rahmen der Raumordnung und der Bodenpolitik in Gebieten von übergemeindlicher Bedeutung.

[43]) Siehe jedoch Fußnote [42]) und Abschn. VI./2.2.

[44]) Siehe für die Organisationsaspekte und insbesondere über die Rolle der Raumordnungsinspekteure Abschnitt IV., insbesondere Abschn. IV./5.

sicht über die Flächenwidmungspläne: Die Gemeinden wissen im voraus, daß bei den Entscheidungen über die Genehmigung dieser Pläne und ggf. im Beschwerdeverfahren selbstverständlich der Regionalplan bzw. die nationale Planungspolitik auf den Tisch kommen.

Wenn die gegenseitige Abstimmung der Pläne sich nicht auf dem Wege der Beratung erreichen läßt, ermöglicht das Gesetz ein Zwangsverfahren[45]). Kraft Art. 37 ROG kann der Provinzialausschuß nämlich nötigenfalls durch *Weisungen* den in erster Linie unverbindlichen Regionalplan ganz oder teilweise verbindlich machen. Der Gemeinderat und der Raumordnungsinspekteur (nicht die Bürger) können laut Art. 39 ROG bei der Krone dagegen Beschwerde erheben. Desgleichen kann der Minister Weisungen für den Inhalt der Regionalpläne geben und die Provinz damit zur Aufstellung oder Abänderung solcher Pläne verpflichten[46]). Bei diesen Weisungen können auch Vorschriften über die vom Provinzialausschuß an die Gemeinden zu gebenden Weisungen und über den Erlaß von Vorbereitungsbeschlüssen gemacht werden (siehe Art. 38 ROG). Beim staatlichen Einschreiten sieht das Gesetz kein Beschwerdeverfahren vor, ehe die Weisung an die Gemeinde weitergeleitet worden ist (Art. 39^2 ROG).

Die Einhaltung der auferlegten Verpflichtungen wird dadurch sichergestellt, daß die Krone bzw. der Provinzialausschuß anstelle und auf Kosten der säumigen Körperschaft das Nötige durchführt. Das ROG (Art. 40—41) enthält die Verfahrensvorschriften; die Deckung der Kosten im provinzialen bzw. gemeindlichen Haushalt kann nötigenfalls kraft der Provinz- und der Gemeindeordnung erzwungen werden[47]). Trotzdem hat diese Regelung sich vom staatlichen Gesichtspunkt aus nicht völlig bewährt, einmal weil das gesetzliche Verfahren zu umständlich ist, andererseits weil man bei der Durchführung immer noch stark auf die Provinzen und Gemeinden angewiesen ist. Zu einer in Aussicht genommenen Verstärkung der zentralen Befugnisse siehe Abschn. VI./4. Weiter ist auf die schon mehrmals erwähnten Vorschläge für eine Verwaltungsreform und die damit verbundenen Änderungen (Abschn. VI./2.2.) hinzuweisen.

Schließlich enthält das ROG die folgenden Sonderbestimmungen für Ausnahmefälle:

a) für Vorhaben und Tätigkeiten, die im öffentlichen Interesse schnell durchgeführt werden müssen, kann der Minister Befreiung von Planvorschriften erteilen (Art. 65; eine Ergänzung, die sich in der Praxis als notwendig gezeigt hat, ist in Vorbereitung);

b) das ROG bleibt außer Anwendung bei Vorhaben der Straßen- und Wasserbaubehörden („waterstaatswerken"), die in Notfällen unmittelbar durchgeführt werden müssen, und es kann kraft eines königlichen Erlasses außer Anwendung gesetzt werden bei bestimmten Vorhaben und Tätigkeiten, die der Landesverteidigung dienen (Art. 66).

---

[45]) Abgesehen von der repressiven Aufsicht (Aufhebung oder Vernichtung von Beschlüssen, die dem Gesetz oder dem allgemeinen Interesse zuwiderlaufen) aufgrund der Provinz- und Gemeindeordnung siehe Abschnitt I.).

[46]) Die Verpflichtung, einen Regionalplan aufzustellen oder zu ändern, kann auch, abgesehen von ministeriellen Weisungen, von der Krone auferlegt werden (Art. 6 ROG).

[47]) Siehe Art. 71 ROG. In dem dort angeführten Art. 240^x der Gemeindeordnung handelt es sich um kraft besonderer Gesetze den Gemeinden auferlegte Ausgaben, die im Gemeindebudget aufgenommen werden müssen. Wenn der Gemeinderat dies verweigert, ist der Provinzialausschuß damit beauftragt (Art. 240^a Gemeindeordnung).

4. Sonstige Gesetze

Außer dem Wohnungsgesetz (siehe Abschn. III./2.) gibt es noch eine Reihe von Fach- und anderen Gesetzen, die in der Raumordnungspolitik eine Rolle spielen. Sie umfassen nahezu die ganze Skala der öffentlichen Aufgaben. Außerdem sind verschiedene andere raumbedeutsame Gesetze in Vorbereitung. Hier können nur die wichtigsten Gesetze und Entwürfe aufgeführt werden; das Bodenrecht wird separat in Abschn. V behandelt.

a) IJsselmeerpolder

— Gesetz vom 10. 11. 1955, Stb. 125, zur Gründung der Öffentlichen Körperschaft „Zuidelijke IJsselmeerpolders" (Südliche IJsselmeerpolder; regelt die Raumplanung in diesen Poldern für die Zeit, bis sie unter die normale Provinzial- und Gemeindeverwaltung kommen).

b) „Waterstaat" (Straßen- und Wasserbau; siehe Fußnote 12).

— Gesetz vom 28. 2. 1891, Stb. 69 mit Bestimmungen über die *staatlichen „Waterstaats"-werke* (Grundlage für eine Reihe königlicher Verordnungen über die Benutzung von Gewässern, Meeresständen usw.);

— Gesetz vom 10. 11. 1900, Stb. 176, zur allgemeinen Regelung der *„Waterstaats"-verwaltung* (Grundlage u. a. für den später zu nennenden Waterstaatsrat, für die Staatsaufsicht über Vorhaben zur Verteidigung gegen das Außenwasser und für Sonderbefugnisse bei drohender Überschwemmungsgefahr);

— Gesetz vom 9. 11. 1908, Stb. 339, zur Wahrung einer guten Instandhaltung der *großen Flüsse und Ströme* („Rivierenwet");

— Gesetz vom 21. 7. 1966, Stb. 367, über Beiträge für den *Straßenbau* („Wet Uitkeringen Wegen"; Grundlage für den Staatsstraßenplan).

c) Steuerung der Investitionen

— Gesetz vom 27. 2. 1974, Stb. 95, zur *Steuerung der Investitionen in gewissen Teilen des Landes* („Wet selectieve investeringsregeling"). Dieses Gesetz hat als Hintergrund, daß die zunehmende Konzentration der Aktivitäten und Bevölkerung in bestimmten Verdichtungsgebieten zu Bedenken räumlicher, wirtschaftlicher und sozialer Art Anlaß gibt. Es bietet die Möglichkeit, für bedeutende Investitionen in Gebäude und Anlagen eine Abgabe bzw. eine Genehmigungspflicht aufzuerlegen.

Das Gesetz gilt für die Provinzen Süd-Holland und Utrecht, das städtische Gebiet der Provinz Nord-Holland und die Veluwe in der Provinz Gelderland. Über Anträge auf Genehmigung entscheiden der Wirtschaftsminister und der Minister für Raumordnung und Wohnungswesen zusammen. Eine Genehmigung kann nur verweigert werden wegen der Auswirkungen der vorgesehenen Investitionen auf:

— die Konzentration der Aktivitäten und der Bevölkerung,
— die Wirtschaftsstruktur,
— die Lage des Arbeitsmarktes.

Im Hinblick auf die schwierige Wirtschaftslage wird das Gesetz vorläufig nur in beschränkter Form eingeführt werden (wahrscheinlich Ende 1975 nur für das Rijnmond-

49

gebiet). Für die übrigen im Gesetz genannten Gebiete kann eine Meldepflicht auferlegt werden. In dem Fall können der Wirtschaftsminister und der Raumordnungsminister innerhalb eines Monats nach der Meldung erklären, daß für das gemeldete Projekt eine Genehmigung erforderlich ist.

d) Städtische Gebiete

— *Stadterneuerungsgesetz* („Wet op de stadsvernieuwing"). Teilweise in Abweichung vom oben (Abschn. III./3.1.d) erwähnten Vorentwurf[48]) zielen der Minister und der „Staatssecretaris" auf eine Unterscheidung in zweierlei Gebieten: Zerfallverhütungsgebiete („Behoedingsgebieden") und Erneuerungsgebiete („Vernieuwingsgebieden"), beide auf Grund eines Strukturplans auszuweisen. Die Regelung für diese Ausweisung wird ins ROG und die ROV aufgenommen werden, und zwar mit der Bestimmung, daß der Strukturplan auch einen „Sozialplan" enthalten muß (mit Partizipation der Bevölkerung aufzustellen). Das Stadterneuerungsgesetz selbst wird die Maßnahmen enthalten, die auf Grund der Ausweisung zur Geltung gebracht werden können. Zu diesen Maßnahmen gehören:

— in den Zerfallverhütungsgebieten eine Umweltschutzverordnung („leefmilieuverordening"), ein Abbruchverbot und die Verpflichtung für die Beteiligten, die Durchführung vorläufiger Arbeiten zur Verbesserung der Umwelt seitens der Gemeinde zu dulden;

— in den Erneuerungsgebieten außerdem die Aufstellung eines Erneuerungsplanes mit den dazu erforderlichen Durchführungsmaßnahmen. Dieser Plan soll auch als Enteignungsplan gelten können und möglicherweise ebenfalls als Grundlage für ein Umlegungsverfahren.

Der Vorentwurf enthält weiter besondere finanzielle Maßnahmen, u. a. staatliche Subventionen.

Die auch in den Vorentwurf aufgenommene Verpflichtung zur Wohnungsverbesserung auf Befehl der Gemeinde und das Vorkaufsrecht der Gemeinde bei Veräußerung von Immobilien sollen nach der Ansicht des Ministers und „Staatssecretaris" eine allgemeine Geltung — also auch außerhalb der Stadterneuerungsgebiete — bekommen. Dabei wollen sie das Vorkaufsrecht in ein Vorzugsrecht umgestalten (siehe Abschn. V./7.).

— *Regelung für Trabantenstädte*. Für den Westen des Landes ist eine Anzahl von Entwicklungsschwerpunkten geplant: Kerne, die einen Teil des Wachstums der Randstadt aufzufangen haben („Wachstums-Kerne"). Für diese Kerne wird eine Regelung, wahrscheinlich ein Gesetz, ins Leben gerufen, die dem Städteerneuerungsgesetz entsprechen wird. Auch hier ist eine Ausweisung als Entwicklungsschwerpunkt mit daraus hervorgehenden Maßnahmen (u. a. finanzieller Art) vorgesehen.

e) Ländliche Gebiete

Es wäre an der Zeit, in einem so stark urbanisierten Land wie den Niederlanden die ländliche Entwicklung aus der Sicht der gesamten Funktionen dieser Gebiete zu regeln. Im Moment gibt es nur die folgenden Fachgesetze; es sind jedoch wichtige ergänzende Gesetze in Vorbereitung (siehe S. 51).

---

[48]) Sitzung 1973/1974, Nr. 12790.

— *Flurbereinigungsgesetz* („Ruilverkavelingswet") vom 3. 11. 1954, Stb. 510, grundsätzlich ein strukturpolitisches Instrument für die Modernisierung der Landwirtschaft, die vom Staat durch technische Beihilfe mittels der Kulturtechnischen Behörde („Cultuurtechnische Dienst") und erheblicher Zuschüsse gefördert wird. Die Meliorationen werden unter der allgemeinen Aufsicht des von der Krone ernannten zentralen Kulturtechnischen Ausschusses („Centrale Cultuurtechnische Commissie") durchgeführt. Im gesetzlichen Verfahren nimmt der Provinzialausschuß eine Schlüsselstellung ein, obwohl letzten Endes die Grundstückseigentümer bei einer Abstimmung entscheiden[49]).

Faktisch erweitern die Flurbereinigungen sich mehr und mehr zu großräumigen ländlichen Entwicklungsprojekten, die auch den nicht-agrarischen Zwecken (Straßenbau, Stadt- und Dorferweiterung, Industrieansiedlung, Erholung, usw.) Rechnung tragen[50]). So werden diese Projekte besonders wichtige Elemente bei der Verwirklichung der Raumplanung im ländlichen Raum (siehe auch Abschn. II./6.5.). Die Zusammensetzung des Kulturtechnischen Ausschusses wurde dementsprechend durch Vertreter verschiedener Fachgebiete ergänzt. Trotzdem bleibt bei der Durchführung dieses Gesetzes der landwirtschaftliche Aspekt die Dominante.

— *Naturschutzgesetz* („Natuurbeschermingswet") vom 15. 11. 1967, Stb. 572, Grundlage für den Schutz der Naturdenkmäler, die vom Fachminister in Einvernehmen mit dem Raumordnungsminister nach einem gesetzlichen Verfahren und mit Gutachten des von der Krone ernannten Naturschutzrates („Natuurbeschermingsraad") festgelegt werden.

— *Forstgesetz* („Boswet") vom 20. 7. 1961, Stb. 256. Das Gesetz enthält — mit ziemlich vielen Ausnahmen für bestimmte Pflanzungen und Holzarten — eine Meldepflicht für das Schlagen und eine Wiederanpflanzungspflicht, ergänzt durch die Möglichkeit eines Schlagverbotes im Interesse der Naturschönheit oder der Landschaft und durch eine staatliche Beihilfe mittels Zuschüssen und Krediten. Das Schlagen auf Grundstücken, die zur Durchführung eines genehmigten Widmungsplanes benötigt werden, ist frei. Ergänzende Bestimmungen seitens niederer Körperschaften sind in beschränktem Maße möglich.

— *Landeinrichtungsgesetz* („Landinrichtingswet"). Dieses Gesetz soll eine Grundlage für großräumige ländliche Entwicklungsprojekte bieten, in denen agrarische Interessen nicht vorherrschend sind. Der Entwurf wird in einer interministeriellen Arbeitsgruppe aufgestellt.

— *Rekonstruktionsgesetz Mitteldelfland* („Reconstructiewet Midden-Delfland"). Das Gebiet Mitteldelfland — ein 6000 ha umfassender landwirtschaftlicher und Erholungsraum in der Pufferzone zwischen Delft und Rotterdam — ist ein Beispiel eines solchen ländlichen Entwicklungsplanes. Der Entwurf des Gesetzes wurde 1972 bei der Zweiten Kammer eingebracht[51]).

f) Umweltschutz

— *Belästigungsgesetz* („Hinderwet") vom 15. 5. 1952, Stb. 274, das eine Genehmigung festlegt für Anlagen, die nach außen hin Gefahr, Schaden oder Belästigung verursachen

---

[49]) Seit der Gesetzesänderung, vom 9. 4. 1975, Stb. 206, werden auch die Pächter an der Entscheidung beteiligt.

[50]) Jedes Flurbereinigungsprojekt muß einen Landschaftsplan enthalten.

[51]) Sitzung 1971/1972, Nr. 11740.

können. Mit gemeindlicher Verordnung (die einem Widmungsplan nicht zuwiderlaufen darf) können Gebiete bezeichnet werden, wo keine Genehmigung erforderlich ist;

— *Atomenergiegesetz* („Kernenergiewet") vom 21. 2. 1963, Stb. 82, mit Sonderbestimmungen zum Schutz gegen Strahlungsgefahr;

— Gesetz über *Bodenentnahme* („Ontgrondingenwet") vom 27. 10. 1965, Stb. 509, das die Entnahme von Bodenmaterial in der Regel einer Genehmigung der provinzialen oder staatlichen Behörde unterstellt. Bei der parlamentarischen Beratung wurde seitens der Regierung eine zielbewußte Koordination mit der Raumordnungspolitik zugesagt. Diese wird durch Vermittlung eines Unterausschusses des Waterstaatsrates vorbereitet. Die Bodenentnahme in dem Kontinentalsockel ist kraft des Gesetzes vom 14. 6. 1973, Stb. 436, von einer Genehmigung des Ministers für Verkehr, Straßen- und Wasserbau, nach Beratung mit dem Wirtschaftsminister, abhängig;

— *Grundwassergesetz für die Wasserwerke* („Grondwaterwet waterleidingbedrijven") vom 21. 7. 1954, Stb. 383, zur Regelung der Wasserentnahme durch Wasserwerke;

— *Gesetz über die Verschmutzung der Gewässer* („Wet verontreiniging oppervlaktewateren") vom 13. 11. 1969, Stb. 536, mit einem Verbot zur Abführung von Abfällen, verunreinigenden oder schädlichen Stoffen ohne Genehmigung und einer Abgaberegelung nach dem Verursacher-Prinzip[52]);

— *Gesetz über die Beseitigung chemischer Abfallstoffe* („Wet chemische afvalstoffen"), das 1975 von der Zweiten Kammer verabschiedet wurde;

— *Gesetz zum Schutz des Meeres gegen Verunreinigung durch Öl* („Wet olieverontreiniging zeewater") vom 9. 7. 1958, Stb. 344, fußend auf dem Londoner Vertrag vom 12. 5. 1954;

— *Gesetz gegen die Verunreinigung des Meeres durch andere Abfallstoffe* („Wet verontreiniging zeewater") vom 5. 6. 1975, Stb. 352, fußend auf dem Osloer Vertrag vom 15. 2. 1972;

— *Gesetz gegen Luftverschmutzung* („Luchtverontreinigingswet") vom 26. 11. 1970, Stb. 580, Grundlage für den Luftverschmutzungsrat („Raad inzake de Luchtverontreiniging"). Im Gesetz sind weitgehende Befugnisse der staatlichen, provinzialen und gemeindlichen Behörden für die Aufsicht über Vorrichtungen, Heizstoffe und verunreinigende Maßnahmen (nötigenfalls eine Betriebssperre) und weiter die Errichtung eines automatischen Meßnetzes vorgesehen[53]);

— *Luftverkehrsgesetz* („Luchtvaartwet") vom 15. 1. 1958, Stb. 47, das mittels des vorgeschriebenen Verfahrens für die Festlegung von Flughäfen durch den Fachminister Anhaltspunkte bietet für Maßnahmen gegen Lärmbelästigung im Zusammenhang mit der Raumplanung[54]). Im Gesetz ist seit 1971 auch die Möglichkeit vorgesehen, Höchstwerte für die zulässige, von Flugzeugen verursachte Lärmbelästigung vorzuschreiben. Eine Ergänzung dieses Gesetzes, wobei Regeln für die Bodennutzung in bestimmten, näher auszuweisenden Zonen um Flugplätze festgelegt werden, ist bei der Zweiten Kammer in Behandlung[55]);

---

[52]) Auf diesem Gesetz gründet sich ein erstes (indikatives) langfristiges Programm zur Behebung der Verschmutzung, das Anfang 1975 aufgestellt wurde.

[53]) Auf Grund dieses Gesetzes wurde ein erstes Sanierungsprogramm für das Rijnmondgebiet aufgestellt; ein zweites ist in Vorbereitung.

[54]) Mit der Koordination ist ein interdepartementalischer Ausschuß beauftragt („Interdepartementale Commissie Planologie Luchtvaartterreinen").

[55]) Sitzung 1974/1975, Nr. 13130.

— Ein allgemeines Gesetz über die *Lärmbelästigung* wird vorbereitet zur Ausfüllung der bestehenden Lücken in der Gesetzgebung auf diesem Gebiet, u. a. mittels Normen und Vorschriften für spezifische Lärmbelästigungsquellen.

— Weiter sind in Vorbereitung ein allgemeines Gesetz über den quantitativen und qualitativen *Grundwasserhaushalt* und ein Gesetz über *Rahmenpläne für die Trinkwasserversorgung* („Wet basisplannen drinkwatervoorziening"); das letztere soll zur Regelung der Erwerbung und des Schutzes von Wasserspeichern und Infiltrationsgebieten dienen;

— Ebenfalls werden Gesetze über *Bodenverschmutzung* und über die *Beseitigung fester Abfallstoffe* vorbereitet.

g) Denkmalschutz

— *Denkmalgesetz* („Monumentenwet") vom 22. 6. 1961, Stb. 200, Grundlage für den Denkmalschutzrat („Monumentenraad") und für den Schutz sowohl einzelner Denkmäler als auch der dafür in Betracht kommenden Stadt- und Dorfbilder („stads- en dorpsgezichten"). Die Festlegung dieser letzteren erfolgt durch den Fachminister und den Raumordnungsminister gemeinsam, nach Anhörung des Staatlichen Raumordnungsausschusses (siehe Abschn. IV./3.1.), mit der Folge der Verpflichtung zur Aufstellung bzw. Änderung eines Widmungsplanes (Art. 37^5 ROG). Auch im übrigen wurden das Denkmalgesetz und das ROG gegenseitig aufeinander abgestimmt.

h) Bergwesen

— *Berggesetz* („Loi concernant les Mines, les Minières et les Carrières) vom 21. 4. 1810, Bull. des Lois 285, ein noch aus der Napoleonischen Zeit stammendes Gesetz, das für die Förderung von Mineralien eine Konzession erforderlich macht. Obwohl dieses uralte Gesetz an sich keine raumplanerischen Anhaltspunkte enthält, wird in der Praxis sowohl bei dem Konzessionsverfahren als auch in den Konzessionsbestimmungen den Anforderungen der Raumordnung Rechnung getragen (Gutachten der staatlichen Raumordnungsbehörde; obligatorische Beratung mit speziellen provinzialen Planungsausschüssen über die Durchführung der Explorations- und Förderarbeiten);

— Gesetz über die *Exploration von Bodenschätzen* („Wet opsporing delfstoffen") vom 3. 5. 1967, Stb. 258, das jedes Bohren nach Mineralien einer ministeriellen Genehmigung unterstellt;

— *Berggesetz für den Kontinentalsockel* („Mijnwet continentaal plat") vom 23. 9. 1965, Stb. 428, fußend auf dem Genfer Vertrag vom 29. 4. 1958, kraft dessen für Exploration und Förderung von Mineralien eine ministerielle Genehmigung erforderlich ist.

IV. Organisation der Raumordnung[56])

1. Verwaltungsorgane

Träger der Planung sind auf gemeindlicher und provinzialer Ebene die normalen, demokratisch gewählten und in öffentlicher Sitzung beschließenden Verwaltungsorgane und auf Staatsebene die dem Parlament politisch verantwortlichen Minister bzw. „Staatssecretarissen".

Im Rahmen der gemeindlichen Zusammenarbeit können in bestimmten Fällen auch interkommunale Organe bei der Planung mitwirken (siehe darüber, und ebenfalls über die Neuentwicklungen in dieser Hinsicht, Abschn. I./6. und VI./2.). Im übrigen gibt es keine besonderen Organisationen als Planungsträger.

2. Beratende Organe

Auf der Staatsebene ist seit 1965 der *Beirat für die Raumordnung* tätig (siehe Art. 54—57 ROG, Art. 33—39 ROV).

Dieser Rat wurde auf Initiative der Zweiten Kammer mit der Absicht eingesetzt, ein nicht-amtliches Kontaktorgan mit der Gesellschaft zu schaffen. Seine Aufgabe ist es, die Regierung auf Ersuchen wie auch aus eigenem Entschluß zu beraten „über Angelegenheiten, die die Raumordnung betreffen" (Art. 54 ROG), bzw. „über Grundzüge und Grundsätze, die von allgemeiner Bedeutung für die Raumordnung sind" (Art. 35 ROV). Wenn es sich um solche Grundzüge und Grundsätze handelt, muß der Minister den Beirat hören. Im übrigen hat der Rat im eigentlichen gesetzlichen Verfahren keine Aufgaben; trotzdem hat er sich in der Praxis durch seine rege und vielseitige Tätigkeit eine bedeutende Position erworben.

Der Rat setzt sich aus einem Vorsitzenden und 3 Gruppen von Mitgliedern zusammen, die alle von der Krone ernannt werden, und zwar aus

a) 19 Vertretern verschiedener in der Gesellschaft wirksamer Organisationen[57]);
b) 14 Fachleuten für die Raumordnung (Verwaltung und Technik);
c) 9 Sachkennern auf dem Gebiet der Provinzial- und Gemeindeverwaltung.

Die Staatliche Raumordnungsbehörde (siehe darüber Abschn. IV./3.1.) ist federführend. Der Leiter der Behörde sowie Vertreter der beteiligten Minister nehmen an den

---

[56]) Siehe das Organisationsschema (Abb. 2 am Schluß des Bandes).

[57]) Die Organisationen vertreten Land- und Forstwirtschaft, Industrie, Gewerbe und Handel (Arbeitgeber und Gewerkschaften), Wohnungs- und Gesundheitswesen, Personen- und Güterbeförderung, Natur- und Landschaftsschutz, Erholung und Tourismus.

Sitzungen des Rates teil. Die Sitzungen sind öffentlich. Kraft Art. 36 ROV besteht ein Arbeitsausschuß aus dem Rat für regelmäßige Kontakte mit der Wirtschaft. Weiter können für spezielle Zwecke Sonderausschüsse[58]) eingesetzt und Sachverständige außerhalb des Rates zur Teilnahme an seinen Sitzungen oder an denen der Ausschüsse eingeladen werden.

In einer der Provinzen ist ein *provinzialer Beirat* tätig. Auch für die anderen Provinzen hat der staatliche Beirat die Einsetzung solcher regionaler Beiräte im Interesse einer besseren Beteiligung der Öffentlichkeit an der Planung empfohlen. Diese sollten sich aus ähnlichen Gruppen wie auf der nationalen Ebene zusammensetzen.

3. *Amtliche Organe*

3.1. *Staatliche Raumordnungsbehörde*

Auf Staatsebene gliedert sich der Planungsapparat in eine amtliche Zentralstelle — die *Staatliche Raumordnungsbehörde* („Rijksplanologische Dienst") unter der Leitung des Generaldirektors für die Raumordnung — und einen koordinierenden interministeriellen Ausschuß, den *Staatlichen Raumordnungsausschuß* („Rijksplanologische Commissie"). Zwischen diesen beiden Spitzenorganen besteht keine Hierarchie. Die Staatsbehörde untersteht als amtliche Dienststelle unmittelbar dem Raumordnungsminister[59]), während der Staatliche Raumordnungsausschuß, obwohl organisatorisch dem Raumordnungs-ministerium angegliedert, als interministerielles Koordinationsorgan im Dienste der Regierung fungiert. Formell besteht zwischen beiden nur die Verbindung, daß die Behörde federführend für den Ausschuß ist und der Generaldirektor für die Raumordnung von Amts wegen einen Sitz im Ausschuß hat. Materiell hat der Ausschuß in mancher Hinsicht den Vorrang, weil die meisten Entscheidungen in der Raumordnungspolitik eine Abwägung der von verschiedenen Ressorts vertretenen Belange erfordern (siehe über diese Koordination weiter Abschn. IV./4.).

Laut Art. 52 ROG und Art. 30—32 ROV ist die Rolle der Staatlichen Raumord-nungsbehörde vorwiegend eine vorausschauende, koordinierende und beratende. Man hat die Behörde wohl einen „braintrust" genannt oder einen Generalstab ohne Armee (die Armeen werden dann von den Ressortministern — darunter der Raumordnungs-minister in seiner Eigenschaft als Wohnungsminister — befehligt). Wie jeder Vergleich hinkt auch dieser, aber er stimmt doch in dem Sinne, daß die Tätigkeit der Staatlichen Raumordnungsbehörde hauptsächlich nur indirekt — mittels der Ressorts — wirksam wird. Nur auf dem Gebiet der Pufferzonen und der Stadterneuerung hat die Behörde operationelle Aufgaben (siehe für die Stadterneuerung Art. 32 ROG). Diese Sachlage spiegelt sich in dem Haushaltsplan wider, der sich in großen Zügen folgendermaßen zu-sammensetzt (Ziffern für den Haushalt 1975):

---

[58]) Es bestehen im Moment 13 Sonderausschüsse.

[59]) Hie und da wurde befürwortet, daß die Raumordnungsorgane zusammen mit dem Zentralen Wirtschaftsplanungsamt und dem Zentralamt für Statistik dem Ministerpräsidenten unterstehen sollten. Tatsächlich ist dies aber noch nie der Fall gewesen.

Apparatskosten	hfl	15,56 Mio.
Aufträge für Untersuchungen	hfl	3,05 Mio.
Operationelle Ausgaben:		
Sicherstellung von „Pufferzonen"	hfl	11,90 Mio.
Subventionen für Stadterneuerung.........................	hfl	88,00 Mio.
Subventionen für die Kosten der Planung in schnell anwachsenden Gemeinden	hfl	3,00 Mio.
Gesamtsumme	hfl	121,51 Mio.

Diesem Charakter der Behörde entspricht auch der Personalaufbau. Die Staatliche Raumordnungsbehörde zählt in der heutigen Formation insgesamt 272 Mitarbeiter, davon 95 Akademiker und 70 mit mittlerer Schulung. Die Akademiker gehören den verschiedensten Disziplinen an: Demographie, Geographie, Soziologie, Bauwesen, Städtebau, Landwirtschaft, Forstwesen, Physik, Vermessung, Rechtswissenschaft. Die Forschungsarbeiten nehmen einen bedeutenden Platz ein.

Organisatorisch gliedert die Behörde sich laut Art. 30 ROV in höchstens 5 Direktionen. Davon sind jetzt 4 wirksam, und zwar:

1. Allgemeine Angelegenheiten;
2. Infrastruktur und Stadterneuerung;
3. Soziale und wirtschaftliche Entwicklung;
4. Stadtregionen.

Zur Behörde gehören weiter 5 Inspektionen. Die Inspekteure sind mit der allgemeinen Aufsicht über die Einhaltung der gesetzlichen Vorschriften beauftragt (Art. 32e ROV), erfüllen aber vor allem koordinierende und stimulierende Aufgaben (siehe darüber weiter Abschn. IV./5.).

Schließlich ist der Staatlichen Raumordnungsbehörde aus organisatorischen Gründen die Geschäftsstelle für den Wissenschaftlichen Atlas der Niederlande angegliedert.

3.2. Provinziale Raumordnungsbehörden

In allen Provinzen bestehen in ähnlicher Weise eine Provinziale Raumordnungsbehörde („Provinciale Planologische Dienst") und mindestens ein koordinierender Raumordnungsausschuß („Provinciale Planologische Commissie". Dieser Ausschuß ist gesetzlich vorgeschrieben (siehe darüber Abschn. IV./4.); die Einrichtung der Planungsämter wurde jedoch im Gesetz den Provinzen selbst überlassen.

Der Personalbestand schwankt zwischen 30 und 120. Die größeren Ämter sind abteilungsweise organisiert, etwa nach dem Schema:

— Provincial-(Regional-)planung;
— kommunale Angelegenheiten;
— Planvorbereitung oder Forschung;
— Allgemeine Angelegenheiten oder Sekretariat.

Auch die kleineren Ämter haben immer Forschungsfachleute unter ihren Mitarbeitern. Es sind übrigens neben der Provinzialen Raumordnungsbehörde auch andere Organe mit für die Raumordnung relevanten Untersuchungen beauftragt, darunter namentlich:

— das *Ökonomisch Technologische Institut* („Economisch-Technologisch Instituut", ETI), das insbesondere auf die Förderung der Industrieansiedlung ausgerichtet ist[60];

— die Industrie- und Handelskammern;

— das Amt für Soziale und Kulturelle Entwicklung („Provinciaal Opbouworgaan").

Andererseits spielen sich die eigene provinziale Forschung und Planvorbereitung im Zusammenhang mit Arbeiten der zentralen und regionalen Staatsämter (wie des „Rijkswaterstaats"amts, der staatlichen kulturtechnischen Behörde, des Forstamts, des Arbeitsamts usw.) ab; außerdem werden in gewissen Fällen auch gemeindliche Studien herangezogen. Die Arbeitsverteilung zwischen den provinzialen Organen untereinander und zwischen der provinzialen und der staatlichen bzw. gemeindlichen Forschung ist nicht immer die gleiche. Das ROG versucht mittels der vorgeschriebenen amtlichen Koordination in dem Provinzialen Raumordnungsausschuß eine optimale Lösung zu fördern. In der Praxis zeigen sich jedoch die persönlichen Qualitäten der Beteiligten — an erster Stelle die des provinzialen Planungsdirektors und seiner Mitarbeiter — und die Gesinnung der provinzialen Politiker als noch mehr entscheidend.

3.3. Kommunalebene

Auf der *kommunalen Ebene* ist die Sachlage unterschiedlich. Nur in den größeren Gemeinden gibt es eine eigene, meistens dem Stadtbauamt angegliederte Planungsstelle. In Gemeinden mittlerer Größe (mit einem eigenen Bauamt) ist man teilweise, in den kleineren und Kleinstgemeinden völlig auf Beratung durch Privatplaner oder private Institute angewiesen. Besonders in den ländlichen Gebieten, wo die Probleme der Suburbanisation sich immer schärfer stellen, ist aus der Sicht der Planung die Bildung größerer Verwaltungseinheiten, die sich gut ausgestattete Bau- und Planungsämter leisten können, ein Gebot der Stunde (siehe Abschn. VI./2.).

Für die Forschung können die Gemeinden sich zum Teil der Studien im regionalen oder nationalen Rahmen bedienen. Die Stadtplanungsämter treiben auch ihre eigene Forschung, in Zusammenarbeit mit anderen kommunalen Dienststellen (Statistisches Amt, Soziographisches Amt, Wohnungsamt und dergl.). Im übrigen müssen Privatfachleute oder wissenschaftliche Institute[61] eingeschaltet werden.

4. Horizontale Koordination

4.1. Allgemeines

Die Raumordnung gestaltet sich vor allem in einer wirksamen Synthese verschiedener Teilbelange. Diese Koordination wird auf der kommunalen und provinzialen Ebene wesentlich gefördert durch die kollegiale Beschlußfassung im Magistrat und im Provinzialausschuß. Da laufen in der entscheidenden Phase alle Fäden automatisch zusammen. Auf der Staatsebene sind demgegenüber die raumbedeutsamen Aufgaben über die verschiedenen Ressorts verteilt und ist jeder einzelne Minister politisch verantwortlich. Eine kollegiale Beschlußfassung gibt es, formal gesprochen, im Ministerrat nicht. Weder

---

[60] Diese Institute sind in der Regel provinziale Stiftungen, ausnahmsweise eine amtliche Dienststelle; sie werden vom Wirtschaftsministerium subventioniert. Im nördlichen Fördergebiet (die Provinzen Groningen, Friesland und Drenthe) hat der Staat seit kurzem ein eigenes Industrieansiedlungsamt.

[61] Seitens der universitären Institute wurde eine gemeinschaftliche Stiftung für interuniversitäre sozialwissenschaftliche Forschung („Stichting Interuniversitair Sociaal Wetenschappelijk Onderzoek", SISWO) gegründet.

der Ministerpräsident noch der Raumordnungsminister hat seinen Kollegen gegenüber eine übergeordnete Stellung. Die nationale Raumordnungspolitik kann sich deshalb nur im Einverständnis mit den Fachministern vollziehen.

Dabei ist es ein günstiger Umstand, daß das jetzt bestehende große öffentliche und politische Interesse für die Raumordnung stark dazu beiträgt, diese interdepartementale Koordination über die Grenzen fast aller Zuständigkeiten hinweg zu gestalten.

4.2. Koordination auf der Staatsebene

Das politische Spitzenorgan ist der *Rat für die Raumordnung* des Ministerrats, in dem unter der Leitung des Ministerpräsidenten die wichtigsten raumordnungspolitischen Entscheidungen koordiniert werden. Dieser Rat wurde schon vor dem ROG aufgrund eines Kabinettsbeschlusses eingesetzt. Mitglieder sind die 12 am meisten an der Raumordnung beteiligten Minister und Staatssekretäre, aber auch jeder der anderen Minister ist berechtigt, an den Verhandlungen teilzunehmen. Federführend ist der Raumordnungsminister[62]). Der Generaldirektor für die Raumordnung und andere Spitzenbeamte wohnen als Berater den Sitzungen bei.

Die vorbereitende amtliche Koordination spielt sich ab:

a) im *Staatlichen Raumordnungsausschuß*;

b) in *Ausschüssen im Rahmen der Fachressorts*.

Kraft Art. 3 ROG ist der Staatliche Raumordnungsausschuß das zentrale amtliche Koordinationsgremium. Alle Minister müssen diesen Ausschuß zuvor über ihre Planungen und Maßnahmen hören, die für die Raumordnungspolitik der Regierung von Bedeutung sind[63]). Seine Aufgabe wird im Art. 51 ROG nur ganz allgemein gefaßt („zur Erörterung von Angelegenheiten, die die Raumordnung betreffen"), wird aber in Art. 26¹ ROV etwas näher umschrieben. Der Ausschuß leitet seine Gutachten normalerweise über den Raumordnungsminister. Er kann jedoch auf Ersuchen auch andere Minister in raumbedeutsamen Angelegenheiten beraten.

Der Ausschuß setzt sich aus Vertretern der im Art. 24 ROV genannten Fachminister unter Leitung eines von der Krone ernannten Präsidenten zusammen[64]). Neben den amtlichen Mitgliedern haben kraft Art. Nr. 24² ROV zwei nichtamtliche Fachleute (für Planung bzw. für Forschung) einen Sitz.

Die Plenarversammlungen beschränken sich auf etwa 10 pro Jahr dank der kraft des Art. 28 ROV eingesetzten Unterausschüsse, die für bestimmte Gutachten an die Stelle des Hauptausschusses treten.

---

[62]) Das Sekretariat wurde aus taktischen Gründen nicht bei der Staatlichen Raumordnungsbehörde, sondern bei einer der zentralen Abteilungen des Ministeriums untergebracht.

[63]) Auch einige Fachgesetze fordern ausdrücklich ein Gutachten des Staatlichen Raumordnungsausschusses, z. B. das Naturschutzgesetz und das Denkmalschutzgesetz.

[64]) Die ministeriellen Vertreter sind Spitzenbeamte der verschiedenen Ressorts, die nahezu alle den Rang eines Generalsekretärs (= etwa Staatssekretärs) oder Generaldirektors (= etwa Ministerialdirigenten) haben. Der Präsident ist ein unabhängiger, maßgebender Außenseiter.

Die koordinierenden *Ausschüsse im Rahmen der Fachressorts* beruhen meistens auf den in Abschn. III./4. genannten Fachgesetzen[65]). Auch diese Ausschüsse sind interministerielle Organe, die innerhalb ihres eigenen beschränkten Bereiches gewissermaßen ein Pendant des Staatlichen Raumordnungsausschusses bilden. Die Staatliche Raumordnungsbehörde ist in diesen Gremien immer vertreten.

Die Aufgaben der Fachausschüsse liegen im allgemeinen auf dem Gebiet der Durchführung. Als Ausnahme jedoch von der Regel im Art. 3 ROG haben zwei dieser Ausschüsse, die schon vorher eine einflußreiche Stellung hatten, auch unter dem ROG eine Sonderposition behalten, nämlich der „Waterstaats"-rat und der Zentrale Kulturtechnische Ausschuß (siehe Art. 26 ROV). Voraussetzung dafür war, daß in diesen Gremien die Vorhaben auch aus raumplanerischer Sicht gründlich vorbereitet und so koordiniert werden, daß die Behandlung zu einer nationalen Raumordnungspolitik führen kann, und weiter, daß auf Wunsch des Ministerrats oder eines der Minister eine Behandlung im Staatlichen Raumordnungsausschuß doch noch folgen kann.

Auch wurde zwischen den Ministern vereinbart, daß Fachplanungen von allgemeiner Bedeutung, wie z. B. der Staatsstraßenplan, auf jeden Fall diesem Ausschuß zur Begutachtung unterbreitet werden. Wenn es also in der Tat auf raumordnungspolitisch entscheidende Punkte ankommt, kann der Staatliche Raumordnungsausschuß sich grundsätzlich immer einschalten (siehe über die Einschaltung des Ausschusses bei grundlegenden nationalen raumordnungspolitischen Entscheidungen weiter Abschn. VI./3.).

Für die ganze Tätigkeit des Staatlichen Raumordnungsausschusses und der Fachausschüsse gilt, daß sie nur die institutionalisierte amtliche Phase eines ununterbrochenen Koordinationsprozesses darstellt, der sich in verschiedenen Formen auch außerhalb der formellen Gremien, z. B. durch zahlreiche bilaterale oder multilaterale Kontakte entweder persönlich zwischen den beteiligten Sachbearbeitern oder in kleineren, ad-hoc eingesetzten Gruppen abspielt. Von seiten der Staatlichen Raumordnungsbehörde wird auf dieses informelle Zusammenspiel soviel Wert gelegt, daß verschiedene hohe Funktionäre ständig als Kontaktpersonen für einzelne Fachbereiche bestellt sind und die Behörde in den betreffenden Fachausschüssen vertreten.

Weiter ist zu bedenken, daß jede Form der amtlichen Koordination nur eine Vorstufe für die politische Entscheidung ist, die nur den Ministern bzw. dem Ministerrat oder in gewissen Fällen dem Parlament zusteht. Darum haben Mehrheitsbeschlüsse in den amtlichen Gremien keinen Zweck, wenn die überstimmten Ressortvertreter den Beschluß nicht hinnehmen wollen und die Sache dem zuständigen Fachminister vortragen.

In der Praxis hat die bestehende Arbeitsteilung sich ziemlich gut bewährt. Obwohl verschiedene Koordinationsgremien nebeneinander wirken, überwiegt in den Kreisen der führenden Beamten das Bewußtsein, daß dem Gemeininteresse nur im Wege der Zusammenarbeit gedient werden kann.

---

[65]) Z. B. der „Waterstaats"-rat („Raad van de Waterstaat") mit seinen Ausschüssen für die IJsselmeerpolder, den Wasserhaushalt, die Schiffahrtstraßen, die Reinhaltung der Gewässer, den Straßenbau und die Bodenentnahme („Ontgrondingen"), der Zentrale Kulturtechnische Ausschuß („Centrale Cultuurtechnische Commissie"), die Räte für Naturschutz, Denkmalschutz und Reinhaltung der Luft, der Interministerielle Ausschuß für Freilufterholung und Tourismus, der Ausschuß für städtische Vorhaben (Verkehr, Beförderung, Sanierung, Stadtrekonstruktion), usw.

4.3. Koordination im provinzialen Rahmen

Weil der Provinzialausschuß nur als Kollegium beschließt, braucht man in der provinzialen Organisation kein spezielles Verwaltungsorgan für die Koordination, wie den Rat für die Raumordnung auf der Staatsebene. Es gibt wohl in mehreren Provinzen Planungsausschüsse aus dem Provinziallandtag; diese spielen aber keine koordinierende Rolle, sondern bereiten von seiten des Landtages die in der Plenarversammlung zu behandelnden Sachen vor.

Die amtliche Koordination obliegt dem *Provinzialen Raumordnungsausschuß,* dessen Gutachten in allen entscheidenden Momenten des Planungsverfahrens eingeholt werden muß. Ausnahmen zugunsten anderer koordinierender Gremien gibt es in der Provinz nicht. Die zentrale Stellung des Provinzialen Raumordnungsausschusses wurde im Gesetz eindeutig festgelegt (Art. 53 ROG).

In diesem Ausschuß müssen alle raumbedeutsamen Aspekte vertreten sein, während die Leiter der betreffenden regionalen staatlichen Dienststellen und der Inspekteur für die Raumordnung von Amts wegen darin einen Sitz haben (Art. 53^2 ROG und Art. 40 ROV), das letztere im Hinblick auf die Schlüsselstellung, die die Provinz als Regionalplanungs- und Aufsichtsbehörde auch bei der Durchführung und Handhabung der nationalen Planung innehat. Vielfach werden kleinere Unterausschüsse mit gewissen Aufgaben (z. B. der Behandlung von Kommunalplänen) beauftragt.

5. Vertikale Koordination

Aus Mangel an einer direkten Hierarchie der nationalen, regionalen und kommunalen Planung kommt es in erster Linie auf das in Abschn. III./3.4. beschriebene „Gegenstromverfahren" an. Diese gegenseitige Beeinflussung der Planungsgedanken verläuft vor allem über die normalen Verwaltungs- und amtlichen Kanäle.

Gelegentliche oder institutionalisierte Kontakte zwischen den beteiligten Fachleuten spielen dabei häufig eine Rolle (vgl. die gesetzlich vorgeschriebene Beratung mit den betreffenden staatlichen Dienststellen und den Gemeinden bei der Vorbereitung von Regionalplänen und mit den staatlichen und provinzialen Dienststellen bei der Vorbereitung von Kommunalplänen; Art. 4^2 ROG, Art. 3 und 8 ROV). In vielen Fällen führt die letztere Beratung zu einer vorläufigen Fühlungnahme 'in dem Provinzialen Raumordnungsausschuß bzw. dessen Unterausschuß für Kommunalpläne. Die Beratung zwischen den staatlichen und den provinzialen Planungsstellen spielt sich überwiegend ad hoc (also meistens bilateral oder mit einer kleineren Gruppe von Provinzen) ab, teilweise aber auch in den periodischen Konferenzen der Direktoren aller provinzialen Planungsämter, zu denen auch Vertreter der Staatlichen Raumordnungsbehörde eingeladen werden.

Eine Sonderstellung in diesem ganzen Prozeß haben die zur Staatlichen Raumordnungsbehörde gehörenden *Inspekteure für die Raumordnung,* die in ihrem Amtsgebiet speziell mit der vertikalen Koordination beauftragt sind (Art. 52^2 ROG, Art. 31 ROV). Die Inspekteure werden von der Krone ernannt. Ihre Aufgabe kann entweder allgemein oder regional sein[66]); die regionalen Inspekteure haben die folgenden Amtsgebiete und Amtssitze[67]):

---

[66]) Inspekteure im allgemeinen Dienst gibt es noch nicht.

[67]) Weil die Inspekteure mit verschiedenen Provinzen zusammenarbeiten müssen, haben sie ihren Amtssitz vorzugsweise nicht in einer der provinzialen Hauptstädte.

Norden (Provinzen Groningen, Friesland und Drenthe), Amtssitz Groningen;

Osten (Provinzen Overijssel und Gelderland), Amtssitz Deventer;

Nordwesten (Provinzen Nord-Holland und Utrecht), Amtssitz Amsterdam;

Südwesten (Provinzen Süd-Holland und Zeeland), Amtssitz Rotterdam;

Süden (Provinzen Nord-Brabant und Limburg), Amtssitz Eindhoven.

Die Rolle der Inspekteure läßt sich unterteilen in:

a) Kanalisierung der Planungsgedanken im Verkehr zwischen den nationalen, regionalen und kommunalen Instanzen (in beiden Richtungen);

b) interprovinziale Koordination im Rahmen der regionalen Entwicklung, sofern dabei mehr als eine Provinz beteiligt ist;

c) Vertretung der Koordinationsergebnisse auf der Staatsebene bei der provinzialen Beratung (insbesondere in dem Provinzialen Raumordnungsausschuß und anderen koordinierenden Ausschüssen);

d) Überwachung der nationalen Belange bei dem regionalen und kommunalen Planungsverfahren.

In diesen Aufgaben mischen sich Vermittlungs- und Aufsichtsaspekte. Die gesetzlichen Voraussetzungen dafür werden im ROG und im Wohnungsgesetz ausreichend geboten, indem die Inspekteure

— von Amts wegen einen Sitz in dem Provinzialen Raumordnungsausschuß haben (Art. 53^2 ROG);

— von den Gemeinden alle nötigen Auskünfte fordern können (Art. 52^4 ROG);

— in allen wichtigen Phasen der Regional- und Kommunalplanung sowie über Anlagegenehmigungen informiert werden müssen (Art. 9, 17, 18, 37^6, 44^3, 47^5 ROG);

— zu den im Abschn. III./3.2. genannten Antizipationsbeschlüssen während der Planvorbereitung gehört werden müssen (Art. 19 und 46^8 ROG, Art. 50^8 Wohnungsgesetz);

— Berufung einlegen können gegen Entscheidungen des Provinzialausschusses im Planverfahren und gegen Erteilung von Anlagegenehmigungen durch den Magistrat (Art. 29, 39 und 47 ROG);

— neben den im Strafgesetzbuch bestimmten Personen mit der Ermittlung von strafbaren Verstößen gegen die gesetzlichen Vorschriften beauftragt sind (Art. 63 ROG).

Tatsächlich kommt es für den Erfolg dieser neuen Lösung vor allem darauf an, daß die Inspekteure sich durch ihren persönlichen Einsatz, durch Aufgeschlossenheit und taktvolle Überzeugungskraft das nötige Vertrauen und Ansehen bei den provinzialen und gemeindlichen Behörden und Amtsstellen, den regionalen Staatsämtern, den gesellschaftlichen Organisationen und der Bevölkerung im allgemeinen erwerben. Diesem Akzent auf die persönliche Qualifikation entspricht es, daß die Inspektorate — obwohl organisatorisch der Staatlichen Raumordnungsbehörde angegliedert — doch nicht ohne weiteres als regionale Zweigstellen dieser Behörde anzusehen sind. Grundsätzlich fungieren die Inspekteure als Koordinationsorgane mit eigenen gesetzlichen Aufgaben, die sie soviel wie möglich selbständig erfüllen, insbesondere wenn sie im Interesse der nationalen Belange in dem Planverfahren einschreiten.

6. Internationale Organe

6.1. Institutionalisierte Kontakte mit den Nachbarstaaten

Mit den beiden Nachbarstaaten unterhalten die Niederlande institutionalisierte Kontakte auf dem Gebiete der Raumordnung.

Seit dem 13. 6. 1967 existiert eine *Deutsch-niederländische Raumordnungskommission*. Auf deutscher Seite besteht die Kommission aus den höchsten für die Raumordnung zuständigen Beamten der Bundesrepublik und der Länder Nordrhein-Westfalen und Niedersachsen. Die niederländische Abordnung ist interministeriell zusammengestellt. Der Vorsitz wechselt alle zwei Jahre zwischen dem Vorsitzenden des Staatlichen Raumordnungsausschusses (siehe Abschn. IV./3.1.) und dem Vertreter der Bundesrepublik Deutschland.

Damit die Kommission ebenfalls den Rahmen für regelmäßige Beratungen auf niedrigerer Verwaltungsebene bilden kann, wurden zwei regionale Unterkommissionen gebildet, in denen auf niederländischer Seite u. a. die Vertreter der Provinzen einen Sitz haben und auf deutscher Seite u. a. die entsprechenden Dienststellen der Raumplanung. Die Unterkommission Süd berät über die Probleme im Grenzraum zwischen Aachen und Arnheim, die Unterkommission Nord über die Grenzgebiete nördlich von Arnheim.

Der Kontakt mit Belgien findet innerhalb der *Benelux-Union* statt. Der Ministerausschuß der Benelux-Union hat u. a. eine ministerielle Arbeitsgruppe für die Raumordnung. Die amtliche Vorbereitung findet in einem Sonderausschuß für die Raumordnung statt. In diesem Ausschuß haben die drei Benelux-Länder jedes eine interministeriell zusammengesetzte Abordnung. Der Vorsitzende des Staatlichen Raumordnungsausschusses hat die Leitung der niederländischen Abordnung.

Der Sonderausschuß hat eine große Anzahl Arbeitsgruppen, u. a. für Bündelung von Rohrfernleitungen und für Geschäftsansiedlungen außerhalb der Städte und ferner vier regionale Unterausschüsse, nämlich drei für das niederländisch-belgische Grenzgebiet und einen für das belgisch-luxemburgische Grenzgebiet. In diesen Unterausschüssen, in denen u. a. Vertreter der Provinzen einen Sitz haben, finden Beratungen über Regionalplanentwürfe für die Grenzgebiete statt.

6.2. Ansätze im europäischen Rahmen

Die internationalen Aspekte der Raumordnung spielen in zunehmendem Maße eine Rolle bei der Raumpolitik in den Nationalstaaten. Außerdem drängt sich allmählich die Notwendigkeit einer internationalen Raumpolitik auf, wozu bilaterale Kontakte nicht ausreichen.

Ein Versuch dazu ist die *Europäische Konferenz der Raumordnungsminister* (CMAT), die im Rahmen des Europarats eingesetzt wurde, im Jahre 1970 in Bonn zum ersten Mal zusammenkam und 1973 zum zweiten Male in La Grande Motte (Frankreich). Die CMAT ist ein wertvolles Instrument für den Informations- und Gedankenaustausch auf weitem europäischen Territorium. Ihre Schwäche ist aber, daß die Raumordnungsminister in diesem Rahmen ihre Regierungen nicht binden können. Für eine wirklich integrierte europäische Raumordnungspolitik kommen die *Europäischen Gemeinschaften* mehr in Betracht. Anhaltspunkte dafür finden sich in der Agrarpolitik, der Verkehrspolitik, der Sozialpolitik und der Industriepolitik der Gemeinschaften. Ansätze zu einer räumlich integrierten europäischen Politik liegen vor allem in der Regionalpolitik und in der neuerdings initiierten Umweltpolitik. Ebenso wie in den Nationalstaaten ist aber auch in Brüssel ein Zögern spürbar, sobald es sich um die Unabhängigkeit von bestimmten politischen Sektoren handelt. Die Neigung, die Regionalpolitik zu regionalökonomischer Politik und die Umweltpolitik zu Umwelthygienepolitik einzuengen, ist spürbar da. Solange die Europäischen Gemeinschaften die Raumordnung nicht eindeutig aufnehmen wollen und man innerhalb der Organisation der Kommission und des Rates keine Koordinationsorgane für die Raumordnung einsetzt, sind die Europäischen Gemeinschaften noch nicht als Integrationsrahmen für eine europäische Raumordnung zu betrachten.

V. Bodenrecht und Bodenpolitik

1. *Allgemeines*

Das niederländische Bodenrecht beruht auf dem Privateigentum an Grund und Boden nach der weitgehenden Eigentumsauffassung des römischen Rechts. Von altersher haben sich jedoch die privaten Rechte, falls notwendig, dem öffentlichen Wohl unterordnen müssen, und zwar in der Form von:

— Beschränkungen in der Ausübung des Eigentumsrechtes (siehe Abschn. V./2.);
— Benutzung des Bodens für gemeinnützige Einrichtungen (siehe Abschn. V./3.);
— Enteignung (siehe Abschn. V./4.).

Vor kurzem hat die Regierung außerdem ein „Vorzugsrecht" für die Gemeinden bei Veräußerung bestimmter Immobilien vorgeschlagen (siehe Abschn. V./7.).

2. *Eigentumsbeschränkungen; Nutzen und Lasten*

Man ist sich jetzt dessen bewußt, daß der Boden als der gemeinsame Lebensraum für die gesamte Bevölkerung mit einer „sozialen Hypothek" belastet ist. Diese Einschränkung des privaten Schaltens und Waltens ist nur eine moderne Erscheinung der Disziplin, die die niederländischen Grundeigentümer seit Jahrhunderten im Kampf gegen (und auch um) das Wasser haben müssen. Gerade in einem Land wie den Niederlanden ist die Raumordnung im Grunde genommen die für das allgemeine Wohl unentbehrliche Steuerung der Bodennutzung.

Im Gegensatz zu der alten Gesetzgebung, die gar keine Bestimmungen über *Entschädigungen* enthielt, wird im ROG (Art. 49) ein Anspruch auf Schadenersatz gegeben, wenn sich herausstellt, „daß ein Beteiligter durch die Bestimmungen eines Widmungsplanes Schaden erleidet oder erleiden wird, der aus Billigkeitsgründen nicht oder nicht ganz zu seinen Lasten gehen kann und für den die Entschädigung nicht oder nicht ausreichend durch Kauf, Enteignung oder anders gesichert ist". Dieser Artikel entspricht der seit den 50er Jahren allgemein anerkannten Auffassung, daß in gewissen Fällen auch bei rechtmäßigen Maßnahmen der Behörden eine Entschädigungspflicht gebilligt werden muß. Inhaltlich schließt sich die Regelung an die Rechtsauffassung der Krone an, die sich unter dem alten Gesetz schon entwickelt hatte. Wichtig ist, daß aufgrund des angeführten Artikels die Entscheidung nicht dem Zivilgericht, sondern nur der Verwaltung — dem Gemeinderat[68]) mit der Möglichkeit der Beschwerde bei der Krone — zusteht.

---

[68]) Im System des ROG kann nur die Gemeinde für diese Entschädigung haften, weil der kommunale Widmungsplan der einzige für die Eigentümer rechtsverbindliche Plan ist. Art. 50 ROG enthält eine Regelung für den Fall, daß die betreffende Bestimmung im Kommunalplan zugunsten von Aufgaben anderer Körperschaften des öffentlichen Rechts oder aufgrund von Weisungen aufgenommen werden mußte.

Die Krone beschließt nach Anhörung des Staatsrates (siehe Abschn. I./2.1.), also nach einem öffentlichen Verfahren[69]).

Entschädigungsansprüche auf Grund von Regionalplänen, Strukturplänen und Vorbereitungsbeschlüssen sind ausgeschlossen. Weniger klar ist, ob der Anspruch auf Schadenersatz aufgrund von Widmungsplänen auch geltend gemacht werden kann, wenn der Schaden durch Kauf oder Enteignung nicht vollständig ausgeglichen wird.

Die wichtigste Frage wird wohl sein, inwieweit der Schaden „aus Billigkeitsgründen" vom Beteiligten selbst zu tragen sein wird. Aus den bisherigen Entscheidungen der Krone läßt sich schließen, daß erst dann ein Grund für Entschädigung anerkannt wird, wenn die Freiheit des Bürgers stärker beschränkt wird, als dies nach der allgemeinen sozialen Lage zumutbar ist. Weiter geht aus der Praxis (auch schon unter der alten Gesetzgebung) hervor, daß:

— kein Anspruch auf Entschädigung besteht, wenn die betreffende Planungsmaßnahme schon in Kraft war, als der Beteiligte das Grundstück erwarb;

— sich aus einem Plan keine bleibenden Rechte im Sinne von Gewährleistungsansprüchen herleiten lassen können, weil jede Planung nur unter dem Vorbehalt einer späteren Neufassung gilt;

— bei der Bestimmung des Schadens auch dem Nutzen Rechnung getragen werden darf, der für den Beteiligten aus dem betreffenden Plan entsteht.

Die Kehrseite der Entschädigung für Planungsnachteile — das *Abschöpfen von Planungsvorteilen* zugunsten der Gemeinschaft — hat weniger Beachtung gefunden. So ist das Abschöpfen der Planungsgewinne mittels einer allgemeinen Wertzuwachssteuer nicht möglich. Auch werden diese Gewinne durch die Einkommensteuer und die Grundsteuer kaum erfaßt. Ob die Ersetzung der Grundsteuer durch eine von den Gemeinden zu erhebende Immobiliarsteuer dies wesentlich ändern wird, ist jetzt noch nicht zu beurteilen. Die heutigen gesetzlichen Möglichkeiten beschränken sich auf:

a) *Kompensation von Nutzen und Lasten* für denselben Beteiligten im Rahmen eines Entschädigungsverfahrens;

b) die *„baatbelasting"* (betterment-tax) kraft Art. 273ª Gemeindeordnung, d. h. die Besteuerung von Grundstücken in bestimmten Teilen der Gemeinde mit einem angemessenen Beitrag zu den Kosten von Maßnahmen, die für diese Grundstücke Nutzen abwerfen, aber ganz oder teilweise zu Lasten der Gemeinde gehen[70]);

c) die *Anliegerbeiträge* bei der Erschließung von Bauland[71]).

Wichtig ist weiter die von den meisten Gemeinden geführte Bodenvorratspolitik (siehe Abschn. V./5.).

Eine spezielle Besteuerung von Spekulationsgewinnen wurde seitens der Arbeiterpartei im Parlament beantragt, bisher aber ohne Erfolg. Die heutige, im Frühjahr 1973

---

[69]) Der Staatsrat hat vor kurzem eine spezielle Kammer für finanzielle Streitigkeiten eingesetzt.

[70]) Diese Steuer findet nur eine beschränkte Anwendung (Gesamtertrag in 1972 hfl 5,4 Mio.).

[71]) Diese können entweder als Steuer (Art. 274 Gemeindeordnung) oder kraft einer gemeindlichen Erschließungsverordnung („Exploitatieverordening", siehe Art. 42 ROG) erhoben werden. In diesen Verordnungen ist öfters ein Lastenausgleich zwischen den verschiedenen Eigentümern vorgesehen. Kommt die vorgeschlagene Verwaltungsreform zustande (siehe Abschn. VI./2.2.), dann wird die Provinz für die Aufstellung dieser Verordnungen zuständig.

gebildete Regierung hat jedoch in ihrem Programm angekündigt, daß eine allgemeine Besteuerung von Vermögensgewinn in Erwägung genommen wird. Die diesbezügliche Studie liegt aber noch nicht vor.

3. Benutzung des Bodens für gemeinnützige Einrichtungen

Hier handelt es sich um die Auferlegung der Verpflichtung, im öffentlichen Interesse die Anlage und Instandhaltung bestimmter Objekte auf privaten Grundstücken zu dulden.

Diese Verpflichtung besteht schon seit 1904 für die Tele-Verbindungen kraft des Telegraf- und Telefongesetzes („Telegraaf- en Telefoonwet 1904) vom 11. 1. 1904, Stb. 7. Der Eigentümer kann eine Entschädigung beanspruchen.

Eine allgemeine Regelung enthält das *Gesetz zur Aufhebung zivilrechtlicher Behinderungen* („Belemmeringenwet Privaatrecht") vom 13. 5. 1927, Stb. 159. Kraft dieses Gesetzes kann jedem Berechtigten — gegen Entschädigung — die Verpflichtung auferlegt werden, die zeitweilige oder dauernde Benutzung von Liegenschaften für die Anlage, Instandhaltung und eventuell auch die Änderung, Verlegung oder Beseitigung öffentlicher Einrichtungen zu dulden, vorausgesetzt daß:

a) das öffentliche Interesse an der Maßnahme gesetzlich feststeht;

b) die Interessen des privaten Beteiligten billigerweise die Enteignung des Grundstückes nicht erfordern;

c) die private Benutzung des Grundstückes nicht mehr behindert wird als billigerweise für die öffentlichen Zwecke nötig ist.

Kommt es nicht zu einer gütlichen Einigung, dann spricht der Minister für Verkehr, Straßen- und Wasserbau nach Anhören des Provinzialausschusses die Verpflichtung aus. Der Betroffene kann beim Oberlandesgericht („Gerechtshof") auf Aufhebung klagen, wenn die Entscheidung des Ministers den Voraussetzungen zu b) oder c) zuwiderläuft.

Das „Belemmeringen"-gesetz wurde in der letzten Zeit u. a. für eine beschleunigte Anlage wichtiger Ferngas- und Ölleitungen angewandt. Für die Leitungssysteme zwischen dem Rotterdamer Hafengebiet und dem Scheldebecken wird jedoch eine Bündelung in der Form eines vom Staat zu verwaltenden sog. „Leitungsbandes" durchgeführt. Die dafür nötigen Grundstücke werden gekauft oder enteignet kraft eines Sondergesetzes vom 11. 3. 1972, Stb. 145.

4. Enteignung

Nach niederländischem Recht bedeutet Enteignung die völlige Entziehung des Eigentums oder anderer dinglicher Rechte. Ob dies der Fall ist, entscheidet nur der Gesetzgeber; den Gerichten steht ein Urteil über die Verfassungsmäßigkeit der Gesetze nicht zu.

Nach dem Grundgesetz (Art. 165) ist Enteignung nur zulässig:

— kraft einer vorhergehenden gesetzlichen Feststellung, daß das öffentliche Wohl diese Maßnahme erfordert (Ausnahmen sind durch das Gesetz zu bestimmen);

— gegen vorher gezahlte oder gesicherte Entschädigung.

Das Enteignungsgesetz („Onteigeningswet") vom 28. 8. 1851, Stb. 125, wurde ursprünglich durch Schwierigkeiten bei dem Bau der Eisenbahnen veranlaßt. Seitdem wurde es mehrmals ergänzt, und es wurden auch verschiedene Sonderverfahren eingeführt für Enteignungen, bei denen das öffentliche Wohl ohne weiteres angenommen werden kann[72]). Heutzutage sind diese letzteren Verfahren die Regel geworden.

Aus der Sicht der Raumordnung ist am wichtigsten die Enteignung „im Interesse der räumlichen Entwicklung und des Wohnungswesens" (Art. 77 ff. des Gesetzes). Der betreffende Abschnitt wurde noch vor kurzem (Gesetz vom 27. 10. 1972, Stb. 578) erweitert; zu gleicher Zeit wurde das Verfahren weiter beschleunigt.

Laut Art. 77 kann jetzt enteignet werden:

1. zur Durchführung eines Widmungsplanes oder zum Zweck der Beibehaltung eines dem Plan entsprechenden bestehenden Zustandes;

2. zur Durchführung eines Bauvorhabens im Interesse des Wohnungswesens oder eines Bauvorhabens bzw. anderer Vorhaben oder Tätigkeiten im Interesse der Erneuerung einer geschlossenen Ortschaft oder eines Teiles davon, unter der Bedingung, daß der Provinzialausschuß vorher erklärt, gegen diese Maßnahmen keine Einwendung zu erheben[73]).

3. zur Freilegung von Flächen im Interesse des Wohnungswesens;

4. zur Beseitigung einer oder mehrerer für unbewohnbar erklärten Wohnungen oder unbenutzter anderer Bauten, wenn diese dermaßen verfallen oder entstellt sind, daß sie die Umgebung bedenklich verunstalten.

In diesen Fällen wird enteignet im Namen der Gemeinde, einer anderen Körperschaft des öffentlichen Rechtes[74]) oder eines kraft des Wohnungsgesetzes zugelassenen gemeinnützigen Wohnungsbauträgers.

Die Enteignungsmöglichkeit unter 1. bezieht sich nicht nur auf konkrete Vorhaben der Gemeinde, sondern auch auf den Erwerb von Flächen (z. B. Grünflächen oder Naturgebiete), die nur so liegen bleiben sollen, wie sie waren, und weiter auf die Beschaffung von Bauland oder Industriegelände im allgemeinen (siehe über die Bodenvorratswirtschaft Abschn. V./5.). In der Praxis ist es ganz normal, daß die Gemeinden durch Enteignung erworbene Grundstücke nach der Erschließung als Bau- oder Industriegelände an Privatinteressenten wieder verkaufen oder in Erbpacht vergeben.

Die Enteignung im Interesse der räumlichen Entwicklung und des Wohnungswesens findet kraft eines Gemeinderatsbeschlusses mit Genehmigung der Krone statt. Im darauf folgenden gerichtlichen Verfahren steht dem Landesgericht nur die Prüfung der formalen Voraussetzungen und die Festsetzung der Entschädigung zu. Gegen das Urteil kann keine Berufung, sondern ausschließlich ein Kassationsrekurs beim Hohen Rat eingelegt werden, wobei als Kassationsgründe nur die „falsche Anwendung oder Verletzung des Gesetzes" — also nicht die Beurteilung der faktischen Umstände — in Betracht kommen. Die Gerichte müssen Enteignungssachen mit Vorrang behandeln. Trotzdem nimmt das ganze Verfahren häufig einige Jahre in Anspruch.

---

[72]) So u. a. für den Bau von Straßen, Kanälen, Häfen, Flugplätzen und den Ausbau von Flüssen, die öffentliche Trinkwasserversorgung und die Flurbereinigungen.

[73]) Bevor der Provinzialausschuß diese Erklärung abgibt, muß er den Beteiligten die Gelegenheit geben, Beschwerde zu erheben, und den Raumordnungsinspekteur hören.

[74]) Im Rahmen der vorgeschlagenen Verwaltungsreform (siehe Abschn. VI./2.2.) namentlich auch die Provinz.

Seit dem Gesetz vom 27. 10. 1972 kann der Gemeinderat im Widmungsplan bestimmte Teile bezeichnen, deren Verwirklichung in der nächsten Zukunft für erforderlich gehalten wird (Art. 13¹ ROG). Dann kann die Untersuchung der Sachverständigen vorverlegt werden, und es kann das Enteignungsurteil und damit auch der Eigentumsübergang schon vor dem Urteil über die Entschädigung zustande kommen. Der Prozeß gliedert sich dann in zwei Phasen: einen rein formalrechtlichen Teil, der schnell ablaufen kann und sowohl Besitz als Eigentum übergehen läßt, und einen materiellen Teil, in dem über die Entschädigung gestritten wird. Im „Orientierungsbericht" wurde eine weitere Beschleunigung des Verfahrens angekündigt im Rahmen der Städteerneuerung.

Ausgangspunkt bei der Bewertung ist der Verkehrs- oder Marktwert[75]), wobei als Stichdatum der Tag des Enteignungsurteils bzw. (bei dem beschleunigten Verfahren) der Eintragung im Grundbuch gilt. Außerdem kommen natürlich die Betriebs- und/oder andere Schäden in Betracht. Bei einer Bewertung der enteigneten Grundstücke als (künftigem) Bauland muß der Richter aufgrund vom Art. 40ª den „Herstellungskosten" gemäß den in der betreffenden Gemeinde geltenden Regeln Rechnung tragen (d. h. Abtretung der für Straßen usw. benötigten Streifen und Bezahlung der Kosten für Straßenbau, Kanalisation usw.). Seit 1956 gilt dafür ein Ausgleichs- oder Umlegungssystem, und zwar derart, daß ohne Rücksicht auf die Nutzungsart, die im Widmungsplan gerade für das enteignete Grundstück vorgesehen ist, alle Nutzen und Lasten des Planes entsprechend den ortsüblichen Regelungen über die im Plan erfaßten Grundstücke verteilt werden sollen. Der Richter ist jedoch frei, wenn erwünscht, eine andere Bewertungsgrundlage als den Baulandwert anzuwenden, z. B. den Marktwert ähnlicher Grundstücke in der Nähe. Mieter haben Anspruch auf eine beschränkte, Pächter auf eine volle Entschädigung.

5. Bodenpolitik

5.1. Allgemeines

Obwohl nach wie vor immer wieder angeregt wird, den Boden national oder regional (z. B. in stark verstädterten Gebieten) in die öffentliche Hand überzuführen, gehört dies in der heutigen Lage nicht zu den Problemen der politischen Praxis. Zunächst versucht man, das öffentliche Wohl und die Interessen der Privateigentümer durch Planungs- und andere Maßnahmen miteinander in Einklang zu bringen. Neben den allgemeinen Beschränkungen im Rahmen der Raumordnung — wenn nötig gegen Entschädigung (siehe oben Abschn. V./2.) — werden Mittel wie Zuschüsse, Steuervergünstigungen, spezielle Verwaltungsvereinbarungen und dergleichen, z. B. im Rahmen des Natur- und Landschaftsschutzes und für die Erhaltung wertvoller Landgüter, benutzt.

Inzwischen hat die Regierung vor kurzem zwei wichtige Neuregelungen vorgeschlagen, und zwar eine, die sich mehr speziell mit einer neuen Bodenpolitik befaßt (siehe Abschn. V./7.) und eine andere, die im Rahmen der beabsichtigten Verwaltungsreform die Zuständigkeit für die Bodenpolitik in bedeutendem Maße von den Gemeinden auf die Provinzen neuen Stils verlegen würde (siehe Abschn. VI./2.2.). Die vor Augen stehende neue Bodenpolitik könnte im Laufe der Zeit, namentlich durch das zu schaffende „Vorzugsrecht", den Übergang von Grund und Boden in die öffentliche Hand weitgehend beeinflussen.

---

[75]) Siehe über eine von der Regierung vorgeschlagene Änderung dieses Prinzips Abschn. V./7.

Übrigens können insbesondere der Staat und die Gemeinden auch jetzt schon durch ihren Grundbesitz einen starken Einfluß auf die Raumordnung ausüben (siehe Abschn. V./5.2. und V./5.3.). Der provinziale Grundbesitz spielt im Moment noch kaum eine Rolle, könnte aber als Folge der Verwaltungsreform in der Zukunft von größerer Bedeutung werden.

5.2. Staatlicher Grundbesitz

Alles zusammengenommen umfaßt der staatliche Grundbesitz (einschließlich des Wattenmeeres und der anderen großen Gewässer) rd. 950 000 ha oder etwa 23 v. H. der Gesamtfläche unseres Landes. Zu diesem Besitz gehören u. a.:

a) wichtige *Natur- und Erholungsgebiete* (Ödland, Wälder, Dünen, Strände, Seen, Flüsse, große Gewässer u. dergl.) mit einer Gesamtfläche von rd. 550 000 ha;

b) nahezu die Gesamtfläche der *neuen Polder* im IJssel- und Lauwerssee (rd. 160 000 ha). Trockenlegung und Kolonisation dieser Gebiete werden völlig als ein öffentliches Unternehmen durchgeführt und der so gewonnene Boden ist bis jetzt fast vollständig Staatseigentum geblieben. Für die Vergabe der landwirtschaftlichen Betriebe und für den Wohnungsbau sind Pacht oder Erbpacht die Regel. Die in den sechziger Jahren gebotene Möglichkeit, verpachtete oder in Erbpacht vergebene Grundstücke im IJsselseegebiet zu kaufen, wurde von den Inhabern der Betriebe nur ganz selten genutzt[76]). Bei den jetzt noch zu vergebenden Betrieben ist Kauf nur möglich für Bewerber, die aus dem „alten Land" in die neuen Polder übersiedeln und deren früherer Betrieb entweder zum allgemeinen Nutzen angekauft bzw. enteignet oder im Rahmen einer Flurbereinigung abgetreten wurde;

c) der Grundbesitz, den der Staat im Rahmen der *Sanierung der Landwirtschaft* mittels der Stiftung zur Verwaltung landwirtschaftlicher Böden („Stichting tot Beheer van Landbouwgronden", SBL) erwirbt[77]) und zeitweise verwaltet, um diese Grundstücke im Laufe der Zeit zur Aufstockung lebenskräftiger Betriebe zu verwenden oder nicht-agrarischen Zwecken (u. a. der Aufforstung) zuzuführen. Die SBL arbeitet in enger Verbindung mit der staatlichen kulturtechnischen Behörde („Cultuurtechnische Dienst". Ihre Grunderwerbspolitik erstreckt sich primär auf die Flächen in Flurbereinigungsgebieten (auch schon während der Vorbereitungsperiode); die Stiftung wird jedoch daneben mehr und mehr auch für den Grunderwerb für andere Zwecke eingesetzt, so z. B. für die Sicherstellung großer „Pufferzonen" in der Randstadt Holland, für die Erhaltung von Landschaftsschutzgebieten oder die Anlage des Leitungsbandes („pijpleidingstraat") zwischen Rotterdam und dem Schelderaum. Die SBL verwaltet jetzt über 45 000 ha; die insgesamt aus der Landwirtschaft freiwerdenden Flächen sind für die Periode 1960—1980 auf rd. 400 000 ha zu schätzen.

Seit kurzem ist die SBL berechtigt, mit staatlichem Kapital als *Bodenbank* aufzutreten. Die Absicht ist, eine weit größere Aufstockung der dafür in Betracht kommenden Betriebe zu fördern, als es mit der bisherigen Politik möglich war, und zwar zu mindestens 30 ha für Viehbetriebe und 50 ha für Ackerbaubetriebe. Nach Erwerbung durch die

---

[76]) Hierzu ist zu bemerken, daß unter dem Pachtgesetz die Pachtpreise noch immer auf einem relativ niedrigen Niveau gehalten werden, während die Kaufpreise stark gestiegen sind (siehe Abschn. V./6.).

[77]) Der Erwerb erfolgt durch Kauf, durch freiwillige Übersiedlung von Betrieben in die neuen Polder und durch subventionierte Stillegung unwirtschaftlicher Kleinbetriebe.

Bank werden die für Betriebsvergrößerung benötigten Flächen entweder verkauft oder gegen mäßigen Zins (3½%) in Erbpacht vergeben. Im letzteren Fall kann der Erbpachtkanon alle 13 Jahre neu festgesetzt werden. Eine weitere Entwicklung in dieser Richtung im Rahmen des EG-Strukturplanes scheint auf der Hand zu liegen.

Weiter ist der Staat im Rahmen der *Flurbereinigungen* (Durchführungsprogramm rd. 50 000 ha pro Jahr) auf dem Bodenmarkt tätig. Bei der Umlegung der landwirtschaftlichen Grundstücke müssen nämlich kraft des Flurbereinigungsgesetzes bis zu 5 v. H. der Gesamtfläche für öffentliche Zwecke abgetreten werden. In gewissen Fällen gelingt es der SBL auf freiwilliger Basis einen größeren Bodenvorrat zu beschaffen. So wird es möglich, nicht nur den erforderlichen Ausbau der ländlichen Infrastruktur durchzuführen, sondern auch Grundstücke für nicht-agrarische Zwecke (wie Straßenbau, Stadt- und Dorferweiterung, Erholungswesen usw.) zuzuteilen. Die Flurbereinigungspläne werden soweit wie möglich diesen anderen Zwecken angepaßt.

5.3. Bodenvorratspolitik der Gemeinden

Wie aus Abschnitt II. hervorging, haben die Großstädte um die Jahrhundertwende wieder mit einer zielbewußten Bodenbeschaffung angefangen, wie es z. B. Amsterdam schon im 17. Jahrhundert weitgehend getan hatte. Jetzt ist eine Bodenvorratswirtschaft allgemein üblich geworden, und zwar so stark, daß namentlich die größeren Gemeinden eine ausgesprochene Vorherrschaft auf dem Bodenmarkt ausüben, insbesondere bei der Beschaffung von Bauland für den Wohnungsbau. In 533 der 843 Gemeinden ist dafür ein sog. „grondbedrijf" (Liegenschaftsamt mit eigenem Budget) tätig, davon 14 mit einem Besitz von über 1000 ha. In anderen Gemeinden wird ein oft nicht unbedeutender Grundbesitz (u. a. Wald und Ödland) im Rahmen des allgemeinen gemeindlichen Haushalts verwaltet. Die aktive Bodenpolitik der meisten Gemeinden stellt in der Praxis eines der wichtigsten Instrumente dar, um auf der kommunalen Ebene die rechtzeitige und ordnungsmäßige Durchführung der Raumplanung zu sichern[78]). Ihre relative Bedeutung auf dem Bodenmarkt während der Jahre 1965—1972 ist aus Tabelle 3 ersichtlich.

Tabelle 3: *Erwerb und Vergabe von Bau- und Industriegelände 1965—1972 (in ha)*

Jahr	Durch Gemeinden erworben		Baugelände verkauft von		Industriegelände verkauft von	
	Insgesamt	Davon enteignet	Gemeinden	Anderen	Gemeinden	Anderen
1965	5505	377	865	630	307	78
1966	4639	128	914	450	488	112
1967	3924	141	914	401	339	54
1968	4132	56	1069	414	247	58
1969	3912	169	1391	322	154	43
1970	4454	158	1709	359	188	51
1971	3882	170	1618	464	197	65
1972	4334*)	53	2390	585	261	88

*) Davon im Westen 2189, im Süden 807, im Osten 1011, im Norden 281 und im Südwesten 46.

Zentralamt für Statistik, Monatsstatistik der Bautätigkeit.

---

[78]) Siehe für die mögliche künftige Rolle der Provinzen auf diesem Gebiet Abschn. VI./2.2.

Wie aus diesen Zahlen auch hervorgeht, wird der gemeindliche Grundbesitz überwiegend durch Kauf erworben. Dabei standen jedoch in vielen Fällen die Enteignungsmöglichkeit oder ein schon genehmigter Enteignungsbeschluß im Hintergrund. Der wirkliche Einfluß der Enteignung ist also viel größer, als in den Zahlen zum Ausdruck kommt.

Der gesamte Bodenvorrat der gemeindlichen „grondbedrijven" stellte sich 1971 auf rund 81 700 ha (davon über die Hälfte Bauland oder baureifes Land) mit einem Buchwert von hfl 4,6 Md.[79]). Der gesamte gemeindliche Grundbesitz ist aber viel größer, einmal weil umfangreiche Flächen für öffentliche und andere gemeindliche Zwecke im Gebrauch sind und von den betreffenden Ämtern oder Betrieben (Hafenbetriebe, Bauämter, Wohnungsämter u. dgl.) verwaltet werden, andererseits infolge des in verschiedenen Gemeinden geltenden Erbpachtsystems für die Vergabe von Bau- und Industriegelände. So sind z. B. die neuen Wohnviertel in Amsterdam und Den Haag und das Hafenindustriegelände in Amsterdam und Rotterdam größtenteils Gemeindeeigentum. Den relativ größten Grundbesitz hat die Gemeinde Amsterdam (siehe die Karte, Abb. 3).

Bei der Vergabepolitik ist jetzt die Frage Erbpacht oder Verkauf wieder aktuell geworden. Die Gemeinde Amsterdam hat sich schon 1896 grundsätzlich für Erbpacht entschieden; Rotterdam, Den Haag, Utrecht und andere sind in letzter Zeit diesem Beispiel völlig oder teilweise gefolgt. Die Vergabe von Grundstücken für den sozialen Wohnungsbau geschieht meistens in Erbpacht.

Als Vorteile des Erbpachtsystems gelten u. a.:

a) der Wertzuwachs des Bodens bleibt der Gemeinde erhalten;

b) die Gemeinde kann einen stärkeren Einfluß auf die Bebauung ausüben und eventuell für andere Zwecke benötigte Grundstücke leicht wieder zurücknehmen;

c) sie kann auf die Dauer den Boden „freisparen".

Die Nachteile liegen vor allem in der Kapitalsphäre, weil die hohen Investitionen aus den gemeindlichen Mitteln für das Erwerben und Baureifmachen der Grundstücke bei Vergabe in Erbpacht auf lange Frist festgelegt bleiben, während die Gemeinde bei Verkauf sofort aus den Erträgen neue Kapitalmittel zurückbekommt. Überdies hat die starke Steigerung des Zinsfußes und die schnelle Inflation zu großen Verlusten für die Gemeinden — statt zum „Freisparen" — geführt. Bei neu zu vergebenden Erbpachtgrundstücken sucht man diesem Nachteil durch ein System periodischer Neufestsetzung der Erbpachtzinsen vorzubeugen.

Die finanzielle Lage der „grondbedrijven" ist nicht allenthalben günstig. Einige können Reserven bilden oder werfen sogar Gewinn ab, aber viele andere erleiden offene oder verdeckte Verluste, die dann dem allgemeinen Haushalt der Gemeinde zur Last fallen.

5.4. *Grundbesitz in halböffentlicher Hand*

Neben dem Grundbesitz der öffentlichen Hand ist für die Raumordnung die vom Staat, von den Provinzen und den Gemeinden subventionierte Grunderwerbspolitik der Natur- und Landschaftsschutzorganisationen bedeutsam. Es handelt sich hier haupt-

---

[79]) Zentralamt für Statistik, Statistik der „grondbedrijven", aufgenommen in der Monatsstatistik Finanzwesen, April 1974.

sächlich um den — privaten — Verein zur Erhaltung von Naturdenkmälern („Vereniging tot behoud van Natuurmonumenten") und die in allen Provinzen bestehenden halböffentlichen Landschaftsstiftungen („Stichting Het Zuid-Hollands bzw. Gelders usw. Landschap"). Diese Körperschaften verwalten insgesamt rd. 50 000 ha.

6. *Bodenpreise und Bodenspekulation*

Seit 1963 sind die *Bodenpreise* frei. Es gilt jedoch noch immer eine (relativ niedrige) Begrenzung der Pachtpreise und in den noch übrig gebliebenen Gebieten mit Verknappungen am Wohnungsmarkt auch eine Begrenzung der Mieten (ebenfalls auf einem im Vergleich mit den Neubaumieten niedrigen Niveau). Eine allmähliche Normalisierung der Pachten und der Altmieten wird zwar angestrebt, wurde aber bei weitem noch nicht erreicht.

So lange diese Lage bestehen wird, sind die Preise für verpachtete bzw. vermietete Güter bedeutend niedriger als die für vergleichbare Güter, die frei von Pacht oder Miete angeboten werden. Andererseits muß insbesondere bei verpachteten Grundstücken mit relativ hohen Entschädigungen gerechnet werden, wenn der Käufer oder Enteigner das Grundstück innerhalb der Pachtzeit einem anderen Zweck zuführen will, wie dies bei den rd. 10 000 ha der Fall ist, die jährlich als Bau-, Industrie- oder Hafengelände usw. der landwirtschaftlichen Nutzung entzogen werden müssen. Es ist darum um so wichtiger, daß die Gemeinden bei ihrer Bodenvorratswirtschaft so früh wie möglich die in Zukunft benötigten Grundstücke erwerben.

Seit die Preise frei wurden, sind sie ziemlich stark angestiegen, speziell für

— Wohngrundstücke auf dem Lande in angenehmer Umgebung für Wochenend- oder Ferienwohnungen oder sonstige Erholungszwecke;
— Einfamilienhäuser in städtischen Gebieten und beliebten Wohnorten;
— bestimmte Grundstücke in Stadtzentren.

Während der letzten Jahre hat die Geldentwertung eine allgemeine Kostensteigerung verursacht, die infolge der höheren Investitionen für das Baureifmachen insbesondere auch in den Preisen von Bau- und Industriegelände zum Ausdruck kommt. Weiter steigen die Preise dieser Grundstücke durch die höheren Ansprüche, die sich aus den modernen städtebaulichen Plänen (u. a. für Verkehrszwecke) ergeben und, insbesondere in den tiefliegenden Teilen des Landes, auch durch die Notwendigkeit, mehr als früher ungünstig beschaffene Böden für Stadterweiterungen zu verwenden.

Im allgemeinen richten die Bodenpreise sich auf die in den Widmungsplänen zugelassene Nutzungsart aus. Es werden aber nicht selten höhere Preise (z. B. Baulandpreise für planmäßig nicht bebaubares Land) bezahlt, in der spekulativen Hoffnung, daß man im Laufe der Zeit eine Planänderung durchsetzen kann.

Die wirkliche Preisentwicklung kann aus den statistischen Veröffentlichungen nur bis 1972 verfolgt werden, weil diese weiter noch nicht vorliegen. Man hat jedoch allgemein den Eindruck, daß die schon lange andauernden Preissteigerungen sich gerade während der letzten Jahre noch erheblich verstärkt haben. *Die nachstehenden Ziffern sollen denn auch nur unter dem Vorbehalt verstanden werden, daß seit 1972 noch bedeutende Preissteigerungen hinzugekommen sind.*

a) Bei *landwirtschaftlichen Böden* verdoppelten sich die Preise nach der Freigabe. Seitdem stiegen sie anfänglich weiter um durchschnittlich 5 v.H. pro Jahr und während der letzten Jahre um 40 v.H. oder sogar mehr an. Die Preise für pachtfrei zu liefernde Bauernhöfe liegen durchschnittlich um 35 v.H. höher als die der verpachteten. Je nach der regionalen Lage und der Bodengüte waren die letztbekannten Durchschnittspreise pro ha für Bauernhöfe hfl 11 500, Ackerland hfl 9 400 und Wiese hfl 8 600.

b) Bei *Bau- und Industriegelände* liegen keine nach der Lage, der Beschaffenheit und der zugelassenen Nutzungsart differenzierten Daten für Grundstückspreise vor. Die allgemeinen Durchschnittsziffern in Tabelle 4 sind also — auch abgesehen von der oben gemachten Bemerkung — nur *als ein Hinweis* zu verstehen.

Tabelle 4:   *Durchschnittliche Baulandpreise 1965—1972 in hfl pro qm*)*
                                    und gewogene Indexziffer (1965 = 100)

Jahr	Erwerb durch Gemeinden			Verkauf von baureifem Land durch			
	Enteig-nung	Ankauf	Index	Gemeinden	Index	Privat-verkäufer	Index
1965	3,00	4,0	100	20,30	100	12,0	100
1966	7,80	5,60	152	25,0	121	18,50	134
1967	8,20	6,50	167	29,60	144	23,30	170
1968	17,90	6,60	214	32,40	156	30,10	217
1969	6,90	7,70	242	37,90	190	31,80	242
1970	8,50	9,00	226	38,60	193	33,20	242
1971	5,70	8,90	231	44,50	235	39,40	291
1972	8,30	9,10	263	47,90	250	42,90	334

Zentralamt für Statistik, Monatsstatistik der Bautätigkeit.

*) Die Grundstücke für den sozialen Wohnungsbau werden von den Gemeinden meistens mit einem niedrigeren Teil der Kosten für das Baureifmachen belastet, als Grundstücke für private Zwecke; die Preise für die ersteren liegen also meistens unter der Durchschnittziffer.

Die Preise der Privatverkäufer sind im Durchschnitt etwas niedriger, wahrscheinlich, weil es sich dabei meistens um Grundstücke in kleineren Gemeinden handelt, in denen das Bauland nicht immer mit den vollen Kosten für das Baureifmachen belastet wird.

Von größerer Bedeutung sind die regionalen Preisunterschiede, wobei die Provinzen im westlichen Ballungsraum an der Spitze stehen (siehe die Karte, Abb. 4).

Die finanzielle Lage der „grondbedrijven" droht sich zu verschlechtern. Die Ursache kann einmal darin liegen, daß die Gemeinden die stark angestiegenen Kosten für das Baureifmachen nicht mehr völlig im geltenden Kostenhöchstsatz beim öffentlich geförderten sozialen Wohnungsbau unterbringen können und auch nicht Spielraum haben, sie anderen Grundstücken anzulasten. Andererseits kann die Entwicklung sich aus den anlaufenden Bemühungen um Stadtrekonstruktion und Sanierung erklären. Einer der größten Engpässe ist auch die ungerechte Konkurrenz, die die kleinen Kerne mit ihren meistens niedrigen Bodenpreisen im Vergleich mit denen in den großen städtischen Neubau- und Stadterneuerungsgebieten ausüben. In vielen — den heutigen Ansichten nach zu vielen — Fällen hat man den Baulandpreisschwierigkeiten durch die höhere Ausnutzung der Grundstücke, d. h. den Bau von Hochhäusern, auszuweichen versucht. Auch bei der Stadtsanierung und der Entwicklung von Geschäftszentren in den Innenstädten drängt man vielfach in diese Richtung. Dabei wird leicht vergessen, daß die Zulassung einer solchen Nutzungsart im bebauten Stadtgebiet mehr die Ursache als die Folge hoher Bodenpreise ist[80]). Gerade hier sind Planung und Bodenpreise eng miteinander verflochten. Inzwischen hat — vielfach unter dem Druck der öffentlichen Meinung — eine Gegenbewegung eingesetzt[81]).

Die Gefahr der *Bodenspekulation* stellt sich vor allem da ein, wo die Erwartung besteht, daß im Laufe der räumlichen Entwicklung bestimmte Grundstücke einer anderen, mehr Gewinn bringenden Nutzungsart zugeführt werden könnten, entweder durch eine neue Planung oder durch eine erhoffte Änderung bestehender Pläne. Beispiele gibt es sowohl in den Innenstädten als auch in künftigen Neubaugebieten und besonders auch in den spärlichen Naturschutz- und Erholungsgebieten, die in der motorisierten Gesellschaft einem immer stärkeren Drang zur Bebauung ausgesetzt sind.

Eine direkte Kontrolle der Bodenpreise ist in der Praxis leicht zu umgehen. Das hat die Erfahrung mit gesetzlich gesteuerten Preisen während der Nachkriegsjahre genügend gezeigt. Darum stützt sich die Politik der niederländischen Behörden im Kampf gegen die Bodenspekulation unter der heutigen Gesetzgebung auf:

a) *wirksame Widmungspläne,* deren Bestimmungen ohne Rücksicht auf eventuell durch Interessenten schon bezahlte spekulative Bodenpreise zu handhaben sind. Es versteht sich, daß diese strenge Einhaltung der Ortspläne einen starken politischen Willen der kommunalen Behörde voraussetzt, die um so schwieriger ist, weil man sich dabei oft gegen einflußreiche örtliche Pressionen wehren muß;

b) *wirksame Erschließungsverordnungen* (siehe oben, Abschn. V./2.), die bei privater Baulanderschließung die betreffenden Grundstücke mit den Kosten für das Baureifmachen belasten;

c) *Erwerb* von später zur Bebauung u. dergl. benötigten Grundstücken durch die Gemeinden oder sonstige öffentlichen Körperschaften noch vor der spekulativen Wertsteigerung. Wie oben (Abschn. V./4.) schon erwähnt, wurde zu diesem Zweck das Enteignungsverfahren beschleunigt.

Entwürfe für eine ergänzende Gesetzgebung liegen vor (siehe Abschn. V./7.).

7. *Vorschläge für eine neue Bodenpolitik*

Bei der Eröffnung des parlamentarischen Jahres 1975/1976 hat die Regierung Vorschläge für eine neue Bodenpolitik eingebracht, die der Raumordnungspolitik förderlich sein soll.

In den diesbezüglichen Gesetzentwürfen[82]) sind Gedanken verkörpert, die schon während der sechziger Jahre von der damaligen Regierung vertreten bzw. von einer der

---

[80]) Schon 1817 lehrte RICARDO, daß die Erträge den Bodenwert bestimmen und nicht umgekehrt („Corn is not high because rent is paid, but a rent is paid because corn is high").

[81]) Zur Beseitigung der unerwünschten Konkurrenz bei verschiedener Lokalisierung der Bebauung hat der Minister die Möglichkeit einer sogen. „Lokalisierungssubvention" geschaffen, wenn die Bodenpreise in angewiesenen Gemeinden (namentlich den Großstädten, Stadterneuerungsgebieten im allgemeinen und den „Wachstumskernen") zu hoch sind.

[82]) Sitzung 1975/1976, Nr. 13 713 und 13 714.

politischen Parteien in einem Initiativentwurf eingebracht wurden, aber zu der Zeit nicht zu gesetzlichen Regelungen geführt hatten. Es handelt sich hierbei insbesondere um Maßnahmen, die einerseits den Gemeinden eine stärkere Stellung bei der Erwerbung von Immobilien für die Durchführung der Raumordnungspolitik gewährleisten (siehe a), andererseits die Bodenspekulation weiter einschränken sollen (siehe b).

a) Vorzugsrecht

Es wird vorgeschlagen, die Möglichkeit zu schaffen, daß der Gemeinderat bestimmte Gebiete ausweist, wo die Eigentümer (mit bestimmten Ausnahmen) verpflichtet sind, eine vorgenommene Veräußerung ihrer Immobilien der Gemeinde zu melden, damit diese imstande ist, als erste die Grundstücke zu erwerben. Die Ausweisung kann sich nur auf Grundstücke beziehen, für die eine nicht-landwirtschaftliche Widmung geplant ist, abweichend von der aktuellen Nutzung. Sie muß sich stützen auf einen Strukturplan, der die Flächenwidmung festlegt, oder auf einen Widmungsplan.

Wenn die Gemeinde die Liegenschaft erwerben will, muß sie versuchen, sich mit dem Eigentümer über den Preis zu einigen. Das Verfahren sieht weiter die Möglichkeit vor, über den Preis ein Gutachten von Experten einzuholen und nachher ggf. den Richter einzuschalten. In diesen Fällen muß die Bewertung aufgrund der zu gleicher Zeit vorgeschlagenen neuen Maßstäbe im Enteignungsverfahren stattfinden (siehe b).

Das Stadterneuerungsgesetz (siehe Abschn. III./4.d) wird die Bestimmung enthalten, daß das Vorzugsrecht in den auszuweisenden Erneuerungsgebieten ohne weiteres gelten wird.

b) Bewertung bei Enteignung

Die Regierung schlägt vor, das System der Bewertung grundsätzlich zu ändern.

Bei der heutigen Bewertung aufgrund des Verkehrs- oder Marktwertes spielen auch Erwartungen in bezug auf künftig mögliche andere Nutzungsarten mit (z. B. Bebauung von zur Zeit agrarisch genutzten Grundstücken), die dann den zufälligen Eigentümern oft erhebliche Vorteile in den Schoß werfen, obwohl sie diese nicht ihren eigenen Aktivitäten verdanken. Es sind doch vielmehr die öffentlichen Körperschaften, die durch ihre Widmungspläne und andere Maßnahmen im Rahmen der Raumordnung die Bedingungen für eine andere Bodenwidmung und die damit verbundenen Preissteigerungen schaffen. Es scheint der Regierung deshalb gerecht, den unbeschränkten Verkehrs- oder Marktwert als Grundsatz der Bewertung durch einen *„utilitären Verkehrswert"* zu ersetzen, d. h. den Verkehrswert aufgrund der aktuellen Bodennutzung. Wird ein Grundstück nicht oder nur zeitweise benutzt, dann soll die frühere Nutzungsart bzw. die unter den örtlichen Umständen angemessene mögliche Nutzung den Wert bestimmen.

In diesem System kann die Erwartung über künftige Änderungen in der Nutzung grundsätzlich nicht in Betracht kommen. Der Entwurf sieht jedoch — innerhalb gewisser Grenzen — Mitigationen vor, unter der Bedingung, daß die andere Nutzungsart bei unbebauten Grundstücken den Charakter als *unbebautes* Land unverletzt läßt und bei bebauten Grundstücken mit den *bestehenden* Gebäuden verbunden ist. Bei dieser Regelung hat man insbesondere den Interessen der Land- und Forstwirtschaft Rechnung getragen.

Die jetzt vorliegenden Gesetzentwürfe sind das Ergebnis schwieriger Verhandlungen zwischen den in der heutigen Koalitionsregierung vertretenen Parteien. Über die Behandlung im Parlament läßt sich noch kaum etwas sagen, geschweige denn über die Auswirkung des neuen Bewertungssystems auf den Bodenmarkt.

VI. Neuentwicklungen

1. Allgemeines

Im Abschn. III./1. wurde schon gestreift, daß die Praxis der Raumordnung den gesetzlichen Regelungen meistens vorangeht. Die Gesetzgebung ist selten initiierend und nimmt vielmehr erst nach einiger Zeit auf, was in der Praxis entstanden ist.

Zur Zeit sind verschiedene Entwicklungen erkennbar, die wahrscheinlich in den kommenden Jahren Einfluß auf die Gesetzgebung ausüben werden. Dies gilt insbesondere für eine bessere Beteiligung der Öffentlichkeit bei der Vorbereitung der planerischen Entscheidungen, für die Rolle des Parlaments bei gewissen nationalen Planungsentscheidungen und für eine Verstärkung des staatlichen Einflusses auf die Planung der niederen Organe (siehe Abschn. VI./3. und VI./4.). Auf längere Zeit will die Regierung die Gesetzgebung im ganzen Bereich der Raumordnung, im Zusammenhang mit den anderen raum- und umweltbedeutsamen Gesetzen, neu ins Auge fassen[83]).

Auf dem Gebiet der Verwaltungsstruktur hat die Regierung vor kurzem schon eine tiefgreifende Reform vorgeschlagen (siehe Abschn. VI./2.).

Für die angekündigten Neuregelungen im Rahmen der Bodenpolitik siehe Abschnitt V.

2. Verwaltungsreform

2.1. Verwaltungsorganisation und Raumordnung

In den Niederlanden ist man allgemein davon überzeugt, daß die Organisation der inneren Verwaltung nicht mehr der aktuellen räumlichen Entwicklung und der erwünschten Raumordnung entspricht. Die Verstädterung, die mit der Motorisierung stark angestiegene Mobilität, der größere Raumbedarf der Bevölkerung und die erweiterten Aufgaben der niederen Behörden erfordern durchgreifende Anpassungen der Verwaltungsorganisation. In Anbetracht der in den Niederlanden so wichtigen Stellung der kommunalen Organe (siehe Abschn. I./3.) bezogen sich die Gedanken bis vor kurzem insbesondere auf die *Gemeinden*.

In der Nachkriegszeit war die Politik darauf eingestellt, bei regionalen Neueinteilungen kleine Gemeinden meistens zu größeren Einheiten zusammenzufügen und das Gebiet der mittelgroßen Städte weitgehend zu vergrößern. Die Ergebnisse dieser Politik lassen sich aus Tabelle 1 zu Abschn. I./2.3. ablesen.

---

[83]) Budgetunterlagen 1975, Sitzung 1974/1975, Nr. 13100.

In der Praxis stellte sich heraus, daß die Neugliederungen doch nur sehr langsam und mühsam durchgeführt werden können und daß dabei vielerlei Widerstände der betroffenen Verwaltungsorgane zu überwinden sind. Abgesehen davon ist dies nur eine Teillösung der einschlägigen Probleme. Namentlich für die großen städtischen Agglomerationen ist eine Zusammenlegung von Gemeinden, wenn überhaupt möglich, nicht immer ausreichend. Man erwog deswegen die Einsetzung neuer Gebietskörperschaften zwischen der Gemeinde und der Provinz.

Auch die Verwirklichung dieser Lösung stieß aber auf Schwierigkeiten. Die Körperschaft Rijnmond (siehe Abschn. I./6.) ist zur Zeit das einzige Ergebnis der Versuche in dieser Richtung. Rijnmond hat jedoch viele Konflikte mit den beteiligten Gemeinden. Für die übrigen Agglomerationen werden solche Gebietskörperschaften nicht mehr vorgesehen, mit der Ausnahme Eindhoven und Umgebung. Hier wurde auf Antrag der betreffenden Gemeinden ein Gesetzentwurf „Agglomeration Eindhoven" bei der Zweiten Kammer eingereicht.

Im Gegensatz zur Zusammenlegung von Gemeinden und der Einsetzung neuer Gebietskörperschaften sind ziemlich schnell zahlreiche interkommunale Regelungen zustande gekommen, die sich vielfach auch mit den Aufgaben der Raumordnung befassen (siehe Abschn. I./6.). Man könnte sagen, daß durch die große Anzahl und den Charakter dieser Regelungen tatsächlich eine Art vierte Verwaltungsschicht zwischen den Gemeinden und den Provinzen zu entstehen begann. Dies gab verstärkten Anlaß zu dem Wunsch, die interkommunale Ebene verwaltungsmäßig zu ordnen und zu gestalten durch die Bildung von sogenannten *„Gewesten"*.

Schon 1969 berichtete die Regierung in einer an das Parlament gerichteten Note[84] daß sie für große Teile des Landes die Einsetzung solcher Körperschaften, anschließend an die allenthalben durch die Gemeinden gebildeten allgemeinen Verbände, für erwünscht hielt. Ein darauf zielender Entwurf wurde 1971 eingebracht[85], aber aufgrund der Kritik in der Zweiten Kammer 1973 wieder zurückgezogen. Die Kritik galt insbesondere dem Umstand, daß der Entwurf die „Gewesten" zu sehr als Aufgabe der freien Zusammenarbeit zwischen den Gemeinden betrachtete.

In der Note über die Verwaltungsorganisation betonte die Regierung den starken Zusammenhang zwischen Raumordnung und Verwaltungsorganisation und kündigte die Verfassung einer *„Strukturskizze für die Neueinteilung der Verwaltungseinheiten"* an, in der die Gebietseinteilung der „Gewesten" dargelegt werden sollte. Diese Strukturskizze erschien Ende 1974 als amtlicher Vorentwurf[86]. Sie gibt eine Einteilung der Niederlande in 44 Gebietseinheiten. Ausgangspunkte dieser Einteilung waren:

— die heutigen gesellschaftlichen (zentralörtlichen) und verwaltungsmäßigen Zusammenhänge,

— die zu erwartenden räumlichen Entwicklungen.

Weiter wird die Übertragung kommunaler Befugnisse, namentlich im Bereich der räumlichen Entwicklung, auf die zu bildenden Einheiten vorausgesetzt.

---

[84] Sitzung 1969/1970, Nr. 10310.
[85] Nr. 11246.
[86] Concept-structuurschets voor de bestuurlijke indeling, 1974.

2.2. Neugliederung in Provinzen

Bei der parlamentarischen Behandlung des Haushalts 1975 äußerte eine Mehrheit in der Zweiten Kammer scharfe Kritik an der langsamen Vorbereitung der Verwaltungsreform. Man befürwortete eine weitergehende Übertragung staatlicher Aufgaben an die unteren Behörden, eine bessere Finanzregelung und eine klare Ordnung der gesamten Verwaltung. Für die anzustrebende Gebietseinteilung gab man im Vergleich mit der Strukturskizze einer kleineren Anzahl von verhältnismäßig großen „Gewesten" den Vorzug. Einem bei dieser Behandlung gestellten Antrag Folge leistend, hat die Regierung Mitte 1975 den Vorentwurf eines *Gesetzes zur Reform der Inneren Verwaltung* („Wet Reorganisatie Binnenlands Bestuur") veröffentlicht[87]). Hierin wurde eine aufsehenerregende Änderung der bis jetzt geführten Politik dargelegt. Statt einer Lösung in der Form einer vierten Verwaltungsschicht will die Regierung jetzt eine tiefer eingreifende Reform durch eine fast völlige Neugliederung des Staatsgebietes in 26 (statt 11) Provinzen durchführen, verbunden mit einer gewissen Neuverteilung der öffentlichen Aufgaben über den Staat, die Provinzen neuen Stils und die Gemeinden.

Folgende Gesichtspunkte für diese Wendung sind besonders hervorzuheben:

— Bei der Gliederung der unteren Verwaltungseinheiten ist Raum für eine lokale und eine regionale Schicht. Eine vierte Schicht soll vermieden werden.

— Jede Verwaltungseinheit soll als solche im Volksbewußtsein leben. Voraussetzungen dafür sind u. a. ein breiter Aufgabenbereich, dessen Inhalt die zuständigen Organe wenigstens zum Teil selbst bestimmen können, und weiter eine angemessene Entscheidungsfreiheit bei der Durchführung dieser Aufgaben, die sowohl durch die eigenen Befugnisse als durch eine entsprechende finanzielle Verantwortlichkeit und Unabhängigkeit ermöglicht werden soll (siehe Abschn. I./4.).

— Ein erheblicher Teil der heutigen gemeindlichen Aufgaben soll auf die regionale Verwaltungsebene übergehen, und zwar derart, daß die regionalen Organe (Provinzen) diese in bestimmten Fällen wieder in Mitverwaltung an Gemeinden delegieren können.

— Die Größe der Gebietseinheiten auf jeder Verwaltungsebene soll auf die Möglichkeit abgestimmt werden, nicht nur den heutigen zentralisierenden Tendenzen Einhalt zu gebieten, sondern auch die Voraussetzungen für eine weitere Dezentralisation zu schaffen (in diesem Rahmen ist der Übergang gewisser staatlicher Befugnisse auf die neuen Provinzen vorgesehen). Weiter hängt die Gebietsgröße der verschiedenen Einheiten natürlich von der Möglichkeit zur effektiven und zweckmäßigen Durchführung der eigenen bzw. delegierten Aufgaben und von der Möglichkeit zur Identifikation der Bevölkerung mit den Verwaltungseinheiten ab.

Für die *Raumordnung* ist es von großer Bedeutung, daß bei der vorgeschlagenen Verwaltungsreform die Bildung großräumiger Gebietseinheiten, die auf die Maßstäbe der modernen räumlichen Entwicklung abgestimmt sind, verbunden ist mit dem Übergang wichtiger gemeindlicher Aufgaben bei der Planung und Durchführung auf die Provinzen neuen Stils. Eine im Vorentwurf verkörperte Ergänzung des ROG enthält nämlich u. a. folgendes:

— Im Regionalplan können ein oder mehrere Teile der Provinz als „provinziales Widmungsgebiet" ausgewiesen werden;

---

[87]) Sitzung 1974/1975, Nr. 13496.

— Auf Antrag des Provinziallandtages kann die Krone ggf. das ganze Gebiet der Provinz als „provinziales Widmungsgebiet" ausweisen;

— In diesen Fällen gehen die gemeindlichen Befugnisse aufgrund des Teil IV des ROG (Struktur- und Widmungspläne) ganz oder teilweise auf die Provinz über. Für die Gemeinden ist ein Beschwerdeverfahren vorgesehen;

— Wenn die Provinz die Befugnisse nicht ganz übernimmt, kann sie innerhalb der von ihr zu stellenden Grenzen die Ausarbeitung oder Anpassung der Pläne dem Magistrat der Gemeinde überlassen.

Der beabsichtigte Übergang gemeindlicher Aufgaben umfaßt weiter den Bau und die Verwaltung der übergemeindlichen Infrastruktur, wie Verbindungsstraßen, Industrieansiedlungsgelände von übergemeindlicher Bedeutung, Stadtregionparks, Anlagen für den Erholungsaufenthalt, Theater usw., sowie die Verwirklichung durchgreifender Flächenwidmungsänderungen in bestimmten Gebieten (z. B. Bauprojekte von großem Ausmaß).

In diesem Rahmen will die Regierung auch bei der *Bodenpolitik* den Schwerpunkt auf die Provinz verlegen durch darauf zielende Änderungen des ROG und des Enteignungsgesetzes. Dem Provinziallandtag wird es obliegen, den Erwerb, die Verwaltung, das Baureifmachen und die Vergabe von Grundstücken im Interesse der Raumordnung durch die Gemeinde oder die Provinz zu regeln. Er wird ermächtigt, diese Aufgaben in den „provinzialen Widmungsgebieten" von der Provinz übernehmen zu lassen. In diesen Gebieten gehen auch die gemeindlichen Aufgaben bei der Enteignung im Interesse der räumlichen Entwicklung und des Wohnungswesens auf die Provinz über. Schließlich wird die Provinz die Zuständigkeit für die Aufstellung der Erschließungsverordnungen (Art. 42 ROG) übernehmen.

Während die Strukturskizze eine gemeinsame Arbeit des Innenministeriums und der Staatlichen Raumordnungsbehörde darstellte, hat bei der Aufstellung des Vorentwurfes über die Neugliederung in Provinzen auch das Finanzministerium eine wichtige Rolle gespielt. Insbesondere der Wunsch, die unteren Körperschaften wieder nach objektiven Maßstäben finanziell tragfähig zu machen und ihnen eine angemessene eigene Verantwortlichkeit für ihre Finanzen zurückgeben zu können, hat bei der grundsätzlichen Regierungsentscheidung und bei der Ausarbeitung des neuen Gliederungsmodells stark mitgesprochen (siehe Abschn. I./4.). Andererseits stellt sich die Frage, ob man dafür eine eingehende Beschränkung des gemeindlichen Aufgabenbereichs und das Zerschlagen des historisch tief gewurzelten Gefüges der bestehenden Provinzen in Kauf nehmen soll und will.

Zweifelsohne wird hier der Schwerpunkt der jetzt bevorstehenden Diskussion liegen. Der Verband der Niederländischen Gemeinden hat jedenfalls sofort gegen den Vorentwurf scharf Stellung genommen.

3. Bessere Beteiligung der Öffentlichkeit und des Parlaments

Auf eine bessere Beteiligung der Öffentlichkeit bei der Vorbereitung der Raumordnungspolitik bezieht sich die vom damaligen Minister für Wohnungswesen und Raumordnung durch Brief vom 19. 9. 1972 der Zweiten Kammer vorgelegte sogen. „Öffentlichkeitsnote"[88]), die sich stützt auf zwei Gutachten des Beirats für die Raumordnung. Vorher hatte der Rat in einem Gutachten vom 8. 7. 1970[89]) schon Vorschläge für eine bessere Gelegenheit für die Bürger zur Mitsprache („inspraak") bei dem Verfahren auf kommunaler und provinzialer Ebene gegeben. Als Merkmale der „inspraak" wurden dabei hervorgehoben:

a) eine organisierte Gelegenheit für die Bürger, um ihre Ansichten und Gedanken zu Ausgangspunkten und Vorhaben der zu führenden Politik zu äußern;

b) die Möglichkeit einer Diskussion mit den Behörden und deren Fachleuten (das Recht zum Sprechen für die Bürger und die Pflicht zum Anhören für die Behörden);

c) die Aussicht, daß die Ergebnisse auch billigerweise die schließlich von den zuständigen Behörden zu treffenden Entscheidungen beeinflussen werden.

Diese Bemühungen um eine wirksame „inspraak" auf allen Verwaltungsebenen haben sich als notwendig erwiesen, weil sich in vielen Kreisen ein deutliches Unbehagen über die Praxis des gesetzlichen Verfahrens spüren ließ, obwohl es einen öffentlichen Charakter hat und „Jedermann" sich daran beteiligen kann.

Auf der *kommunalen* Ebene wurzelt das Unbehagen insbesondere darin, daß das gesetzliche Verfahren zuviel auf die als Eigentümer Interessierten ausgerichtet ist und zu wenig auf die aktive Beteiligung der Bürger an der Gestaltung ihrer eigenen Umwelt. Die moderne planerische Tätigkeit greift so tief in die gesamte Lebenssphäre der einzelnen Menschen und in die Entfaltung der menschlichen Gesellschaft ein, daß man gerade darüber mitsprechen will. Diese Mitsprache soll sich schon auf die Planungsziele und auf die Wahl zwischen alternativen Lösungen beziehen können.

Die Vorschläge vom Beirat für die Raumordnung schließen sich an Experimente an, die es schon vorher vielerorts gegeben hatte, u. a. durch informelle Kontakte, Veröffentlichung von Vorentwürfen mit Alternativen, öffentliche Aufklärungsversammlungen, Gesprächsgruppen, Umfragen, Anhörungstermine („hearings"), Einbeziehung von Mitgliedern des Gemeinderates (bzw. des Provinziallandtags) bei der Vorbereitung Beteiligung der Bürger bei der Durchführung, usw. All dies muß teilweise dem gesetzlichen Verfahren vorausgehen und im übrigen mit dem Verfahren so verflochten werden, daß weder die privaten Interessen, noch die Verantwortlichkeit der Verwaltungsorgane beeinträchtigt werden. Leider hat es sich gezeigt, daß bei einer eingehenden „inspraak" eine weitere Verlängerung des Verfahrensganges kaum zu vermeiden ist[90]).

Die Regierung hat in ihrer Öffentlichkeitsnote keine allgemeinen gesetzlichen Regelungen für die Mitsprache vorschlagen wollen, weil diese ihrer Meinung nach eher erstarrend als fördernd wirken könnten. Wohl hält sie es für notwendig, daß bei der sog. *Antizipation* auf einen in Entwicklung befindlichen Widmungsplan (siehe Abschn. III./ 3.2.) ein öffentliches Verfahren angewandt wird durch Veröffentlichung der Gesuche um Antizipation und durch Einschaltung des Gemeinderats bei der Entscheidung. Eine dahingehende Änderung des Art. 19 ROG ist in Vorbereitung.

---

[88]) Note über die Beteiligung der Öffentlichkeit bei der Vorbereitung der Raumordnungspolitik (Sitzung 1972, Nr. 12006). Die Gutachten vom Beirat für die Raumordnung (vom 10. 3. 1970 und 1. 12. 1970) wurden als Beilagen veröffentlicht.

[89]) Im Rahmen der parlamentarischen Unterlagen veröffentlicht (Sitzung 1969—1970. Nr. 10773).

[90]) Siehe für Einzelheiten den Bericht „Planung und Öffentlichkeit in den Niederlanden", Mitteilungen der Deutschen Akademie für Städtebau und Landesplanung, München, Dezember 1970.

Bei den raumbedeutsamen Entscheidungen auf der *nationalen* Ebene ist das gesetzliche Verfahren lückenhaft, weil es zu sehr aus dem Gesichtspunkt der Flächenwidmung gesehen wurde (siehe Abschn. III./3.2.). Demzufolge wird der Bürger erst in der kommunalen Planungsphase richtig an der Planung beteiligt. In vielen Fällen ist das zu spät, z. B. wenn eine große neue Hafen- oder Industrieentwicklung schon tatsächlich durch raumbedeutsame national-politische Maßnahmen wie Infrastrukturvorhaben, Industrieförderung und dergl. entschieden wurde. Wenn dann erst nachträglich das Verfahren des Widmungsplanes eingeleitet wird, ist dies wenig mehr als ein Schattenspiel, ganz abgesehen davon, daß ein Kommunalplan nicht den geeigneten Rahmen bildet, um räumliche Probleme von nationaler Bedeutung zur Diskussion zu stellen. Hier braucht man eigene Verfahrensvorschriften, durch die nicht nur den Bürgern, sondern in wichtigen Fällen auch dem Parlament eine angemessene Mitsprache gewährt wird.

In der Öffentlichkeitsnote wird für diese nationalen Entscheidungen (z. B. über den Bau von Straßen, Fernleitungen, militärischen Übungsgeländen, Wasserspeichern) im allgemeinen folgendes vorausgesetzt: es muß ein interministerielles Rückspracheverfahren durchgeführt werden mit dem Ziel, die zu treffende Entscheidung an den Zielsetzungen der Raumpolitik zu prüfen; mit Provinzen und Gemeinden muß Rücksprache erfolgen, die eine gegenseitige Anpassung der zu treffenden Entscheidung mit den Regional-, Struktur- und Widmungsplänen zum Ziele hat; der jeweiligen Entscheidung muß in allen Fällen eine Veröffentlichung des Vorhabens vorausgehen, damit die Gesellschaft die Möglichkeit hat, durch Mitsprache und öffentliche Diskussion („inspraak") Einfluß auf die Entscheidung auszuüben.

Für sog. *raumordnerische Kernentscheidungen* auf nationaler Ebene wird ein Sonderverfahren vorgesehen. Darunter versteht man:

a) Entscheidungen und Stellungnahmen zu Leitlinien und Grundsätzen, die im Hinblick auf die nationale Raumpolitik von allgemeinem Interesse sind.

b) Entscheidungen über konkrete Vorhaben, die für die nationale Raumpolitik von Bedeutung sind und von den feststehenden Leitlinien und Grundsätzen abweichen.

c) Entscheidungen über konkrete Vorhaben, die für die nationale Raumpolitik von Bedeutung sind und den festzustellenden Leitlinien und Grundsätzen vorgreifen[91]).

In diesen Fällen enthält das Verfahren die folgenden Elemente:

— bei den vorbereitenden Beratungen wird der Staatliche Raumordnungsausschuß beteiligt (siehe Abschn. IV./3.1.);

— die Rücksprache mit Provinzen und Gemeinden hat das Ziel, die zu treffende staatliche Entscheidung und die Regional-, Struktur- und Widmungspläne in Einklang zu bringen;

---

[91]) Inzwischen hat dieses Verfahren Anwendung gefunden für die „Orientierungsnote". Dies wird auch geschehen für die folgenden Teile des Dritten Raumordnungsberichts, alle aufzustellenden „Strukturschemas" (wie Verkehr und Beförderung, Wasserstraßen, Flughäfen, Elektrizitätsversorgung, Fernleitungen, Wasserhaushalt, Trink- und Industriewasserversorgung, Landeinrichtung, Übungsplätze, Wohnungsbau, Seehäfen), die Strukturskizzen für die ländlichen Gebiete und für die Verstädterung, die Nationalparks und die Entscheidungen über den Bau und die Lage eines zweiten nationalen Flughafens, die Trockenlegung des letzten IJsselseepolders (Markerwaard) und die Grundsätze für die Entwicklung des Wattenmeeres (siehe über die Strukturskizzen und Strukturschemas Abschn. II./7.).

— auf der Basis der Beratungsergebnisse im Rat für die Raumordnung des Ministerrats (siehe Abschn. IV./4.2.) wird eine vorläufige Entscheidung getroffen, die in der Form eines Vorhabens veröffentlicht wird und zu dem jedermann Stellung nehmen kann;
— in der anschließenden Mitsprachephase wird außer eventuellen anderen Beratungsgremien in jedem Fall der Beirat für die Raumordnung beteiligt (siehe Abschn. IV./2.)
— die anschließende endgültige Entscheidung wird der Zweiten Kammer der Generalstaaten mitgeteilt, welche die Möglichkeit hat, sich hierüber auszusprechen.

Dieses Sonderverfahren wird jetzt versuchsweise angewandt und wird später ins Raumordnungsgesetz aufgenommen. Wenn die raumordnerische Kernentscheidung sich auf Vorhaben bezieht, für die bereits eine Regelung gilt (z. B. aufgrund des Luftverkehrsgesetzes, des Flurbereinigungsgesetzes usw.) erhält das neue Verfahren den Charakter eines ergänzenden Verfahrens, wobei die obengenannten Elemente als „raumordnerische Injektionen" in die gültige Regelung eingefügt werden.

4. Verstärkung des staatlichen Einflusses

Die in den Niederlanden traditionell stark dezentralisierte Verwaltungsstruktur hat im Planungsrecht einen kräftigen Akzent auf die Verantwortlichkeiten der Gemeinden und der Provinzen gelegt (siehe Abschn. I./3.). Allmählich führt die Entwicklung aber zu einer größeren Verantwortlichkeit des Staates. Dabei spielen eine Rolle:

— die Verstärkung der internationalen Zusammenhänge;
— der größere Umfang der Verstädterung, der Industrialisierung, der Kommunikation usw.;
— der zunehmende Mangel an Raum, Wasser, reiner Luft und unberührten Naturgebieten in unserem dicht besiedelten Land;
— das zunehmende Bedürfnis nach finanzieller Unterstützung des Staates bei der Lösung lokaler und regionaler Probleme auf den Gebieten der Städteerneuerung, der öffentlichen Beförderung, der Arbeitsplatzbeschaffung usw.

Durch diese Umstände entstand eine lebhafte Diskussion über die Frage, ob die übergeordnete Planung, soweit sie von der Flächenwidmung abhängt, auf die Kommunalpläne angewiesen bleiben darf und ob das System der Weisungen noch hinlängliche Möglichkeiten zur Berichtigung enthält. Seitens des Umweltschutzes stellt man z. B. die Frage, ob nicht allgemeingültige Regeln zu erstellen sind für Wohnungsbau innerhalb einer bestimmten Entfernung von Flugplätzen, Autobahnen, Industriegebieten und derartigen umweltbelastenden Elementen. Seitens der Bergbaubetriebe stellt man die Frage, ob die Gewinnung knapp werdender Grundstoffe wie Erdgas und Öl von kommunalen Widmungsplänen abhängig bleiben darf. In dichtbevölkerten Teilen des Landes kommt die Frage auf, ob die Industrieansiedlung mit allen ihren Konsequenzen auf dem Gebiete des Arbeitsmarkts, des Verkehrs- und Beförderungswesens usw. nicht einer stärkeren zentralen Kontrolle zu unterwerfen ist. Anhand dieser und anderer Fragen wurde das Verhältnis zwischen zentraler und dezentralisierter Planung ein wichtiges Problem.

Bis jetzt war die Folgerung aus der Diskussion nicht, daß der Staat selbst die Zuständigkeit für die Widmungspläne übernehmen sollte. Auch in der Öffentlichkeitsnote stellt die Regierung nachdrücklich fest, daß namentlich der gegenseitige Zusammenhang der Widmungsregelungen in einem bestimmten Gebiet am vollständigsten von der lokalen Verwaltung beurteilt werden könne. Auch bei Anerkennung dieses fundamentalen Rechts des dezentralisierten Systems ergeben sich jedoch einige Symptome eines stärkeren staatlichen Einflusses.

a) Das in der Öffentlichkeitsnote angekündigte Verfahren für raumordnerische Kernentscheidungen (Abschn. VI./3.) wird, soweit diese Entscheidungen die Bebauung bestimmter Bodenflächen unmittelbar beeinflussen, die Möglichkeit der Entscheidung durch die Gemeinden verringern. Das neue Verfahren auf nationaler Ebene richtet sich hauptsächlich auf die politische Prüfung der einschlägigen Entscheidung. Diese kann in dem anschließenden Widmungsplanverfahren nicht mehr zur Diskussion gestellt werden. Die Gemeinde behält aber noch eine gewisse Möglichkeit zur Entscheidung hinsichtlich der Ausarbeitung von Einzelheiten (z. B. der genauen Umgrenzung eines militärischen Übungsgeländes), im Hinblick auf die Beurteilung des lokalen Zusammenhangs und der Interessen der Beteiligten.

b) Einige Gesetze, die vorbereitet werden, namentlich das Gesetz über Rahmenpläne für die Trinkwasserversorgung und das Gesetz zur Änderung des Luftverkehrsgesetzes (siehe Abschn. III./4.f) gehen davon aus, daß der Staat bei der Ausweisung von Wassergewinnungsgebieten bzw. Flugplätzen Zonen mit bestimmten Benutzungskonsequenzen ausweisen kann, die ohne weiteres in einen Widmungsplan aufzunehmen sind.

c) Die Absicht besteht, dem Minister die Befugnis zu erteilen, den Gemeinden direkt Weisungen in bezug auf den Inhalt von Widmungsplänen zu geben. Wie in Abschn. III./3.4. berichtet wurde, ist dies zur Zeit nur möglich im Wege einer Weisung über den Inhalt eines Regionalplans. Die direkte Weisung an eine Gemeinde kann z. B. als Folge einer raumordnerischen Kernentscheidung notwendig sein.

d) Ein anderes Symptom des zunehmenden Einflusses des Staates ist das Gesetz zur Steuerung der Investitionen. Aufgrund dieses Gesetzes kann für bestimmte Investitionen (namentlich Industrien und Bürohäuser) im Westen des Landes eine Genehmigung des Wirtschaftsministers und des Ministers für Wohnungswesen und Raumordnung gefordert werden (siehe Abschn. III./4.c).

Diesen Symptomen einer Verstärkung des staatlichen Einflusses steht eine Tendenz gegenüber, die die denzentralisierte Struktur der Raumordnung geradezu unterstreicht, nämlich die zunehmende Bereitschaft des Staates, die Regionalpläne der Provinzen auch in der Verwaltungspraxis als Integrationsrahmen aller räumlich relevanten Maßnahmen anzuerkennen. Dies ist namentlich für staatliche Maßnahmen wichtig, die räumlich stark strukturwirksam sind, wie der Bau von Straßen und Fernleitungen, die Durchführung von Flurbereinigungen und sonstigen Landeinrichtungsplänen. Bei der Vorbereitung des Fernleitungengesetzes und des Landeinrichtungsgesetzes spielt diese Präponderanz des Regionalplans eine wichtige Rolle.

Wenn die Verwaltungsreform im jetzt von der Regierung vorgeschlagenen Sinn zustande käme (siehe Abschn. VI./2.2.) würde das die Stellung der Provinzen neuen Stils noch mehr verstärken.

5. Vom Bodennutzungsrecht zum Raumordnungsrecht

Das Raumordnungsrecht hat sich aus dem Bodennutzungsrecht entwickelt. Auch der Nationalplan, der in den vierziger Jahren in der niederländischen Gesetzgebung erschien, war im wesentlichen noch ein Bodennutzungsplan (siehe Abschn. II.). Das Raumordnungsgesetz 1962 weist noch Spuren dieser Herkunft auf, weil sich mindestens 54 der 73 Artikel dieses Gesetzes fast ausschließlich auf die Aufstellung, die Handhabung und Durchführung der Widmungspläne beziehen. Die im Abschn. III/3.1. erwähnte Entwicklung der übergemeindlichen Planung in der Richtung langfristiger Entwicklungsplanung wirkt sich noch verhältnismäßig wenig im Raumordnungsgesetz aus.

Inzwischen schritt die Planungspraxis fort. Die hier dargestellte Wesensänderung der Raumordnung bringt nämlich auch eine Änderung im Verhältnis des Raumordnungsgesetzes zu anderen Gesetzen mit sich. Nach der alten Auffassung hatte die Regelung der Bodennutzung überwiegend einen passiven Charakter: Aktionen aufgrund von anderen Gesetzen machten noch die Anpassung der Regelung der Bodennutzung erforderlich. Nach moderner Auffassung ist die Folge umgekehrt. Die Raumordnung ist ein Aspekt („facet") der Frage, ob, und wenn ja, wie Maßnahmen aufgrund anderer Gesetze zu treffen sind, wie dies auch der Fall ist bei der wirtschaftlichen und der sozial-kulturellen Planung. In diesem Sinne stellt die Raumordnung einen bestimmten Aspekt der Gesamtpolitik dar, der die verschiedenen Fachgebiete („sectoren") der Verwaltung miteinander verknüpft, und zwar den räumlichen Aspekt (siehe Abschn. II./7.).

Diese moderne Auffassung, wodurch die Raumordnung in die Anwendung zahlloser anderer Gesetze eindringt, zeigt sich im ROG erst vereinzelt, nämlich in:

— Art. 2[3]: die Krone kann nationale „facetplannen" (Pläne für bestimmte Teilaspekte) aufstellen (siehe Abschn. III./3.1.)[92]);
— Art. 3[1]: der Staatliche Raumordnungsausschuß wird zu allen Maßnahmen und Plänen, die für die Raumordnungspolitik der Regierung von Bedeutung sind, gehört (siehe Abschn. IV./4.2.).

Insbesondere die letztere Bestimmung hat sich für die Raumordnungspraxis als sehr wichtig gezeigt.

Die Öffentlichkeitsnote und die Aufstellung von Strukturskizzen und Strukturschemas sind weitere Schritte auf diesem Wege. Das Verfahren für raumordnerische Kernentscheidungen — namentlich das am Schluß des Abschn. IV./3. angeführte ergänzende Verfahren — bedeutet, daß die Raumordnung auf die Verfahren für räumlich relevante Entscheidungen aufgrund zahlloser anderer Gesetze Einfluß bekommt. Wie sich diese Entwicklung auf die künftige Gesetzgebung auswirken soll, wird einen Hauptgegenstand der oben (Abschn. VI./1.) erwähnten Studie bilden.

6. Übersicht der angekündigten Änderungen des ROG

In Erwartung einer eventuellen völligen Neufassung hat die Regierung in den Budgetunterlagen 1975[93]) die folgenden Änderungen im ROG angekündigt:

1. Zunächst Einführung der Möglichkeit direkter ministerieller Weisungen an die Gemeinden über den Inhalt der Widmungspläne (siehe Abschn. VI./4.), Ergänzung des Art. 65 über die ministerielle Befreiung von Planvorschriften (siehe Abschn. III./ 3.4.) und Bezeichnung der „facetplannen" als Sektorpläne (siehe Abschn. VI./5.).

---

[92]) In der heutigen Terminologie sollen diese Pläne statt „facetplannen" weiterhin als „sectorplannen" bezeichnet werden. Eine diesbezügliche Änderung des ROG ist vorgesehen.
[93]) Sitzung 1974—1975, Nr. 13100 XI. 2, S. 40/41.

2. Nachher Beseitigung von Engpässen im Gesetz als Instrument der Raumordnungspolitik, u. a. durch

— Verkürzung des Verfahrens für die Widmungspläne (siehe Abschn. III./3.1. und III./3.2.),

— Revision der Befreiungs- und Antizipationsmöglichkeiten (siehe Abschn. III./3.2. und die Art. 15, 17, 18 und 19 ROG in Verbindung mit Art. 50[8] Wohnungsgesetz und Art. 46[8] ROG),

— Einführung der Möglichkeit, eine Befreiung oder Antizipation von Staats wegen zu suspendieren, wenn diese dritte Beteiligte unverhältnismäßig beeinträchtigt.

3. Bessere Beteiligung der Öffentlichkeit durch

— Verfahrensvorschriften für raumordnerische Kernentscheidungen (siehe Abschn. VI./3.),

— Einführung der Verpflichtung zum Anhören der Beteiligten, die im gemeindlichen Verfahren Einwendungen gegen einen Widmungsplanentwurf erhoben haben (siehe Abschn. III./3.2.),

— Vorschriften für ,,inspraak'' und Beratung bei Anwendung von Art. 11 ROG (siehe Abschn. III./3.2.).

Seitdem hat der Minister beschlossen, diese Vorschläge in *einem* Gesetzentwurf zusammenzufassen, aber den Gesetzentwürfen über die Stadterneuerung (siehe Abschnitt III./4.d) und die Bodenpolitik (siehe Abschn. V./7.) den Vorrang zu geben. Dies bedeutet, daß die Änderungen des ROG nicht auf kurze Frist zu erwarten sind.

Inzwischen ist auch im Rahmen der vorgeschlagenen Verwaltungsreform eine Ergänzung des ROG angekündigt (siehe Abschn. VI./2.2.).

Anlage A: Text des Raumordnungsgesetzes (ROG)

Königreich der Niederlande

Raumordnungsgesetz

(Wet op de Ruimtelijke Ordening)[1]

(Gesetz vom 5. Juli 1962 — Staatsblad 286 —,
geändert durch Gesetz vom 20. April 1964
— Staatsblad 221 — in der Fassung der Bekanntmachung vom 23. Juni 1964 — Staatsblad 222, —,
geändert durch Gesetz vom 24. Dezember 1970
— Staatsblad 612 — und durch Gesetz vom 27. Oktober 1972
— Staatsblad 578 —[2])

· Wir, Juliana, von Gottes Gnaden, Königin der Niederlande, Prinzessin von Oranien-Nassau, usw. usw. usw.,

grüßen alle, die dieses sehen oder lesen hören werden, und lassen sie wissen:

Nachdem Wir erwogen haben, daß es erforderlich sei, durch Gesetz neue Vorschriften über die Raumordnung zu erlassen, haben Wir, nach Anhörung des Staatsrates und nach gemeinschaftlicher Erwägung mit den Generalstaaten, das folgende für richtig befunden und Uns dazu verstanden, es erlassen zu wollen, gleich wie Wir es noch immer für richtig befinden und Uns nun dazu verstehen, es zu erlassen:

Teil I

Begriffsbestimmung

Artikel 1

„Unser Minister" im Sinne dieses Gesetzes ist der für die Raumordnung zuständige Minister.

Teil II

Raumordnungspolitik der Staatsregierung

Artikel 2

(1) Unser Minister veranlaßt das Erforderliche, um die Festlegung der Regierungspolitik in bezug auf die Raumordnung vorzubereiten. Die Ergebnisse der Vorbereitung werden, soweit es das öffentliche Interesse gestattet, veröffentlicht.

---

[1] „Ruimtelijke Ordening" wird mit der sprachlich gleichartigen Wortbildung „Raumordnung" übersetzt. Es ist jedoch zu beachten, daß die beiden Worte in bezug auf den Umfang ihres Begriffsinhalts nicht die gleiche Bedeutung haben. Siehe Einführung, Seite IX ff.

[2] Deutsche Übersetzung: J. H. Walter Richter, Recklinghausen.

(2) Jährlich läßt Unser Minister der Zweiten Kammer der Generalstaaten mit dem Einbringen des Staatshaushaltes einen Bericht über die von der Regierung hinsichtlich der Raumordnung geführte Politik zukommen.

(3) Wir können nach Anhörung des Staatlichen Raumordnungsausschusses für bestimmte Teilaspekte der nationalen Raumordnungspolitik Pläne festlegen. Von diesen Plänen werden die Generalstaaten unterrichtet. Mit der Ausführung dieser Pläne wird innerhalb einer Frist von sechs Monaten nach ihrer Mitteilung nicht begonnen, es sei denn, die beiden Kammern der Generalstaaten haben von dieser Mitteilung vor Ablauf der Frist Kenntnis genommen und keine Einwendungen erhoben.

Artikel 3

(1) Über Maßnahmen und Planungen, die für die Raumordnungspolitik der Regierung von Bedeutung sind, hören Unsere Minister, die für die beabsichtigten Maßnahmen und Planungen verantwortlich sind, zuvor den Staatlichen Raumordnungsausschuß.

(2) Wir können durch Rechtsverordnung zulassen, daß unter den von dieser Verordnung bestimmten Voraussetzungen oder uneingeschränkt von den Vorschriften des Absatzes 1 abgewichen werden darf.

Teil III
Regionalpläne

Artikel 4

(1) Der Provinziallandtag kann für einen oder mehrere Teilräume oder für das Gesamtgebiet der Provinz einen Regionalplan aufstellen, in dem die zukünftige Entwicklung des vom Plan erfaßten Gebietes in ihren Grundzügen dargestellt wird, sowie einen bestehenden Regionalplan ändern. Ein Regionalplan dient als Grundlage für Weisungen im Sinne des Artikels 37 Absatz 3.

(2) Der Provinzialausschuß ist für die Vorbereitung zuständig. Hierbei hört er den Provinzialen Raumordnungsausschuß und setzt sich mit allen durch den Plan betroffenen Gemeinden ins Benehmen.

(3) Der Entwurf eines Regionalplanes ist zwei Monate lang in der Provinzialverwaltung und in den Gemeindeverwaltungen, über deren Gebiet sich der Plan erstrecken wird, zu jedermanns Einsicht auszulegen.

(4) Der Provinzialausschuß zeigt die Auslegung im voraus im Niederländischen Staatsanzeiger und in einer oder mehreren in der Provinz verbreiteten Tages- oder sonstigen Zeitungen an. Der Bürgermeister jeder Gemeinde, auf deren Gebiet sich der Plan bezieht, macht die Auslegung außerdem ortsüblich bekannt. In den Anzeigen und Bekanntmachungen ist auf die Befugnis, Einwendungen zu erheben, hinzuweisen.

(5) Während der in Absatz 3 genannten Frist kann jedermann gegen den Entwurf schriftlich beim Provinziallandtag Einwendungen erheben. Innerhalb von vier Monaten nach Ablauf dieser Frist stellt der Provinziallandtag den Regionalplan auf. Er kann seine Entscheidung nur einmal höchstens zwei Monate aufschieben. Wenn gegen den Entwurf Einwendungen erhoben worden sind oder bei der Aufstellung des Planes vom Entwurf, wie er ausgelegen hat, abgewichen wird, ist der Beschluß zu begründen.

(6) Ein Regionalplan ist nach der Aufstellung in der Provinzialverwaltung und in den Gemeindeverwaltungen, auf deren Gebiet er sich bezieht, zu jedermanns Einsicht auszulegen. Die Auslegung wird in der in Absatz 4 bezeichneten Weise bekanntgemacht. Der Regionalplan tritt am Tage nach der Auslegung in Kraft.

(7) Beschlüsse über Aufstellung, Änderung, Revision oder Aufhebung eines Regionalplanes werden Unserem Minister mitgeteilt.

(8) In einem Regionalplan kann bestimmt werden, daß der Provinzialausschuß unter Beachtung der im Plan enthaltenen Grundsätze befugt ist,

a) den Plan im einzelnen auszugestalten,
b) vom Plan abzuweichen.

88

(9) Wir können durch Rechtsverordnung Vorschriften über Vorbereitung, Form und inhaltliche Gestaltung von Regionalplänen erlassen.

Artikel 5

Ein Regionalplan wird, vorbehaltlich einer von Uns für höchstens 10 Jahre gewährten Befreiung davon und unbeschadet der Bestimmung des Artikels 6, mindestens einmal in zehn Jahren revidiert.

Artikel 6

Wir können den Provinziallandtag verpflichten, innerhalb einer von Uns festzusetzenden Frist einen Regionalplan aufzustellen oder zu ändern. Bevor Unser Minister Uns einen entsprechenden Vorschlag macht, hört er den Staatlichen Raumordnungsausschuß.

Teil IV

Raumordnungsmaßnahmen der Gemeinden

Abschnitt 1

Strukturpläne[3])

Artikel 7

(1) Der Gemeinderat kann für das Gemeindegebiet einen Strukturplan aufstellen, in dem die zukünftige Entwicklung der Gemeinde dargestellt wird.

(2) Der Gemeinderat kann in Zusammenarbeit mit den Gemeinderäten angrenzender Gemeinden für das Gebiet der beteiligten Gemeinden einen Strukturplan aufstellen, in dem die zukünftige Entwicklung dieser Gemeinden dargestellt wird.

Artikel 8

Bevor ein Strukturplan aufgestellt wird, ist der Entwurf einen Monat lang auf der Gemeindeverwaltung zu jedermanns Einsicht auszulegen. Die Auslegung wird in der in Artikel 23 Absatz 2 bestimmten Weise bekanntgemacht. Artikel 23 Absatz 3 und Artikel 24 sind entsprechend anzuwenden.

Artikel 9

Der Strukturplan wird nach seiner Aufstellung dem Provinzialausschuß und dem Inspekteur für Raumordnung mitgeteilt und ist auf der Gemeindeverwaltung zu jedermanns Einsicht auszulegen. Die Auslegung wird in der in Artikel 23 Absatz 2 bestimmten Weise bekanntgemacht.

Abschnitt 2

Widmungspläne[4])

Artikel 10

(1) Für das Gebiet der Gemeinde, das nicht zu im Zusammenhang bebauten Ortsteilen gehört, hat der Gemeinderat einen Widmungsplan aufzustellen, in dem, soweit dies für eine sinnvolle Raumordnung erforderlich ist, die Zweckbestimmung der vom Plan erfaßten Flächen festgelegt wird und erforderlichenfalls im Zusammenhang mit dieser Zweckbestimmung Vorschriften über die Nutzung der vom Plan erfaßten Flächen und der darauf befindlichen Baulichkeiten gemacht werden. Diese Vorschriften dürfen nur aus dringenden Gründen eine Beschränkung der zweckmäßigsten Nutzung einschließen und dürfen keine Anforderungen in bezug auf die Struk-

---

[3]) Diese Pläne kommen den Flächennutzungsplänen gemäß § 5 BBauG am nächsten.
[4]) Diese Pläne kommen den Bebauungsplänen gemäß § 9 BBauG am nächsten.

tur landwirtschaftlicher Betriebe enthalten. Unter Flächen werden auch Wasserflächen verstanden.

(2) Für das Gebiet der Gemeinde, das zu im Zusammenhang bebauten Ortsteilen gehört, oder für einen Teil davon kann der Gemeinderat einen Widmungsplan im Sinne des vorigen Absatzes aufstellen.

(3) Der Provinzialausschuß kann für eine von ihm zu bestimmende Frist von der in Absatz 1 genannten Verpflichtung entbinden.

Artikel 11

(1) Sofern in einen Widmungsplan Flächen einbezogen sind, die in der nächsten Zukunft zur Bebauung anstehen, kann in dem Plan bestimmt werden, daß der Magistrat gemäß den Grundsätzen, die im Plan selbst anzugeben sind, den Plan im einzelnen rechtsverbindlich auszugestalten hat und daß er innerhalb der im Plan zu bestimmenden Grenzen den Plan abändern kann.

(2) Die in Absatz 1 genannten Befugnisse können auch hinsichtlich anderer als der in jenem Absatz bezeichneten Flächen dem Magistrat übertragen werden.

(3) Der Magistrat übt die in diesem Artikel genannten Befugnisse soweit wie möglich nach Erörterung mit den Beteiligten aus. Seine Beschlüsse bedürfen der Genehmigung des Provinzialausschusses.

(4) Bevor der Provinzialausschuß entscheidet, gibt er dem Inspekteur für Wohnungswesen Gelegenheit zur Stellungnahme, es sei denn, daß durch den Beschluß keine Belange des Wohnungswesens berührt werden.

(5) Der Provinzialausschuß entscheidet innerhalb von zwei Monaten nach Eingang des Beschlusses. Er kann seine Entscheidung einmal um höchstens einen Monat aufschieben.

(6) Der Beschluß gilt als genehmigt, wenn der Provinzialausschuß dem Magistrat innerhalb der in Absatz 5 gesetzten Frist weder eine Entscheidung noch eine Nachricht über einen Aufschub der Entscheidung oder, vor Ablauf der Frist, um die seine Entscheidung verschoben ist, keine Entscheidung zugeleitet hat.

(7) Gegen die Versagung der Genehmigung kann der Magistrat innerhalb eines Monats, nachdem die Entscheidung abgegangen ist, bei Uns Beschwerde einlegen.

(8) Vorschriften des Magistrats im Sinne dieses Artikels gelten als Teil des Planes mit der Maßgabe, daß sie, solange und soweit die Zweckbestimmung noch nicht verwirklicht ist, in der gleichen Weise geändert werden können, in der sie zustande gekommen sind.

Artikel 12

(1) In einem Widmungsplan können für eine darin festzusetzende Frist
a) vorläufige Zweckbestimmungen festgelegt werden,
b) vorläufige Nutzungsregelungen im Sinne des Artikels 10 gemacht werden.

(2) Der Gemeinderat kann mit Genehmigung des Provinzialausschusses die Frist verlängern.

Artikel 13

(1) In einem Widmungsplan können, soweit er Flächen betrifft, deren Nutzung vom Plan abweicht, ein oder mehrere Teile ausgewiesen werden, für die die Verwirklichung des Planes in der nächsten Zukunft als notwendig gilt.

(2) In einem Widmungsplan kann bestimmt werden, daß die Gemeinde mit der Verwirklichung eines oder mehrerer seiner Teile erst nach einem im Plan festzusetzenden Zeitpunkt beginnen darf.

Artikel 14

In einem Widmungsplan kann bestimmt werden, daß es verboten ist, innerhalb eines im Plan zu bezeichnenden Gebietes bestimmte Vorhaben, die keine Bauvorhaben sind, oder bestimmte

Tätigkeiten ohne oder abweichend von einer schriftlichen Genehmigung des Magistrats (Anlagegenehmigung) auszuführen, soweit dies erforderlich ist:

a) um zu verhindern, daß die Eignung eines Geländes für die Verwirklichung der im Plan festgelegten Zweckbestimmung gemindert wird,

b) zur Aufrechterhaltung und zum Schutze einer verwirklichten Zweckbestimmung im Sinne des Buchstaben a.

Artikel 15

(1) In einem Widmungsplan kann bestimmt werden, daß der Magistrat unter Beachtung der im Plan enthaltenen Grundsätze befugt ist,

a) von Vorschriften, die im Plan zu bezeichnen sind, Befreiungen zu erteilen,

b) hinsichtlich von im Plan bestimmten Punkten die Anforderungen im einzelnen festzulegen.

(2) Im Plan kann bestimmt werden, daß die Befreiung von bestimmten Vorschriften nur erteilt werden darf, wenn die Erklärung des Provinzialausschusses vorliegt, daß er gegen die Befreiung keine Einwendung erhebe.

(3) Mit einer Befreiung im Sinne des Absatzes 1 Buchstabe a dürfen nur Bestimmungen zum Schutze der Belange verbunden werden, um derentwillen die Vorschriften, von denen eine Befreiung erteilt wird, in den Plan aufgenommen worden sind.

Artikel 16

In einem Widmungsplan kann für bestimmte Vorhaben, die innerhalb bestimmter Gebiete ausgeführt werden sollen, vorgeschrieben werden, daß eine Bau- oder eine Anlagegenehmigung nur erteilt werden darf, wenn die Erklärung des Provinzialausschusses vorliegt, daß er gegen die Erteilung der Genehmigung keine Einwendung erhebe.

Artikel 17

(1) Für Bauten, die der Abhilfe eines zeitweiligen Bedürfnisses dienen, kann der Magistrat für eine Frist von höchstens fünf Jahren von den Vorschriften eines Widmungsplanes Befreiung erteilen, es sei denn, daß die Anwendbarkeit dieses Artikels im Plan ausdrücklich ausgeschlossen worden ist. Artikel 15 Absatz 3 ist entsprechend anzuwenden.

(2) Von jeder Befreiungsgenehmigung übersendet der Magistrat dem Inspekteur für Raumordnung unverzüglich eine Abschrift.

(3) Wir können durch Rechtsverordnung Vorschriften erlassen, die bei der Erteilung von Befreiungen nach diesem Artikel zu beachten sind.

Artikel 18

(1) Für Gewächshäuser und andere durch Rechtsverordnung ihnen gleichzustellende Betriebsgebäude kann der Magistrat für eine gleichzeitig festzusetzende Frist Befreiung von den Vorschriften eines Widmungsplanes erteilen. Artikel 15 Absatz 3 ist entsprechend anzuwenden.

(2) Von jeder Befreiungsgenehmigung übersendet der Magistrat unverzüglich dem Inspekteur für Raumordnung eine Abschrift.

(3) Wir können durch Rechtsverordnung Vorschriften erlassen, die bei der Erteilung von Befreiungen nach diesem Artikel zu beachten sind.

Artikel 19

Für das Gebiet, für das ein Vorbereitungsbeschluß gilt oder für das ein Entwurf für eine Änderung eines Widmungsplanes zur Einsicht ausgelegt ist, kann der Magistrat Befreiung von Vorschriften des geltenden Widmungsplanes erteilen, wenn die Erklärung des Provinzialausschusses vorliegt, daß er gegen die Erteilung der Genehmigung keine Einwendung erhebe. Bevor der Provinzialausschuß diese Erklärung abgibt, hört er den Inspekteur für Raumordnung. Artikel 15 Absatz 3 ist entsprechend anzuwenden.

Artikel 20

Gegen einen Beschluß, der die Anforderungen im einzelnen festlegt, in dem eine Befreiung nur unter besonderen Bestimmungen gewährt wird oder mit dem eine Befreiung versagt wird, kann innerhalb eines Monats, nachdem die Abschrift des Beschlusses abgegangen ist, beim Gemeinderat Beschwerde eingelegt werden.

Artikel 21

(1) Der Gemeinderat kann erklären, daß ein Widmungsplan vorbereitet wird (Vorbereitungsbeschluß). Bei Anwendung des Artikels 37 Absatz 2 hat der Provinzialausschuß die gleiche Befugnis.

(2) Im Vorbereitungsbeschluß wird bestimmt, für welches Gebiet er gilt.

(3) In einem Vorbereitungsbeschluß können Vorschriften im Sinne des Artikels 14 gemacht werden, soweit dies erforderlich ist, um zu verhindern, daß die Eignung eines Geländes für die Verwirklichung der im Plan festgelegten Zweckbestimmung gemindert wird.

(4) Ein Beschluß im Sinne des Absatzes 1 wird unwirksam, wenn nicht innerhalb eines Jahres nach seinem Ausstellungsdatum der Entwurf des Planes zur Einsicht ausgelegt worden ist.

(5) Ist der Vorbereitungsbeschluß in Verbindung mit einem Beschluß im Sinne des Artikels 37 Absatz 2 oder des Artikels 38 ergangen und ist nach Artikel 39 Beschwerde eingelegt worden, dann beginnt die in Absatz 4 genannte Frist erst zu laufen, wenn über die Beschwerde entschieden worden ist.

(6) Ist der Vorbereitungsbeschluß vom Provinzialausschuß erlassen worden, dann kann die in Absatz 4 genannte Frist einmal um ein Jahr verlängert werden.

(7) Gilt der Vorbereitungsbeschluß für ein Gebiet, das zu im Zusammenhang bebauten Ortsteilen gehört und hinsichtlich dessen in einem Strukturplan Zweckbestimmungen vorgesehen sind, dann kann in Abweichung von Absatz 4 in dem Beschluß bestimmt werden, daß der Beschluß unwirksam wird, wenn nicht innerhalb einer in dem Beschluß anzugebenden Frist der Entwurf des Planes zur Einsicht ausgelegt worden ist. Diese Frist darf nicht länger als zwei Jahre bemessen sein und kann höchstens um ein Jahr verlängert werden.

(8) Ein vom Gemeinderat erlassener Vorbereitungsbeschluß, auf den Absatz 7 angewandt worden ist, bedarf der Genehmigung des Provinzialausschusses.

Artikel 22

(1) Vom Tage des Inkrafttretens an ist der Vorbereitungsbeschluß auf der Gemeindeverwaltung zu jedermanns Einsicht auszulegen.

(2) Der Bürgermeister macht die Auslegung unverzüglich im Niederländischen Staatsanzeiger, in einer oder mehreren Tages- oder sonstigen Zeitungen, die in der Gemeinde verbreitet sind, und ferner ortsüblich bekannt. Wir können durch Rechtsverordnung Ausführungsvorschriften über die Bekanntmachung erlassen. Ein Beschluß zur Verlängerung eines Vorbereitungsbeschlusses wird in der gleichen Weise bekanntgemacht.

Artikel 23

(1) Der Entwurf eines Widmungsplanes ist einen Monat lang auf der Gemeindeverwaltung zu jedermanns Einsicht auszulegen.

(2) Der Bürgermeister macht die Auslegung zuvor im Niederländischen Staatsanzeiger, in einer oder mehreren Tages- oder sonstigen Zeitungen, die in der Gemeinde verbreitet sind, und ferner ortsüblich bekannt. Wir können durch Rechtsverordnung Ausführungsvorschriften über die Bekanntmachung erlassen.

(3) Werden im Entwurf eines Widmungsplanes aufgrund Artikel 13 Absatz 1 Flächen ausgewiesen, für die die Verwirklichung des Planes in der nächsten Zukunft als notwendig gilt, dann werden, unbeschadet des in Absatz 2 Bestimmten, diejenigen, die in den Registern des Katasters als Eigentümer oder als Dinglich Berechtigte geführt werden, besonders benachrichtigt.

(4) In der Bekanntmachung ist auf die Befugnis, Einwendungen zu erheben, hinzuweisen.

Artikel 24

Während der in Artikel 23 genannten Frist kann jedermann beim Gemeinderat schriftlich gegen den Entwurf Einwendungen erheben.

Artikel 25

(1) Innerhalb von drei Monaten nach Ablauf der in Artikel 23 genannten Frist entscheidet der Gemeinderat über die Aufstellung des Widmungsplanes. Der Rat kann die Entscheidung einmal um höchstens drei Monate aufschieben.

(2) Wenn gegen den Entwurf Einwendungen erhoben worden sind oder bei der Aufstellung des Planes vom Entwurf, wie er ausgelegt hat, abgewichen wird, ist der Beschluß zu begründen.

Artikel 26

(1) Der Widmungsplan ist nach der Aufstellung einen Monat lang auf der Gemeindeverwaltung zu jedermanns Einsicht auszulegen. Die Auslegung wird in der in Artikel 23 Absatz 2 genannten Weise bekanntgemacht. In der Bekanntmachung ist auf die Befugnis, Einwendungen zu erheben, hinzuweisen.

(2) Der Magistrat teilt denjenigen, die Einwendungen erhoben haben, die Entscheidung darüber mit.

Artikel 27

(1) Diejenigen, die sich rechtzeitig mit Einwendungen an den Gemeinderat gewandt haben, können während der in Artikel 26 genannten Frist beim Provinzialausschuß Einwendungen gegen den Widmungsplan erheben.

(2) Die gleiche Befugnis steht jedermann zu, der Einwendungen gegen Änderungen erhebt, die bei der Aufstellung des Planes im Entwurf vorgenommen worden sind.

Artikel 28

(1) Nach Ablauf der in Artikel 26 genannten Frist wird der Widmungsplan unverzüglich dem Provinzialausschuß zur Genehmigung vorgelegt.

(2) Der Provinzialausschuß entscheidet innerhalb von sechs Monaten nach Eingang des Planes. Vor der Entscheidung hört er den Provinzialen Raumordnungsausschuß und, sofern der Plan dem Schutz eines geschützten Stadt- oder Dorfbildes im Sinne des Denkmalgesetzes dient, den Rat für Denkmalpflege. Es kann die Entscheidung einmal um höchstens sechs Monate aufschieben.

(3) Der Plan gilt als genehmigt, wenn der Provinzialausschuß dem Magistrat innerhalb der in Absatz 2 gesetzten Frist weder eine Entscheidung noch eine Nachricht über einen Aufschub der Entscheidung oder, vor Ablauf der Frist, um die seine Entscheidung verschoben ist, keine Entscheidung zugeleitet hat.

(4) Der Provinzialausschuß entscheidet durch einen begründeten Beschluß. Wenn durch die Entscheidung die Genehmigung ganz oder zum Teil versagt wird, können gleichzeitig Vorschriften im Sinne des Artikels 14 gemacht werden, um zu verhindern, daß die Eignung eines Geländes für die Verwirklichung der im Plan festgelegten Zweckbestimmung gemindert wird.

(5) Der Provinzialausschuß teilt den Beschluß dem Gemeinderat, denjenigen, die Einwendungen erhoben haben, dem Provinzialen Raumordnungsausschuß und dem Inspekteur für Raumordnung mit. Im Falle des Absatzes 3 gibt der Provinzialausschuß denjenigen, die Einwendungen erhoben haben, dem Provinzialen Raumordnungsausschuß und dem Inspekteur Nachricht. Betrifft er einen Plan, der dem Schutz eines geschützten Stadt- oder Dorfbildes im Sinne des Denkmalgesetzes dient, dann unterrichtet der Provinzialausschuß in jedem Falle den Rat für Denkmalpflege.

(6) Der Beschluß des Provinzialausschusses oder, im Falle des Absatzes 3, eine Erklärung des Magistrats in dieser Angelegenheit ist mit dem Widmungsplan einen Monat lang auf der Gemeindeverwaltung zu jedermanns Einsicht auszulegen. Die Auslegung wird in der in Artikel 23 Absatz 2 genannten Weise bekanntgemacht. In der Bekanntmachung ist auf die Befugnis, Beschwerde einzulegen, hinzuweisen.

Artikel 29

(1) Der Gemeinderat, der Inspekteur für Raumordnung und diejenigen, die sich rechtzeitig mit Einwendungen sowohl an den Gemeinderat als auch an den Provinzialausschuß gewandt haben, können während der in Artikel 28 Absatz 6 genannten Frist bei Uns Beschwerde einlegen.

(2) Die gleiche Befugnis steht denjenigen zu, die sich rechtzeitig auf Grund des Artikels 27 Absatz 2 an den Provinzialausschuß gewandt haben und jedem, der Einwendungen gegen die Versagung der Genehmigung durch den Provinzialausschuß erhebt.

(3) Die Beschwerdeschriften sind an Uns zu richten und können bei Unserem Minister eingereicht werden.

(4) Artikel 28 Absatz 4 ist entsprechend anzuwenden.

(5) Unser Minister übersendet je eine Abschrift Unseres Beschlusses dem Provinzialausschuß, dem Gemeinderat und denjenigen, die bei Uns Beschwerde eingelegt haben.

(6) Wenn die eingelegte Beschwerde einen Widmungsplan betrifft, in dem aufgrund des Artikels 13 Absatz 1 Teile ausgewiesen sind, für die die Verwirklichung des Planes in der nächsten Zukunft als notwendig gilt, wird die Beschwerde vor anderen kraft dieses Gesetzes eingelegten Beschwerden behandelt.

Artikel 30

(1) Wenn der Provinzialausschuß oder Wir dem Widmungsplan ganz oder zum Teil die Genehmigung versagen, hat der Gemeinderat innerhalb eines Jahres nach Abgang einer Abschrift des Beschlusses einen neuen Plan aufzustellen, wobei die Entscheidung des Provinzialausschusses oder die Unsere zu beachten ist.

(2) Die Stelle, die über die Genehmigung entscheidet, kann in dieser Entscheidung die in Absatz 1 genannte Frist durch eine andere ersetzen.

(3) Auf Antrag des Magistrats kann der Provinzialausschuß die Fristen im Sinne der Absätze 1 und 2 einmal um höchstens sechs Monate verlängern.

(4) Absatz 1 findet keine Anwendung, wenn in der Entscheidung über den Genehmigungsantrag bestimmt ist, daß kein neuer Plan aufgestellt zu werden braucht.

Artikel 31

Der Widmungsplan ist, nachdem die Genehmigung rechtskräftig geworden ist, auf der Gemeindeverwaltung zu jedermanns Einsicht auszulegen. Die Auslegung wird in der in Artikel 23 Absatz 2 genannten Weise bekanntgemacht.

Artikel 32

Für die Verwirklichung von Widmungsplänen, die der Erneuerung von im Zusammenhang bebauten Ortsteilen dienen, können nach Grundsätzen, die durch Rechtsverordnung aufzustellen sind, Zuschüsse aus Staatsmitteln gewährt werden.

Abschnitt 3
Änderung, Aufhebung und Ausführungsvorschriften

Artikel 33

Ein Strukturplan und ein Widmungsplan sind, vorbehaltlich einer vom Provinzialausschuß auf höchstens 10 Jahre gewährten Befreiung davon und unbeschadet der Bestimmungen des Artikels 37 Absätze 1, 2 und 5, mindestens einmal in 10 Jahren zu revidieren.

Artikel 34

(1) Hinsichtlich der Änderung oder Revision eines Strukturplanes sind die Artikel 8 und 9 entsprechend anzuwenden.

(2) Hinsichtlich der Änderung oder Revision eines Widmungsplanes sind die Artikel 21 und 31 entsprechend anzuwenden.

94

Artikel 35

Der Beschluß, durch den ein Widmungsplan aufgehoben wird, bedarf der Genehmigung des Provinzialausschusses. Bevor der Provinzialausschuß entscheidet, hört er den Provinzialen Raumordnungsausschuß und, sofern der Plan dem Schutz eines geschützten Stadt- oder Dorfbildes im Sinne des Denkmalgesetzes dient, den Rat für Denkmalpflege.

Artikel 36

Wir erlassen durch Rechtsverordnung Ausführungsvorschriften über Vorbereitung, Form und inhaltliche Gestaltung von Strukturplänen und von Widmungsplänen.

Teil V

Aufsichtsbefugnisse

Artikel 37

(1) Der Provinzialausschuß kann nach Anhörung des Provinzialen Raumordnungsausschusses den Gemeinderat verpflichten, innerhalb einer vom Provinzialausschuß zu bestimmenden Frist einen Strukturplan aufzustellen oder zu ändern.

(2) Der Provinzialausschuß kann nach Anhörung des Provinzialen Raumordnungsausschusses den Gemeinderat verpflichten, innerhalb einer vom Provinzialausschuß zu bestimmenden Frist einen Widmungsplan aufzustellen oder zu ändern.

(3) Bei Anwendung des Absatzes 2 kann der Provinzialausschuß nach Anhörung des Provinzialen Raumordnungsausschusses bezüglich des Gebietes, für das ein Regionalplan aufgestellt ist, Weisungen für den Inhalt eines Widmungsplanes geben, soweit übergemeindliche Belange dies erfordern.

(4) Die Gemeinderäte sind verpflichtet, bei Änderung der für ihre Gemeinden geltenden Widmungspläne diese mit den Weisungen im Sinne des vorigen Absatzes in Einklang zu bringen. Soweit die Weisungen sich auf ein Gebiet beziehen, in dem kein Widmungsplan vorliegt, besteht eine entsprechende Verpflichtung, sobald die Gemeinderäte Widmungspläne aufstellen.

(5) Die Gemeinderäte sind verpflichtet, innerhalb eines Jahres vom Tage der Eintragung als geschütztes Stadt- oder Dorfbild gemäß Artikel 21 des Denkmalgesetzes in das für die Gemeinde geltende Register an zum Schutze dieses Stadt- oder Dorfbildes einen Widmungsplan aufzustellen oder zu ändern. Der Provinzialausschuß kann diese Frist einmal um höchstens ein Jahr verlängern.

(6) Der Provinzialausschuß übersendet je eine Abschrift von Beschlüssen im Sinne dieses Artikels der Gemeinde, dem Provinzialen Raumordnungsausschuß, dem Inspekteur für Raumordnung und — falls der letzte Satz des Absatzes 5 angewandt worden ist — dem Rat für Denkmalpflege.

Artikel 38

(1) Unser Minister kann nach Anhörung des Staatlichen Raumordnungsausschusses der Provinz Weisungen für den Inhalt eines Regionalplanes geben. Dabei können, soweit das übergemeindliche Belange erfordern, Vorschriften über den Inhalt der Weisungen gemacht werden, die der Provinzialausschuß in dieser Angelegenheit den Gemeinderäten zu erteilen hat, und Vorschriften für den Erlaß von Vorbereitungsbeschlüssen. Soweit sich diese Weisungen auf Teilbereiche der nationalen Raumordnungspolitik beziehen, für die Pläne im Sinne des Artikels 2 Absatz 3 festgelegt sind, sind sie in Einklang mit diesen Plänen zu erteilen.

(2) Die Provinz ist verpflichtet, innerhalb einer durch Unseren Minister festzusetzenden Frist:

a) den Regionalplan, auf den sich die Weisungen beziehen, mit den Weisungen in Einklang zu bringen,

b) soweit die Weisungen sich auf Gebiete beziehen, für die kein Regionalplan besteht, einen Regionalplan entsprechend den Weisungen aufzustellen,

c) soweit die Weisungen diesbezügliche Vorschriften enthalten, den Gemeinderäten Weisungen im Sinne des Artikels 37 Absatz 3 zu erteilen und Vorbereitungsbeschlüsse zu erlassen.

(3) In dringenden Fällen kann der Provinzialausschuß die letztgenannten Weisungen auch erteilen, bevor der Regionalplan aufgestellt oder geändert ist.

Artikel 39

(1) Gegen Beschlüsse im Sinne des Artikels 37 können der Gemeinderat und der Inspekteur für Raumordnung innerhalb eines Monats nach Abgang der Abschrift im Sinne des Artikels 37 Absatz 6 bei Uns Beschwerde einlegen.

(2) Wenn die Beschwerde eine Weisung betrifft, die zufolge einer Weisung Unseres Ministers im Sinne des Artikels 38 erteilt worden ist, gilt die Beschwerde zugleich als gegen die letztgenannte Weisung gerichtet.

(3) Artikel 29 Absatz 3 ist anzuwenden.

(4) Wird einer Beschwerde ganz oder teilweise stattgegeben, können Wir bestimmen, daß der Provinzialausschuß unter Beachtung Unseres Beschlusses einen neuen Beschluß zu erlassen hat.

Artikel 40

(1) Wenn der Gemeinderat einer Verpflichtung im Sinne des Artikels 30 oder 37 nicht nachkommt, stellt der Provinzialausschuß auf Kosten der Gemeinde den Strukturplan oder den Widmungsplan auf oder ändert ihn. Solange die Bekanntmachung über die Auslegung des Planentwurfs noch nicht erfolgt ist, bleibt der Gemeinderat zur Aufstellung oder Änderung befugt.

(2) Im Falle des vorigen Absatzes finden die Artikel 8 und 9, wenn es einen Strukturplan betrifft, und die Artikel 21—27, 28 Absätze 1, 4 und 5, 30 und 31, wenn es einen Widmungsplan betrifft, entsprechende Anwendung mit der Maßgabe, daß

a) der Provinzialausschuß an die Stelle des Gemeinderates, des Magistrats und des Bürgermeisters tritt,

b) der Provinzialausschuß den Provinzialen Raumordnungsausschuß wie auch, sofern der Plan dem Schutz eines geschützten Stadt- oder Dorfbildes im Sinne des Denkmalgesetzes dient, den Rat für Denkmalpflege hört, bevor er beschließt,

c) Wir an die Stelle des Provinzialausschusses treten.

(3) Wenn gegen den Widmungsplan Einwendungen erhoben worden sind, hören Wir den Staatsrat, Abteilung für Verwaltungsstreitigkeiten, bevor Wir entscheiden.

(4) Eine Planungsmaßnahme, die entsprechend diesem Artikel zustande gekommen ist, gilt als durch den Gemeinderat und, soweit es sich um einen Widmungsplan handelt, mit Genehmigung des Provinzialausschusses getroffen.

Artikel 41

(1) Wenn die Provinz einer Verpflichtung im Sinne des Artikels 6 oder des Artikels 38 Absatz 2 nicht nachkommt, stellen Wir auf Kosten der Provinz den Regionalplan auf oder ändern ihn, erteilen den Gemeinderäten Weisungen oder erlassen Vorbereitungsbeschlüsse.

(2) Ein Beschluß, der gemäß diesem Artikel ergeht, gilt, soweit er die Aufstellung oder Änderung eines Regionalplanes betrifft, als durch den Provinziallandtag, soweit er eine Weisung oder einen Vorbereitungsbeschluß betrifft, als durch den Provinzialausschuß erlassen.

Teil VI

Erschließungsverordnungen

Artikel 42

(1) Der Gemeinderat hat eine Verordnung zu erlassen, in der die Voraussetzungen festgelegt werden, unter denen die Gemeinde bei der Erschließung von Grundstücken, die in nächster Zukunft zur Bebauung anstehen, mitwirken wird (Erschließungsverordnung).

(2) Eine Erschließungsverordnung hat unter anderem Vorschriften darüber zu enthalten,

a) in welchen Fällen und in welcher Weise Maßnahmen, die im öffentlichen Interesse zu treffen sind, davon abhängig gemacht werden, daß Grundstücke an die Gemeinde abgetreten werden,

b) mit welchem Kostenanteil von Maßnahmen im öffentlichen Interesse die Grundstücke zu belasten sind, die von diesen Maßnahmen Vorteil haben, und auf welche Art und Weise diese Kosten auf die genannten Grundstücke umgelegt werden.

(3) Der Provinzialausschuß kann von der Verpflichtung zum Erlaß einer Erschließungsverordnung auf Antrag Befreiung erteilen.

Artikel 43

(1) Die Erschließungsverordnung bedarf der Genehmigung des Provinzialausschusses.

(2) Der Provinzialausschuß hört vor der Entscheidung den Inspekteur für Wohnungswesen.

(3) Die Artikel 230—232 und 235—237 der Gemeindeordnung finden entsprechende Anwendung.

Teil VII

Anlagegenehmigungen

Artikel 44

(1) Die Anlagegenehmigung darf nur und muß versagt werden, wenn

a) das Vorhaben oder die Tätigkeit einem Widmungsplan oder kraft des Planes festgelegten Anforderungen entgegenstehen würde,

b) für das Vorhaben oder die Tätigkeit eine Genehmigung aufgrund des Denkmalgesetzes oder einer provinzialen oder gemeindlichen Denkmalverordnung erforderlich ist und diese nicht erteilt worden ist.

(2) Ein Beschluß, mit dem eine Genehmigung unter besonderen Bestimmungen erteilt, eine Genehmigung versagt oder eine Entscheidung ausgesetzt wird, ist zu begründen. Mit einer Genehmigung dürfen nur solche Bestimmungen verbunden werden, die zum Schutze derjenigen Belange dienen, um derentwillen man zusätzliche Vorschriften in den Widmungsplan aufgenommen hat, nämlich Vorschriften, nach denen bestimmte Vorhaben und Tätigkeiten einer Anlagegenehmigung bedürfen und denen dann die genehmigten Vorhaben oder Tätigkeiten entsprechen müssen.

(3) Der Magistrat übersendet dem Antragsteller und dem Inspekteur für Raumordnung je eine Abschrift des Beschlusses. Wenn sich die Genehmigung auf ein Vorhaben oder eine Tätigkeit in einem Gebiet bezieht, das zu einem geschützten Stadt- oder Dorfbild im Sinne des Denkmalgesetzes gehört, übersendet der Magistrat gleichzeitig eine Abschrift des Beschlusses an den Rat für Denkmalpflege.

(4) Die Genehmigung ist noch nicht wirksam während der Anfechtungsfrist und während des Beschwerdeverfahrens des Artikels 47 Absatz 3.

Artikel 45

Wenn das Vorhaben oder die Tätigkeit nur zufolge einer vorläufigen Zweckbestimmung oder einer vorläufigen Nutzungsregelung zulässig ist, hat der Magistrat entsprechend dem, was im

Widmungsplan über die Dauer der Zweckbestimmung festgelegt ist, in der Genehmigung eine Frist zu setzen, nach deren Ablauf das Ergebnis von Vorhaben oder Tätigkeit beseitigt oder Vorhaben oder Tätigkeit beendet oder auf andere Art mit dem Widmungsplan in Einklang gebracht werden muß. Die Frist kann verlängert werden, wenn und soweit die Dauer der vorläufigen Zweckbestimmung verlängert worden ist.

Artikel 46

(1) Der Magistrat entscheidet über den Antrag auf Anlagegenehmigung innerhalb eines Monats nach Eingang des Antrages.

(2) Abweichend von Absatz 1 hat der Magistrat die Entscheidung auszusetzen, wenn kein Grund vorliegt, die Genehmigung zu versagen, und für das Gebiet, in dem das Vorhaben oder die Tätigkeit ausgeführt werden soll, vor Eingang des Antrages ein Vorbereitungsbeschluß bekanntgemacht, ein Entwurf eines Widmungsplanes oder ein Entwurf für die Änderung eines Widmungsplanes zur Einsicht ausgelegt ist oder ein Widmungsplan aufgestellt oder geändert worden ist.

(3) Die Entscheidung bleibt ausgesetzt, bis der Vorbereitungsbeschluß gemäß Artikel 21 Absatz 4 unwirksam ist, die im Artikel 25 genannte Frist überschritten ist oder über die Genehmigung des Widmungsplanes oder der Änderung eines Widmungsplanes rechtskräftig entschieden worden ist.

(4) Die Entscheidung über die Genehmigung gilt als noch nicht rechtskräftig, soweit einer Verpflichtung im Sinne des Artikels 30 noch nicht genügt oder über die Genehmigung eines nach Artikel 30 oder Artikel 40 aufgestellten Planes noch nicht rechtskräftig entschieden worden ist. Die Aussetzung endet jedoch, wenn innerhalb eines Jahres nach Ablauf der Frist im Sinne des Artikels 30 kein Entwurf eines Widmungsplanes oder für die Änderung eines Widmungsplanes zur Einsicht ausgelegt worden ist.

(5) Abweichend von Absatz 1 hat der Magistrat die Entscheidung über einen Genehmigungsantrag ebenfalls auszusetzen, wenn kein Grund vorliegt, die Genehmigung zu versagen und der Genehmigungsantrag ein Vorhaben oder eine Tätigkeit in einem Gebiet betrifft, das zu einem geschützten Stadt- oder Dorfbild im Sinne des Denkmalgesetzes gehört, für das noch kein seinem Schutz dienender Widmungsplan gilt.

(6) Die Entscheidung im Sinne des Absatzes 5 bleibt ausgesetzt, bis über die Genehmigung eines Widmungsplanes, der gemäß Artikel 37 Absatz 5 aufzustellen oder zu ändern ist, rechtskräftig entschieden worden ist.

(7) Der Magistrat teilt dem Antragsteller wie auch, im Falle des Absatzes 5, Unserem Minister für Unterricht, Künste und Wissenschaften die Aussetzung mit.

(8) Abweichend von Absatz 2 kann der Magistrat die Genehmigung erteilen, wenn das Vorhaben oder die Tätigkeit nicht einem in Vorbereitung befindlichen Plan oder einer in Vorbereitung befindlichen Änderung entgegensteht und zuvor die Erklärung des Provinzialausschusses vorliegt, daß er nach Anhören des Inspekteurs für Raumordnung gegen die Erteilung der Genehmigung keine Einwendungen erhebe.

(9) Im Falle des Absatzes 5 kann Unser Minister für Unterricht, Künste und Wissenschaften, wenn er der Meinung ist, daß die Erteilung der Genehmigung zu einer unerwünschten Änderung des geschützten Stadt- oder Dorfbildes führen wird, innerhalb zweier Monate nach Abgang des Aussetzungsbeschlusses Unseren Minister um Abhilfe ersuchen. Er teilt dies dem Magistrat mit. Unser Minister kann innerhalb dreier Monate nach Eingang des Abhilfeersuchens erklären, ob etwas gegen die Erteilung der Genehmigung einzuwenden ist oder nicht. Er übersendet eine Abschrift des Beschlusses dem Magistrat und Unserem Minister für Unterricht, Künste und Wissenschaften.

(10) Abweichend von Absatz 5 ist die Genehmigung zu erteilen, wenn

a) Unser Minister für Unterricht, Künste und Wissenschaften erklärt hat, daß gegen die Erteilung der Genehmigung nichts einzuwenden ist,

b) die im vorigen Absatz genannte Frist von zwei Monaten verstrichen ist, ohne daß eine Mitteilung Unseres Ministers für Unterricht, Künste und Wissenschaften eingegangen ist,

c) eine Mitteilung im Sinne des vorigen Absatzes, Satz 2, eingegangen ist und entweder Unser Minister erklärt hat, daß gegen die Erteilung nichts einzuwenden ist oder die im vorigen Absatz genannte Frist von drei Monaten verstrichen ist, ohne daß eine Erklärung abgegeben worden ist.

Artikel 47

(1) Gegen einen Beschluß, mit dem eine Genehmigung unter besonderen Bestimmungen erteilt, eine Genehmigung versagt oder eine Entscheidung nach Artikel 46 Absatz 2 ausgesetzt wird, kann der Antragsteller innerhalb eines Monats nach Abgang der Abschrift des Beschlusses den Gemeinderat um Abhilfe ersuchen.

(2) Wenn der Magistrat nicht innerhalb der in Artikel 46 Absatz 1 gesetzten Frist entschieden hat, kann der Antragsteller den Gemeinderat um Abhilfe ersuchen.

(3) Gegen die Erteilung einer Genehmigung kann der Inspekteur für Raumordnung innerhalb eines Monats nach Abgang der Abschrift des Beschlusses den Provinzialausschuß um Abhilfe ersuchen. Der Inspekteur setzt den Betroffenen von dem Abhilfeersuchen und von den dafür vorliegenden Gründen in Kenntnis.

(4) Innerhalb eines Monats nach Eingang des Abhilfeersuchens wird darüber entschieden. Die Entscheidung kann einmal um höchstens einen Monat aufgeschoben werden. Der Magistrat oder der Provinzialausschuß übersendet demjenigen, der um Abhilfe ersucht hat, eine Abschrift des Beschlusses, durch den die Entscheidung aufgeschoben worden ist.

(5) Die Entscheidung ist zu begründen. Der Magistrat übersendet demjenigen, der um Abhilfe ersucht hat, eine Abschrift des Gemeinderatsbeschlusses. Der Provinzialausschuß übersendet je eine Abschrift seines Beschlusses an den Inspekteur und an den Betroffenen.

(6) Wenn der Gemeinderatsbeschluß die Erteilung der Genehmigung billigt, gilt die Abschrift als eine vom Magistrat erteilte Genehmigung.

Artikel 48

(1) Der Magistrat kann eine Anlagegenehmigung zurücknehmen oder beseitigen,

a) wenn sich herausstellt, daß die Genehmigung infolge einer unrichtigen oder mangelhaften Angabe erteilt worden ist,

b) wenn innerhalb einer in der Genehmigung zu bestimmenden Frist nach ihrem Ausstellungsdatum mit den Tätigkeiten nicht begonnen worden ist,

c) wenn die Tätigkeiten länger als während einer in der Genehmigung zu bestimmenden Frist eingestellt sind.

(2) Artikel 47 Absätze 1, 4 und 5 sind entsprechend anzuwenden.

Teil VIII

Entschädigung

Artikel 49

(1) Wenn und soweit sich herausstellt, daß ein Betroffener durch die Bestimmungen eines Widmungsplanes Schaden erleidet oder erleiden wird, der aus Billigkeitsgründen nicht oder nicht ganz zu seinen Lasten gehen kann und für den die Entschädigung nicht oder nicht ausreichend durch Kauf, Enteignung oder anders gesichert ist, erkennt der Gemeinderat ihm auf seinen Antrag hin eine nach Billigkeit zu bestimmende Entschädigung zu. Die Entschädigung kann in Geld oder auf andere Weise bestimmt werden.

(2) Gegen einen Beschluß, mit dem eine Entschädigung im Sinne des vorigen Absatzes verweigert oder zuerkannt wird, kann bei Uns innerhalb eines Monats nach Abgang der Abschrift des Beschlusses Beschwerde eingelegt werden.

Artikel 50

(1) Wenn um Belange willen, die durch andere Körperschaften des öffentlichen Rechts als die Gemeinde vertreten werden, entweder gemäß Weisungen im Sinne des Artikels 37 Absatz 3 oder des Artikels 38 oder gemäß Artikel 37 Absatz 5 Bestimmungen in einen Widmungsplan aufgenommen werden müssen, können Wir auf Antrag des Gemeinderates diesen Körperschaften die Verpflichtung auferlegen, die höheren Kosten, die durch die Aufnahme der besagten Bestimmungen in den Widmungsplan entstehen, ganz oder zum Teil der Gemeinde zu erstatten.

(2) Vor einer Entscheidung hören Wir den Staatsrat, Abteilung für Verwaltungsstreitigkeiten.

Teil IX

Raumordnungsorgane

Artikel 51

(1) Zur Beratung über Angelegenheiten, die die Raumordnung betreffen, gibt es einen Staatlichen Raumordnungsausschuß. Der Ausschuß hat ferner die Aufgabe, Unseren Minister und auf Ersuchen andere Minister in Angelegenheiten, die die Raumordnung betreffen, zu beraten.

(2) Der Vorsitzende des Ausschusses wird von Uns ernannt. Unsere Minister, die durch Rechtsverordnung bestimmt werden, ernennen die Mitglieder des Ausschusses. Jeder Minister kann so viele Mitglieder ernennen, wie durch Rechtsverordnung bestimmt wird. Der Leiter der Staatlichen Raumordnungsbehörde ist von Amts wegen Mitglied des Ausschusses.

(3) Die Geschäftsführung des Ausschusses liegt bei der Staatlichen Raumordnungsbehörde.

(4) Wir können durch Rechtsverordnung Unterausschüsse einsetzen und bestimmen, in welchen Fällen die Beratung durch die Unterausschüsse an Stelle des Staatlichen Raumordnungsausschusses tritt.

(5) Wir können durch Rechtsverordnung Ausführungsvorschriften über die Aufgabe und das Verfahren des Ausschusses erlassen.

Artikel 52

(1) Es gibt eine Staatliche Raumordnungsbehörde, die unter anderem zur Aufgabe hat, in einer durch Rechtsverordnung im einzelnen festzulegenden Weise

a) Unseren Ministern bei seiner in Artikel 2 dargelegten Aufgabe zu unterstützen,

b) zur Förderung der Raumordnung Untersuchungen durchzuführen und Gutachten zu erstatten,

c) die Einhaltung dieses Gesetzes und der kraft dieses Gesetzes erlassenen Vorschriften allgemein zu überwachen.

(2) Zur Behörde gehören Inspekteure für Raumordnung.

(3) Über die Organisation der Behörde werden von Uns durch Rechtsverordnung Ausführungsbestimmungen erlassen.

(4) Die Magistrate sind verpflichtet, dem Inspekteur, in dessen Amtsgebiet ihre Gemeinde liegt, alle von ihm geforderten Auskünfte über die Durchführung dieses Gesetzes und der die Raumordnung betreffenden Verordnungen zu erteilen.

Artikel 53

(1) Zur Beratung über Angelegenheiten, die die Raumordnung betreffen, gibt es in jeder Provinz einen Provinzialen Raumordnungsausschuß. Dieser Ausschuß hat ferner die Provinz über die Durchführung der Aufgaben zu beraten, zu denen sie durch dieses Gesetz oder kraft dieses Gesetzes verpflichtet worden ist.

(2) Der Vorsitzende, die Mitglieder und der Geschäftsführer des Ausschusses werden vom Provinzialausschuß ernannt. Der Inspekteur für Raumordnung, in dessen Amtsgebiet die Provinz liegt, ist von Amts wegen Mitglied des Ausschusses.

(3) Wir erlassen durch Rechtsverordnung Vorschriften über die Zusammensetzung der Ausschüsse.

(4) Der Provinzialausschuß kann Ausführungsvorschriften erlassen über Aufgabe und Verfahren des Ausschusses. In ihnen kann vorgeschrieben werden, daß bestimmte Befugnisse des Provinzialen Raumordnungsausschusses durch Unterausschüsse ausgeübt werden.

Artikel 54

Es gibt einen Beirat für Raumordnung, der die Regierung auf Ersuchen wie auch aus eigenem Entschluß in Angelegenheiten berät, die die Raumordnung betreffen.

Artikel 55

(1) Mitglieder des Beirates für Raumordnung sind

a) Vertreter der von Uns zu bestimmenden Organisationen,

b) Verwaltungsfachleute und technische Fachleute für die Raumordnung,

c) Sachkenner auf dem Gebiet der Provinzial- und Gemeindeverwaltung.

(2) Der Leiter der Staatlichen Raumordnungsbehörde oder sein Stellvertreter sowie Vertreter von denjenigen Unserer Minister, die durch Rechtsverordnung bestimmt werden, nehmen an den Sitzungen des Beirates teil.

Artikel 56

Für Ernennung, vorläufige Amtsenthebung und Entlassung des Vorsitzenden, der Mitglieder und des Geschäftsführers des Beirates sind Wir zuständig.

Artikel 57

Wir können durch Rechtsverordnung Ausführungsvorschriften über Zusammensetzung, Ernennung, Aufgabe und Verfahren des Beirates und über die Fälle erlassen, in denen der Beirat gehört werden muß.

Teil X

Verwaltungsvollstreckung, Strafbestimmungen

Artikel 58

Die Kosten der Verwaltungsvollstreckung, die zur Erzwingung der durch dieses Gesetz oder kraft dieses Gesetzes erlassenen Vorschriften entstehen, ruhen vorrangig auf dem Grundstück, für das sie aufgewendet worden sind, und werden nach den Kosten im Sinne des Artikels 1185 Nr. 4 des Bürgerlichen Gesetzbuches aus dem Ertrag des Grundstücks erstattet.

Artikel 59

Der Verstoß gegen Vorschriften, die Bestandteil eines Widmungsplanes sind, wird, soweit der Verstoß ausdrücklich als strafbare Handlung bezeichnet ist, mit Haft bis zu sechs Monaten oder mit Geldstrafe bis zu 6 000 Gulden bestraft.

Artikel 60

Der Verstoß gegen Vorschriften, die gemäß Artikel 21 Absatz 3, Artikel 28 Absatz 4 oder Artikel 29 Absatz 4 erlassen sind, wird mit Haft bis zu sechs Monaten oder mit Geldstrafe bis zu 6 000 Gulden bestraft.

Artikel 61

Die in den Artikeln 59 und 60 bezeichneten strafbaren Handlungen sind Übertretungen.[5]

---

[5] Das niederländische Strafrecht kennt nicht eine Dreiteilung der Straftaten — Übertretung, Vergehen, Verbrechen —, sondern nur eine Zweiteilung in Übertretung und Verbrechen.

Artikel 62

Wenn eine strafbare Handlung im Sinne der Artikel 59 und 60 von oder im Auftrage einer juristischen Person begangen wird, wird gegen den die Strafverfolgung eingeleitet und die Strafe verhängt, der den Auftrag zu dieser Handlung gab oder der tatsächlich die Leitung bei der verbotenen Handlung oder Unterlassung hatte.

Artikel 63

Mit der Ermittlung der strafbaren Handlungen im Sinne der Artikel 59 und 60 sind außer den in Artikel 141 der Strafprozeßordnung bestimmten Personen beauftragt

a) die Inspekteure für Raumordnung,

b) die durch Unseren Kommissar in der Provinz zu bestimmenden Beamten,

c) die durch den Bürgermeister zu bestimmenden Beamten.

Artikel 64

(1) Die in Artikel 63 genannten Ermittlungsbeamten haben jederzeit Zutritt zu allen Orten, wo nach hinreichendem Verdacht eine strafbare Handlung im Sinne der Artikel 59 und 60 verübt wird oder verübt worden ist.

(2) Die Ermittlungsbeamten können sich den Zutritt, wenn er ihnen verwehrt wird, unter Anwendung unmittelbaren Zwanges verschaffen.

(3) Die Artikel 120—123 der Strafprozeßordnung finden entsprechende Anwendung.

(4) Wir können durch Rechtsverordnung bestimmen, daß hinsichtlich bestimmter Orte oder von Orten, die bestimmten Zwecken dienen, die in Absatz 1 genannte Befugnis nur durch bestimmte der in Artikel 63 genannten Personen ausgeübt wird.

Teil XI

Schlußbestimmungen

Artikel 65

(1) Unser Minister kann für Vorhaben und Tätigkeiten, die im öffentlichen Interesse schnell durchgeführt werden müssen, auf Antrag Befreiung von Vorschriften erteilen, die Teil eines Widmungsplanes sind, von den Bestimmungen des Artikels 46 Absatz 2 und 5 dieses Gesetzes und von den Bestimmungen des Artikels 50 Absatz 2 und 5 des Wohnungsgesetzes.

(2) Vor seiner Entscheidung hört Unser Minister den Gemeinderat und den Provinzialausschuß wie auch den Staatlichen Raumordnungsausschuß. Im Falle der Befreiung von dem in Artikel 46 Absatz 5 dieses Gesetzes oder in Artikel 50 Absatz 5 des Wohnungsgesetzes Bestimmten hört Unser Minister zugleich Unseren Minister für Unterricht, Künste und Wissenschaften.

(3) Wenn der Gemeinderat oder der Provinzialausschuß oder im Falle des Absatzes 2 Satz 2 Unser Minister für Unterricht, Künste und Wissenschaften innerhalb eines Monats nach Postauflieferung des darauf bezüglichen Antrags nicht Stellung genommen hat, kann Unser Minister ohne diese Stellungnahme entscheiden.

Artikel 66

(1) Dieses Gesetz ist nicht auf Vorhaben auf dem Gebiet des Straßen- und Wasserbaues anzuwenden, deren unmittelbare Durchführung von der zuständigen Straßen- und Wasserbaubehörde für notwendig gehalten wird, um eine unmittelbar drohende Gefahr abzuwehren oder um die Vergrößerung eines erlittenen Schadens zu verhindern.

(2) Auf gemeinsamen Vorschlag Unseres Ministers und Unseres in der Sache beteiligten Ministers können Wir bestimmen, daß dieses Gesetz nicht anzuwenden ist auf ein Vorhaben oder eine Tätigkeit, die der Landesverteidigung dienen und die in Unserem Staatsbeschluß bezeichnet werden. Bevor Unsere Minister Uns einen Vorschlag machen, hören sie den Staatlichen Raumordnungsausschuß.

Artikel 67

Wird von Uns ein kraft dieses Gesetzes gefaßter Beschluß des Provinzialausschusses außerhalb eines Beschwerdeverfahrens aufgehoben, so entscheidet der Provinzialausschuß aufs neue unter Beachtung Unserer Entscheidung.

Artikel 68

Wenn Wir gemäß diesem Gesetz den Staatsrat, Abteilung für Verwaltungsstreitigkeiten, in Fällen hören, die nicht als Streitigkeiten im Sinne des Artikels 26 Absatz 1 des Staatsratsgesetzes (Stb. 1962, 88) gelten können, berät Uns die Abteilung unter entsprechender Anwendung der in Titel II des letztgenannten Gesetzes enthaltenen Bestimmungen.

Artikel 69

(1) Die im folgenden bezeichneten Personen haben in den nachstehend genannten Gebieten von Sonnenaufgang bis Sonnenuntergang freien Zutritt zu allen Grundstücken, auf denen ihre Anwesenheit im Zusammenhang der Durchführung dieses Gesetzes erforderlich ist:

a) im gesamten Staatsgebiet:
   der Vorsitzende und die Mitglieder des Staatlichen Raumordnungsausschusses und die durch Unseren Minister zu bestimmenden Staatsbeamten;

b) in einer Provinz:
   Unser Kommissar in der Provinz und die durch ihn zu bestimmenden Personen;

c) in einer Gemeinde:
   der Bürgermeister und die durch ihn zu bestimmenden Personen.

(2) Bezüglich der Ausübung der in Absatz 1 genannten Befugnis findet die Bestimmung des Artikels 64 Absatz 4 entsprechende Anwendung.

(3) Die in Absatz 1 genannten Personen können sich den Zutritt, wenn er ihnen verwehrt wird, unter Anwendung unmittelbaren Zwanges verschaffen.

Artikel 70

Alle Schriftstücke, die dazu dienen, der Gemeinde die Verfügungsgewalt über Grundstücke, grundstücksgleiche Rechte und dingliche Rechte zu verschaffen, damit sie einen bestehenden oder zukünftigen Widmungsplan verwirklichen kann, sind frei von Beglaubigungskosten und Schreibgebühren.

Artikel 71

Die Kosten der Gemeinde, die ihr aus der Mitwirkung an der Durchführung dieses Gesetzes entstehen, sind Ausgaben im Sinne des Artikels 240 Buchstabe x der Gemeindeordnung; Artikel 247 jenes Gesetzes findet Anwendung.

Artikel 72

Die Befugnis, die dem Provinziallandtag gemäß Artikel 90 der Provinzialordnung und dem Gemeinderat gemäß Artikel 168 der Gemeindeordnung zusteht, bleibt bezüglich eines Gegenstandes, der in diesem Gesetz vorgesehen ist, aufrechterhalten, soweit die von diesen Vertretungs-körperschaften zu erlassenden Verordnungen diesem Gesetz nicht entgegenstehen.

Artikel 73

(1) Dieses Gesetz kann als „Raumordnungsgesetz" zitiert werden.

(2) Es tritt zu einem von Uns zu bestimmenden Zeitpunkt in Kraft.[6]

Das Gesetz ist im Staatsblad zu veröffentlichen. Alle Ministerien, Behörden, Vertretungs-körperschaften und Beamte, die es betrifft, haben sich seine strikte Durchführung angelegen sein zu lassen.

---

[6]) Das Gesetz ist am 1. August 1965 in Kraft getreten (Staatsbeschluß vom 24. Juli 1965, Staats-blad 340).

Gegeben zu Palais Soestdijk, 5. Juli 1962

JULIANA

Der Minister für Wohnungswesen und Bauwirtschaft,
    J. van Aartsen.

Der Justizminister,
    A. C. W. Beermann.

Der Innenminister,
    E. H. Toxopeus.

Der Minister für Unterricht, Künste und Wissenschaften,
    J. Cals.

Der Finanzminister,
    J. Zijlstra.

Der Verteidigungsminister,
    S. H. Visser.

Der Minister für Verkehr, Straßen- und Wasserbau,
    H. A. Korthals.

Der Wirtschaftsminister,
    J. W. De Pous.

Der Minister für Landwirtschaft und Fischerei,
    V. G. M. Marijnen.

Der Minister für Soziales und Volksgesundheit,
    G. M. J. Veldkamp.

Der Minister für sozial-gesellschaftliche Aufgaben,
    M. Klompé.

Ausgegeben, den siebenten August 1962

Der Justizminister
A. C. W. Beermann.

Anlage B: Text der Raumordnungsverordnung

Königreich der Niederlande

Raumordnungsverordnung

(Staatsbeschluß vom 24. Juli 1965 zur Ausführung
des Raumordnungsgesetzes — Staatsblad 339 —
geändert durch Staatsbeschluß vom 15. Februar 1967
— Staatsblad 115 — und durch Staatsbeschluß
vom 4. Februar 1972 — Staatsblad 59 —)[1]

Wir, Juliana, von Gottes Gnaden, Königin der Niederlande, Prinzessin von Oranien-Nassau, usw. usw. usw., haben

auf Vorschlag unseres Ministers für Wohnungswesen und Raumordnung vom 14. Juni 1965, Nr. 0614925, juristische Abteilung,

nachdem Wir erwogen haben, daß durch Rechtsverordnung Ausführungsvorschriften zur Durchführung des Raumordnungsgesetzes gegeben werden müssen oder können,

gemäß Art. 3 Abs. 2, Art. 4 Abs. 9, Art. 17 Abs. 3, Art. 18 Abs. 1 und 3, Art. 23 Abs. 2, Art. 36, Art. 51 Abs. 2, 4 und 5, Art. 52 Abs. 1 und 3, Art. 53 Abs. 3, Art. 55 Abs. 2 und Art. 57 des Raumordnungsgesetzes (Gesetz vom 5. Juli 1962, Staatsblad 286), [2]

nach Anhörung des Staatsrates, Gutachten vom 7. Juli 1965, Nr. 38,

nachdem Wir die Stellungnahme Unseres vorgenannten Ministers vom 23. Juli 1965, Nr. 0721925, juristische Abteilung, gesehen haben,

das Folgende für richtig befunden und Uns dazu verstanden, es zu erlassen:

Teil I

Begriffsbestimmung

Artikel 1

„Unser Minister" im Sinne dieser Verordnung ist der für die Raumordnung zuständige Minister.

Teil II

Regionalpläne

Artikel 2

(1) Der Provinzialausschuß führt im Hinblick auf die zukünftige Entwicklung des Gebietes der Provinz laufende Untersuchungen über den bestehenden Zustand in der Provinz und über deren mögliche und wünschenswerte Entwicklung, und zwar auch im Zusammenhang mit der der angrenzenden Gebiete.

---

[1] Deutsche Übersetzung: J. H. Walter Richter, Recklinghausen.
[2] Zuletzt geändert durch Gesetz vom 27. Oktober 1972 — Staatsblad 578 —.

(2) Diese Untersuchungen beziehen sich namentlich auf:

a) Die natürlichen Gegebenheiten der Provinz,

b) die Bevölkerungsentwicklung,

c) die Entwicklung der Wohlstandsquellen,

d) die sozialen und kulturellen Entwicklungen in der Gesellschaft,

e) die Möglichkeiten und das Wünschenswerte für die räumliche Entwicklung der Provinz einschließlich der Bedürfnisse für die verschiedenen Teilaspekte, die in sachlichem Zusammenhang damit stehen.

Artikel 3

Bei der Vorbereitung eines Regionalplanes setzt sich der Provinzialausschuß mit den Provinzen, die an das vom Plan erfaßte Gebiet grenzen, mit den betroffenen Staatsbehörden wie auch mit den dafür nach seiner Meinung in Betracht kommenden Wasserverbänden ins Benehmen.

Artikel 4

Der Umfang eines Regionalplanes, der für einen Teil der Provinz aufgestellt wird, wird so viel wie möglich an den Wirksamkeitsbereich der vornehmlichsten Faktoren, die die räumliche Struktur des Gebietes bestimmen, angepaßt.

Artikel 5

(1) Ein Regionalplan und ein Plan zur Ausgestaltung eines Regionalplanes im einzelnen, wie er in Artikel 4 Absatz 8 des Raumordnungsgesetzes genannt ist, wie auch die Entwürfe für solche Pläne bestehen aus

a) einer Beschreibung der Grundzüge der wünschenswertesten Entwicklung von dem Gebiet, das vom Plan erfaßt wird, und, soweit notwendig, der Zeitabschnitte, in denen die Entwicklung sich würde vollziehen müssen oder können,

b) einer oder mehreren Karten mit dazugehörigen Erklärungen, in denen diese Grundzüge soweit als möglich dargestellt sind.

(2) Einem Regionalplan wie auch einem Entwurf für einen solchen Plan ist eine Begründung beigefügt, in der die dem Plan zugrundeliegenden Gedanken und die Ergebnisse der in Artikel 2 genannten Untersuchungen, soweit diese Untersuchungen das vom Plan erfaßte Gebiet betreffen, als auch niedergelegt ist, mit welchem Erfolg man sich, wie es in Artikel 3 vorgesehen ist, mit den anderen Stellen ins Benehmen gesetzt hat.

Artikel 6

(1) Die Karten werden unter Beachtung der folgenden Vorschriften angefertigt:

a) Die Karten werden auf einem deutlichen topographischen Untergrund gezeichnet;

b) die Begrenzung des Gebietes, auf das sich der Plan bezieht, wird mit einer deutlichen Linie auf den Karten angegeben;

c) die Karten werden in einem Maßstab von mindestens 1 : 50 000 angefertigt, es sei denn, der Umfang des Gebietes oder die Art des Planes machen einen kleineren Maßstab wünschenswert;

d) wenn es sich um einen Plan zur Ausgestaltung eines Regionalplanes im einzelnen entsprechend Artikel 4 Absatz 8 des Raumordnungsgesetzes handelt, beträgt der Maßstab mindestens 1 : 25 000;

e) wenn der Umfang des Planes dazu Anlaß gibt, werden die Karten in Kartenblätter unterteilt; in diesem Fall wird eine Übersichtskarte in kleinerem Maßstab beigefügt;

f) auf den Karten werden Maßstab und Nordpfeil angegeben.

(2) Unser Minister kann in bezug auf die technische Ausführung der Karten Ausführungsvorschriften erlassen.

Teil III

Abschnitt 1

Strukturpläne und Widmungspläne

§ 1 Allgemeines

Artikel 7

(1) Der Magistrat führt im Hinblick auf eine sinnvolle Raumordnung im Gebiet der Gemeinde Untersuchungen ein über den bestehenden Zustand und die mögliche und wünschenswerte Entwicklung der Gemeinde.

(2) Diese Untersuchungen beziehen sich namentlich auf

a) die natürliche Gegebenheit des Gebietes,

b) die Bevölkerungsentwicklung,

c) die Entwicklung der Wohlstandsquellen,

d) die sozialen und kulturellen Entwicklungen in der Gesellschaft,

e) die Möglichkeiten und das Wünschenswerte für die räumliche Entwicklung des Gebietes einschließlich der Bedürfnisse in bezug auf ihre verschiedenen Teilaspekte wie auch der Bodenbeschaffenheit, und zwar im Zusammenhang mit den durch einen Widmungsplan zu treffenden Zweckbestimmungen.

(3) Bei der Vorbereitung eines Entwurfs für einen Widmungsplan haben die Untersuchungen sich außerdem auf die wirtschaftliche Ausführbarkeit des Planes zu beziehen, soweit es sich um Zweckbestimmungen handelt, die in nächster Zukunft realisiert werden sollen.

Artikel 8

(1) Bei der Vorbereitung eines Strukturplanes oder eines Widmungsplanes setzt sich der Magistrat mit den Gemeinden, die an das vom Plan erfaßte Gebiet grenzen, mit den betroffenen Behörden des Staates und der Provinz wie auch mit den nach seiner Meinung dafür in Betracht kommenden Wasserverbänden ins Benehmen.

(2) Unser Minister ist berechtigt, Staatsbehörden zu bestimmen, mit denen man sich ins Benehmen setzen muß.

§ 2 Strukturpläne

Artikel 9

(1) Ein Strukturplan wie auch ein Entwurf dafür bestehen aus

a) einer Beschreibung der für die Gemeinde unter Berücksichtigung des Zusammenhanges ihrer Teile untereinander wünschenswertesten Entwicklung auf längere Sicht und, soweit notwendig, der Zeitabschnitte, in der die Entwicklung sich würde vollziehen müssen oder können,

b) einer oder mehreren Karten mit dazugehörigen Erklärungen, in denen diese Entwicklung soweit als möglich dargestellt ist.

(2) Einem Strukturplan wie auch einem Entwurf dafür ist eine Begründung beigefügt, in der die dem Plan zugrundeliegenden Gedanken und die Ergebnisse der in Artikel 7 genannten Untersuchungen als auch das niedergelegt ist, mit welchem Erfolg man sich, wie es in Artikel 8 vorgesehen ist, mit den anderen Stellen ins Benehmen gesetzt hat.

(3) Das in Artikel 6 Bestimmte ist mit der Maßgabe entsprechend anzuwenden, daß der Maßstab mindestens 1 : 25 000 beträgt.

Artikel 10

(1) Ein Widmungsplan wie auch ein Entwurf dafür bestehen aus:

a) einer oder mehreren Karten mit dazugehörigen Erklärungen, auf denen die Zweckbestimmung der vom Plan erfaßten Flächen festgelegt wird,

b) Vorschriften über die Nutzung der vom Plan erfaßten Flächen und der darauf befindlichen Baulichkeiten, soweit diese Vorschriften im Zusammenhang mit den Zweckbestimmungen notwendig sind.

(2) Einem Widmungsplan wie auch einem Entwurf dafür ist eine Begründung beizufügen, in der die dem Plan zugrundeliegenden Gedanken und die Ergebnisse der in Artikel 7 genannten Untersuchungen, soweit sie auf den Plan anzuwenden sind, als auch niedergelegt ist, mit welchem Erfolg man sich, wie es in Artikel 8 vorgesehen ist, mit den anderen Stellen ins Benehmen gesetzt hat.

(3) Die Zweckbestimmung beschreibt die Zwecke, zu denen die vom Plan erfaßten Flächen mit Rücksicht auf eine sinnvolle räumliche Entwicklung der Gemeinde genutzt werden dürfen.

(4) Die im ersten Absatz genannten Vorschriften unter Buchstabe b werden unterteilt in:

a) Vorschriften über die Bebauung,

b) Vorschriften über andere Nutzungen der Flächen,

c) Vorschriften über die Nutzung der Baulichkeiten.

(5) Der Widmungsplan enthält, soweit notwendig:

a) Grundsätze, nach denen der Plan im einzelnen rechtsverbindlich auszugestalten ist,

b) Grenzen, innerhalb deren der Plan geändert werden kann,

c) Regelungen über den Zeitpunkt des Ausführungsbeginns seitens der Gemeinde bezüglich eines oder mehrerer Teile des Planes,

d) die Bezeichnung der Gebiete, in denen, und die Aufzählung der Vorhaben und Tätigkeiten, für die gemäß dem Plan eine Anlagegenehmigung erforderlich ist,

e) Grundsätze über die Erteilung von Befreiungen und über die Festlegung der Anforderungen im einzelnen,

f) Regelungen über die Strafbarkeit der Übertretungen von Vorschriften, die ein Teil des Planes sind.

Artikel 11

(1) Die Karten werden unter Beachtung der folgenden Vorschriften angefertigt:

a) Die Karten werden auf einem deutlichen topographischen Untergrund gezeichnet;

b) die Begrenzung des Gebietes, auf das sich der Plan bezieht, wird mit einer deutlichen Linie auf den Karten angegeben;

c) die Karten werden in einem Maßstab von mindestens 1 : 10 000 angefertigt;

d) aus den Karten muß der Anschluß des vom Plan erfaßten Gebietes an die darum herum gelegenen Gebiete hervorgehen;

e) sofern in einen Widmungsplan Flächen einbezogen sind, die in der nächsten Zukunft zur Bebauung anstehen, bestehen diese Teile aus einer oder mehreren Karten in einem Maßstab von mindestens 1 : 2500, auf denen die Katastergrenzen, Gemarkung, Flur und Flurstück von den in diesen Teilen vom Plan erfaßten Grundstücken angegeben sind;

f) wenn die unter Buchstabe e genannten Teile des Planes aus besonderen Karten bestehen, muß aus einer Übersichtskarte in einem Maßstab von mindestens 1 : 10 000 der Anschluß dieser Teile untereinander und an das übrige vom Plan erfaßte Gebiet wie auch an das darum herum gelegene Gebiet hervorgehen;

g) auf den Karten werden Maßstab und Nordpfeil angegeben, und es wird in einem Maßstab von mindestens 1 : 200 ein Querprofil mit Angabe der Maße der vornehmlichsten Straßen beigefügt;

h) auf den Karten werden die bestehende Bebauung und die Namen der wichtigsten Wege, Straßen und Wasserwege angegeben.

(2) Das in Artikel 6 Absatz 2 Bestimmte ist anzuwenden.

Artikel 12

Das in Artikel 10 und Artikel 11 Bestimmte ist entsprechend anzuwenden auf die in Artikel 11 des Raumordnungsgesetzes genannten Vorschriften des Magistrats mit der Maßgabe, daß Vorschriften über die rechtsverbindliche Ausgestaltung eines Widmungsplanes im einzelnen entsprechend dem 2. Absatz des zuletzt genannten Artikels aus einer oder mehreren Karten in einem Maßstab von mindestens 1 : 2500 bestehen, auf denen die Katastergrenzen, Gemarkung, Flur und Flurstücksnummer der Grundstücke angegeben sind.

Artikel 13

(1) Ein Widmungsplan legt, soweit notwendig, die Zweckbestimmung von Flächen fest für u. a.:

a) Wohnzwecke, unterschieden nach Dichte und Höhe der Bebauung und Art der Wohnungen, mit den dazugehörenden Vorkehrungen;

b) Zwecke des Handels und des Gewerbes, unterschieden nach Dichte und Höhe der Bebauung und Art der Gebäude und Flächen, mit den dazugehörigen Vorkehrungen;

c) landwirtschaftliche Zwecke, im einzelnen unterschieden nach der dabei zugelassenen Bebauung;

d) Erholungszwecke, im einzelnen unterschieden nach denen für passive und aktive Erholung;

e) Verkehrszwecke zu Land und zu Wasser, darunter Vorkehrungen zugunsten des ruhenden Verkehrs;

f) Zwecke des Landschafts- und Naturschutzes;

g) andere Zwecke von öffentlichem Interesse.

(2) Zweckbestimmungen, die in Absatz 1 genannt sind, insbesondere die unter Buchstabe a und b, können, falls erforderlich, vereinigt werden.

(3) Zweckbestimmungen, die in Absatz 1 genannt sind, können, falls erforderlich, jeweils gesondert für Flächen unterschiedlicher Höhenlage auf demselben Grundstück festgelegt werden.

(4) Durch einen Widmungsplan können Streifen festgelegt werden für die Verlegung unterirdischer oder oberirdischer Energieleitungen und Transportleitungen für Gase und Flüssigkeiten und für die Anlage von Straßen und Eisenbahnen, die tiefer oder höher als die Erdoberfläche verlaufen, wie auch für das Freihalten von An- und Abflugsektoren und Richtfunkstrecken. In diesen Flächen können wegen der genannten Leitungen, Straßen, Eisenbahnen, Sektoren und Strecken Beschränkungen im einzelnen für die nach der Zweckbestimmung statthaften Flächennutzung auferlegt werden.

(5) Wenn in einem Widmungsplan bestimmt wird, daß es verboten ist, ohne eine Anlagegenehmigung im Sinne von Artikel 14 des Raumordnungsgesetzes oder abweichend davon bestimmte Vorhaben oder Tätigkeiten auszuführen, enthält der Plan zugleich Vorschriften bezüglich der Zulässigkeit solcher Vorhaben und Tätigkeiten.

Artikel 14

(1) Sofern von einem Widmungsplan Flächen erfaßt sind, die in der nächsten Zukunft zur Bebauung anstehen, und nicht bestimmt ist, daß der Magistrat den Plan im einzelnen rechtsverbindlich auszugestalten hat, enthält der Plan ferner:

a) ins einzelne gehende Festlegungen der Zweckbestimmung der Flächen, die zur Bebauung anstehen, und zwar mit der Angabe der Art der Gebäude, ihrer Stellung sowohl in bezug zueinander als auch in bezug auf ihre Zuwegung und, soweit es sich um Wohngebäude handelt, der Anzahl der Wohnungen sowohl neben- als auch übereinander, wie auch mit der Bestimmung — in Vorschriften im Sinne des Artikels 10 Absatz 1 Buchstabe b — der horizontalen und vertikalen Abmessungen der Gebäude und Flächen, der Abstände sowohl untereinander als auch zu den Grundstücksgrenzen und, soweit es sich um Wohnungen handelt, von Typ und Größe;

b) einen vollständigen Plan der Straßen, Wege und anderer für den Verkehr und den ruhenden Verkehr bestimmten Flächen mit eindeutiger Festlegung von Profil und Abmessungen;

c) ins einzelne gehende Festlegungen der Zweckbestimmungen der übrigen Flächen, die nicht oder nur in geringem Maß zur Bebauung anstehen;

d) Vorschriften bezüglich der Zulässigkeit von Bauten, die keine Gebäude sind[3]).

(2) Das im vorangehenden Absatz Bestimmte ist entsprechend anzuwenden auf Vorschriften zur rechtsverbindlichen Ausgestaltung oder Änderung des Widmungsplanes im Sinne von Artikel 11 Absatz 1 des Raumordnungsgesetzes.

Artikel 15

Vorläufige Zweckbestimmungen oder vorläufige Nutzungsregelungen im Sinne von Artikel 12 Absatz 1 des Raumordnungsgesetzes können nur im Zusammenhang mit Zweckbestimmungen und Nutzungsregelungen im Sinne von Artikel 10 des genannten Gesetzes festgelegt oder erlassen werden.

Artikel 16

Wenn ein Entwurf für einen Widmungsplan, der gemäß Artikel 23 des Raumordnungsgesetzes zur Einsicht ausgelegt wird, dem Schutz eines geschützten Stadt- oder Dorfbildes im Sinne des Denkmalgesetzes (Monumentenwet[4])) dient, enthält die Bekanntmachung im Niederländischen Staatsanzeiger die Mitteilung dieser Tatsache.

Abschnitt 2

Vorschriften über die Erteilung von Befreiungen
für Bauten, die der Abhilfe eines zeitweiligen
Bedürfnisses dienen, und für Gewächshäuser

Artikel 17

Ein Baugesuch, das nur unter einer Befreiung im Sinne von Artikel 17 und 18 des Raumordnungsgesetzes genehmigt werden kann, macht der Bürgermeister unverzüglich in einer oder mehreren Tages- oder sonstigen Zeitungen, die in der Gemeinde verbreitet werden, bekannt. Er macht das Gesuch außerdem ortsüblich bekannt. Je eine Abschrift der Bekanntmachung wird dem Inspekteur für Raumordnung und dem Provinzialausschuß übersandt.

Artikel 18

(1) Die Bauzeichnungen und Lagepläne liegen während 14 Tagen in der Gemeindeverwaltung zu jedermanns Einsicht aus.

(2) Die in Artikel 17 genannte Bekanntmachung enthält die Mitteilung über die im vorigen Absatz genannte Auslegung, über die Dauer, für die eine Befreiung würde erteilt werden können, wie auch über die Befugnis von Berechtigten der angrenzenden und nahebei gelegenen Grundstücke, während der im vorigen Absatz genannten Frist schriftliche Einwendungen gegen die Erteilung der Befreiung beim Magistrat zu erheben.

(3) Der Magistrat teilt denen, die Einwendungen erhoben haben, wie auch dem Inspekteur für Raumordnung und dem Provinzialausschuß die diesbezügliche Entscheidung mit. Die Entscheidung ist zu begründen.

Artikel 19

Befreiung wird nicht erteilt, bevor nicht entsprechend den beiden vorangehenden Artikeln Bekanntmachung und Auslegung stattgefunden haben und Gelegenheit gegeben worden ist, Einwendungen zu erheben.

---

[3]) Im Wohnungsgesetz (vom 12. Juli 1962 in der Fassung der Bekanntmachung vom 23. Juni 1964 — Staatsblad 222) Artikel 1 Absatz 1 wird „Gebäude" wie folgt definiert: Jedes Bauwerk, das einen für den Aufenthalt von Menschen geeigneten, überdeckten, ganz oder teilweise mit Wänden umschlossenen Raum bildet.

[4]) Gesetz über Maßnahmen im Interesse der Erhaltung von Denkmalen der Geschichte und der Kunst (Wet houdende voorzieningen in het belang van het behoud van monumenten van geschiedenis en kunst — Monumentenwet) vom 22. Juni 1961 (Staatsblad 200).

110

Artikel 20

Für Bauten, die der Abhilfe eines zeitweiligen Bedürfnisses dienen und die nicht Gewächshäuser oder ihnen gleichgestellte Betriebsgebäude sind, wird in keinem Fall Befreiung erteilt, wenn:

a) nicht anzunehmen ist, daß das Gebäude nur während höchstens fünf Jahren oder, wenn Befreiung für einen kürzeren Zeitraum beantragt worden ist, nicht länger als während dieses Zeitraumes, instand gehalten werden wird;

b) anzunehmen ist, daß die Zweckbestimmung, von der Befreiung würde erteilt werden können, innerhalb von fünf Jahren oder, wenn Befreiung für einen kürzeren Zeitraum beantragt worden ist, innerhalb dieses Zeitraumes, verwirklicht werden wird;

c) die Zweckbestimmung, von der Befreiung würde erteilt werden können, bereits verwirklicht ist;

d) anzunehmen ist, daß durch die Erteilung der Befreiung ein geschütztes Stadt- oder Dorfbild im Sinne des Denkmalgesetzes beeinträchtigt werden wird.

Artikel 21

Für Gewächshäuser oder ihnen gleichgestellte Betriebsgebäude wird in keinem Fall Befreiung erteilt, wenn:

a) nicht anzunehmen ist, daß das Gebäude nicht länger instand gehalten werden wird als nur während einer Frist, für die der Magistrat billigerweise würde Befreiung erteilen können;

b) anzunehmen ist, daß die Zweckbestimmung, von der Befreiung würde erteilt werden können, innerhalb der unter Buchstabe a genannten Frist verwirklicht werden wird;

c) anzunehmen ist, daß durch die Erteilung der Befreiung ein geschütztes Stadt- oder Dorfbild im Sinne des Denkmalgesetzes beeinträchtigt werden wird.

Artikel 22

(1) Die Vorschriften der Artikel 17, 18 und 19 sind nicht anzuwenden, wenn die Befreiung schon auf Grund des in Artikel 20 bzw. Artikel 21 Bestimmten versagt werden muß.

(2) Wenn gegen die Versagung Beschwerde eingelegt wird, wendet der Magistrat noch nachträglich die Artikel 17 und 18 an.

Abschnitt 3

Bestimmung von Betriebsgebäuden, die mit Gewächshäusern gleichgestellt werden

Artikel 23

Für die Anwendung von Artikel 18 des Raumordnungsgesetzes werden Betriebsgebäude von leichter Konstruktion für die Landwirtschaft oder den Gartenbau mit Gewächshäusern gleichgestellt.

Teil IV

Raumordnungsorgane

Abschnitt 1

Raumordnungsorgane des Staates

§ 1 Staatlicher Raumordnungsausschuß

Artikel 24

(1) Die Mitglieder des Staatlichen Raumordnungsausschusses werden ernannt von Unseren Ministern für Allgemeine Angelegenheiten, für Äußeres, für Inneres, für Finanzen, für Verteidigung, für Wohnungswesen und Raumordnung, für Landwirtschaft und Fischerei, für

Soziales und für Volksgesundheit und Umwelthygiene, die jeder ein Mitglied ernennen, von Unseren Ministern für Unterricht und Wissenschaften, für Verkehr, Straßen- und Wasserbau und für Kultur, Erholung und gesellschaftliche Aufgaben, die jeder zwei Mitglieder ernennen, und von unserem Minister für Wirtschaft, der drei Minister ernennt.

(2) Unser Minister kann einen oder mehrere Sachkenner zu Mitgliedern des Staatlichen Raumordnungsausschusses ernennen.

Artikel 25

(1) Der Vorsitzende des Staatlichen Raumordnungsausschusses kann sich bei Abwesenheit oder Krankheit durch ein von ihm zu bestimmendes Mitglied vertreten lassen.

(2) Bei Abwesenheit oder Krankheit von einem Mitglied des Ausschusses kann der betroffene Minister für eine bestimmte Zeit einen anderen zum Mitglied ernennen.

Artikel 26

(1) Der Staatliche Raumordnungsausschuß hat neben demjenigen, was das Gesetz darüber bestimmt, zur Aufgabe:

a) Unserem Minister Gutachten zu erstatten und Vorschläge zu machen für die Regierungspolitik auf dem Gebiete der Raumordnung;

b) Gutachten zu erstatten und Vorschläge zu machen für Regionalpläne, Strukturpläne, Widmungspläne und andere Maßnahmen auf dem Gebiet der Raumordnung, soweit sie von allgemeiner Art oder Zielsetzung sind;

c) Richtlinien für die raumordnerische Arbeit zu entwerfen.

(2) Von dem in Artikel 3 Absatz 1 des Raumordnungsgesetzes Bestimmten wird abgewichen bezüglich der Maßnahmen und Planungen, die behandelt werden in:

a) dem Beirat für Straßen- und Wasserbaufragen gemäß Artikel 5 Buchstabe a des „Waterstaats"-Gesetzes 1900;

b) dem Zentralen Kulturtechnischen Ausschuß gemäß Artikel 3 des Flurbereinigungsgesetzes 1954;

vorbehaltlich der Fälle, in denen einer Unserer Minister, der im Staatlichen Raumordnungsausschuß vertreten ist, gegen die Maßnahme oder die Planung Einwendungen aufgrund der Regierungspolitik auf dem Gebiete der Raumordnung erhebt.

Artikel 27

(1) Der Vorsitzende des Staatlichen Raumordnungsausschusses beruft den Ausschuß so oft zu einer Sitzung ein, wie er es für nötig erachtet, oder wenn ein Mitglied das beantragt. Die Einladung enthält die Tagesordnung der Sitzung.

(2) Der Vorsitzende kann aus dem Ausschuß Arbeitsausschüsse bilden und Sachkenner einladen zur Teilnahme an Beratungen des Ausschusses oder eines Arbeitsausschusses.

(3) Auf Antrag eines Mitgliedes setzt der Vorsitzende die Behandlung einer Sache bis zur folgenden Sitzung ab, um dem Mitglied Gelegenheit zu geben, mit dem Minister, der ihn ernannt hat, Rücksprache zu halten.

Artikel 28

(1) Es gibt im Staatlichen Raumordnungsausschuß zwei Unterausschüsse:

a) den Unterausschuß für allgemeine Angelegenheiten;

b) den Unterausschuß für Denkmale und Naturschutz.

(2) Unser Minister bestimmt nach Anhörung des Staatlichen Raumordnungsausschusses, welche Mitglieder dieses Ausschusses in den im ersten Absatz genannten Unterausschüssen Mitglied sind. Der Vorsitzende des Staatlichen Raumordnungsausschusses ist Vorsitzender der Unterausschüsse. Der Leiter der Staatlichen Raumordnungsbehörde ist in allen Unterausschüssen Mitglied.

112

(3) Unser Minister kann nach Anhörung des Staatlichen Raumordnungsausschusses Nicht-Mitglieder dieses Ausschusses als Mitglied von einem oder mehreren der im ersten Absatz genannten Unterausschüsse ernennen.

(4) Das Gutachten der in diesem Artikel genannten Unterausschüsse tritt an die Stelle von dem des Staatlichen Raumordnungsausschusses; es sei denn, der Vorsitzende oder ein Mitglied verlangt die Behandlung im Staatlichen Raumordnungsausschuß.

Artikel 29

(1) In dem Gutachten des Staatlichen Raumordnungsausschusses oder eines Unterausschusses wird auf Verlangen eine von der Mehrheit abweichende Auffassung angegeben.

(2) Die Mitglieder, die in einer Sitzung des Ausschusses oder eines Unterausschusses eine von der Mehrheit abweichende Meinung kenntlich gemacht haben, können sich in dieser Sitzung die Befugnis vorbehalten, ein besonderes Gutachten, das dem Gutachten des Ausschusses oder des Unterausschusses beigefügt wird, zu erstatten.

§ 2 Staatliche Raumordnungsbehörde

Artikel 30

(1) Der Sitz des Leiters der Staatlichen Raumordnungsbehörde ist s'-Gravenhage.

(2) Zur Erfüllung der Aufgabe der Behörde werden höchstens fünf Direktionen eingerichtet.

(3) Unser Minister setzt die Anzahl wie auch den Umfang der Tätigkeiten der Direktionen fest.

(4) Unser Minister kann für die Vornahme bestimmter Untersuchungen allgemeiner oder besonderer Art, die der Vorbereitung der Aufgabenerfüllung der Behörde dienen, Ausschüsse einsetzen, in denen ausschließlich oder in der Mehrzahl Personen Mitglieder sind, die nicht zur Behörde gehören.

(5) Die im vorigen Absatz genannten Ausschüsse erstatten ihre Gutachten dem Leiter der Behörde.

(6) Der Leiter der Behörde legt auf Ersuchen Unseres Ministers bei seiner Stellungnahme das Gutachten eines nach Absatz 4 eingesetzten Ausschusses vor.

Artikel 31

(1) Zur Staatlichen Raumordnungsbehörde gehören mindestens fünf Inspekteure für Raumordnung.

(2) Für Ernennung, vorläufige Amtsenthebung und Entlassung der Inspekteure sind Wir zuständig.

(3) Fünf Inspekteure erfüllen ihre Aufgabe innerhalb je eines von Uns zugewiesenen Teiles der Niederlande.

(4) Ein oder mehrere Inspekteure können im allgemeinen Dienst tätig sein.

(5) Unser Minister bestimmt den Sitz der Inspekteure.

(6) Die Inspekteure werden in der Ausübung ihrer Aufgabe unterstützt durch ihnen beigegebene Beamte. Einer oder mehrere dieser Beamten erhalten den Titel eines Stellvertretenden Inspekteurs; sie werden von Unserem Minister, nachdem er sich mit dem Leiter der Behörde ins Benehmen gesetzt hat, bestimmt.

(7) Ein Inspekteur wird bei Fehlen, Verhinderung oder Abwesenheit von einem anderen Inspekteur oder von seinem Stellvertretenden Inspekteur vertreten; der Leiter der Behörde regelt diese Vertretung durch eine schriftliche Anordnung.

Artikel 32

(1) Die Staatliche Raumordnungsbehörde erfüllt die ihr in Artikel 52 des Raumordnungsgesetzes aufgetragenen Aufgaben wie folgt:

a) sie unterhält einen regelmäßigen Kontakt mit den dafür in Betracht kommenden Staats-, Provinz- und Gemeindeorganen;

b) sie macht Untersuchungen und Studien für die Raumordnung und veröffentlicht, nach Eingang der Ermächtigung Unseres Ministers dazu, die Ergebnisse dieser Untersuchungen und Studien;

c) sie erstattet Unserem Minister, dem Staatlichen Raumordnungsausschuß, dem Beirat für Raumordnung als auch den aus dem genannten Ausschuß und dem genannten Beirat gebildeten Unterausschüssen, besonderen Ausschüssen oder Arbeitsausschüssen Bericht;

d) sie bereitet auf Ersuchen die Tätigkeiten des Staatlichen Raumordnungsausschusses, des Beirates für Raumordnung als auch der aus dem genannten Ausschuß und dem genannten Beirat gebildeten Unterausschüsse, besonderen Ausschüsse oder Arbeitsausschüsse vor;

e) ihr obliegt die allgemeine Überwachung der Einhaltung des Raumordnungsgesetzes und der kraft dieses Gesetzes erlassenen Vorschriften durch die Inspekteure für Raumordnung;

f) sie gibt dem Staatlichen Raumordnungsausschuß über die Erfahrungen der Inspekteure für Raumordnung Berichte;

g) sie teilt tatsächliche Gegebenheiten den dafür in Betracht kommenden Organen, Ausschüssen, Behörden oder Einrichtungen mit;

h) sie gibt Unserem Minister über die Tätigkeiten der Staatlichen Raumordnungsbehörde im voraufgegangenen Kalenderjahr jährlich Bericht.

§ 3 Beirat für Raumordnung

Artikel 33

(1) Unsere Minister, deren Vertreter an den Sitzungen des Beirates für Raumordnung teilnehmen, sind: Unsere Minister für Allgemeine Angelegenheiten, für Äußeres, für Inneres, für Unterricht und Wissenschaften, für Finanzen, für Verteidigung, für Wohnungswesen und Raumordnung, für Verkehr, Straßen- und Wasserbau, für Wirtschaft, für Landwirtschaft und Fischesei, für Soziales, für Volksgesundheit und Umwelthygiene und für Kultur, Erholung und gerellschaftliche Aufgaben.

(2) Den Vorschlag für einen Beschluß zur Bestimmung der Organisationen im Sinne des Artikels 55 Absatz 1 des Raumordnungsgesetzes oder zur Ernennung des Vorsitzenden, der Mitglieder oder des Geschäftsführers des Beirates macht Uns Unser Minister im Einvernehmen mit Unseren Ministern, die mitbeteiligt sind.

Artikel 34

(1) Der Vorsitzende des Beirates ist zugleich Mitglied des Beirates.

(2) Unser Minister bestimmt, nachdem er den Vorsitzenden des Beirates gehört hat, aus den Mitgliedern des Beirates einen oder mehrere stellvertretende Vorsitzende.

(3) Unser Minister gibt dem Beirat einen oder mehrere stellvertretende Geschäftsführer bei.

Artikel 35

(1) Auf Ersuchen wird und aus eigenem Entschluß kann der Beirat Unseren Minister über Grundzüge und Prinzipien, die von öffentlichem Interesse für die Raumordnung sind, beraten.

(2) Unser Minister hört den Beirat an über Grundzüge und Prinzipien im Sinne des ersten Absatzes.

Artikel 36

(1) Der Vorsitzende des Beirates bestimmt aus dem Beirat Mitglieder, die zusammen einen Arbeitsausschuß bilden, der im Hinblick auf die gute Ausführung der Aufgabe des Beirates regelmäßig Fühlung hält mit dem Wirtschaftsleben.

(2) Der Arbeitsausschuß erstattet, so oft er dies für nötig erachtet oder der Vorsitzende darauf anträgt, über seine Erfahrungen dem Beirat Bericht.

Artikel 37

(1) Der Vorsitzende des Beirates kann im Zusammenhang mit der Erstattung von Gutachten über bestimmte Gegenstände aus den Mitgliedern des Beirates besondere Ausschüsse bilden.

(2) Der Leiter der Staatlichen Raumordnungsbehörde oder sein Stellvertreter können den Sitzungen der besonderen Ausschüsse beiwohnen. Die von Unserem Minister bestimmten Vertreter der in Artikel 33 genannten Minister können den Sitzungen der von ihm bestimmten besonderen Ausschüsse beiwohnen.

Artikel 38

(1) Der Vorsitzende des Beirates kann Sachkenner einladen zur Teilnahme an Sitzungen des Beirates und der besonderen Ausschüsse.

(2) Der Vorsitzende kann den Sitzungen der besonderen Ausschüsse beiwohnen.

Artikel 39

(1) In den Gutachten des Beirates wird auf Verlangen eine von der Mehrheit abweichende Auffassung angegeben.

(2) Die Mitglieder, die in einer Sitzung des Beirates oder eines besonderen Ausschusses eine von der Mehrheit abweichende Meinung kenntlich gemacht haben, können sich in dieser Sitzung die Befugnis vorbehalten, ein besonderes Gutachten, daß dem Gutachten des Beirates beigefügt wird, zu erstatten.

Abschnitt 2

Provinzialer Raumordnungsausschuß

Artikel 40

(1) Die Provinzialen Raumordnungsausschüsse werden so zusammengesetzt, daß die verschiedenen Aspekte, die von der Raumordnung betroffen sind, darin zu ihrem Recht kommen.

(2) Mitglied in den Provinzialen Raumordnungsausschüssen sind in jedem Fall der Leiter der Staatlichen Straßen- und Wasserbaubehörde in der Provinz, der Inspekteur für Wohnungswesen, der Leiter der Kulturtechnischen Staatsbehörde, der Leiter der Staatsforstverwaltung, der Leiter des Bezirksarbeitsamtes und der Leiter des betreffenden militärischen Baubereichs des Verteidigungsministeriums.

(3) Unser Minister ist befugt, Staatsbehörden zu bestimmen, die im Provinzialen Raumordnungsausschuß vertreten sein müssen.

Teil V

Schlußbestimmung

Artikel 41

Dieser Staatsbeschluß kann als „Raumordnungsverordnung" zitiert werden. Er tritt zugleich mit dem Raumordnungsgesetz in Kraft.[5]

---

[5]) Das Gesetz ist am 1. August 1965 in Kraft getreten (Staatsbeschluß vom 24. Juli 1965, Staatsblad 340).

115

Unser Minister für Wohnungswesen und Raumordnung ist mit der Ausführung dieses Staatsbeschlusses beauftragt, der mit der dazugehörenden Begründung im Staatsblad veröffentlicht wird und von dem eine Abschrift dem Staatsrat übersandt wird.

Porto Ercole, 24. Juli 1965.

JULIANA

Der Minister für Wohnungswesen und Raumordnung,

P. BOGAERS

Ausgegeben, den neunundzwanzigsten Juli 1965
Der Justizminister a. i.
SMALLENBROEK

116

Anlage C: Text der für die Raumordnung relevanten Artikel des Wohnungsgesetzes

Königreich der Niederlande

Wohnungsgesetz
(Woningwet)

(vom 12. Juli 1962 — Staatsblad 287 —, letztlich
geändert durch Gesetz vom 6. Mai 1971 —
Staatsblad 309 — in der Fassung der Bekanntmachung vom 23. Juni 1964 — Staatsblad 222)[1]

Auszug

Artikel 47

(1) Es ist verboten, ohne oder abweichend von einer schriftlichen Genehmigung des Magistrats zu bauen (Baugenehmigung).

(2) Eine Baugenehmigung ist nicht erforderlich für das Bauen, mit dem eine Verfügung des Magistrats befolgt wird, für die üblichen Unterhaltungsarbeiten und für

a) Veränderungen oder Erneuerungen von untergeordneter Bedeutung,

b) das Bauen von Bauwerken geringen Ausmaßes, die keine Gebäude sind,

und zwar im Rahmen dessen, was darüber in der Bauordnung näher bestimmt ist.

Artikel 48

(1) Die Baugenehmigung darf nur und muß versagt werden, wenn

a) das Bauwerk, auf das sich der Antrag bezieht, der Bauordnung, der auf Grund der Bauordnung getroffenen Regelungen oder gestellten Anforderungen oder der in Artikel 23 genannten Rechtsverordnung nicht entsprechen würde,

b) das Bauwerk gegen einen Widmungsplan oder gegen die kraft eines solchen Planes gestellten Anforderungen verstoßen würde,

c) für das Bauwerk eine Genehmigung auf Grund des Denkmalgesetzes (Monumentenwet) oder einer provinzialen oder gemeindlichen Denkmalverordnung erforderlich ist und diese nicht erteilt worden ist.

(2) Ein Beschluß, mit dem eine Genehmigung unter besonderen Bestimmungen erteilt, eine Genehmigung versagt oder eine Entscheidung ausgesetzt wird, ist zu begründen. Mit einer Ge-
nehmigung dürfen nur solche Bedingungen verbunden werden, die zum Schutze derjenigen Belange dienen, um derentwillen man zusätzliche Vorschriften in die Bauordnung aufgenommen hat, nämlich Vorschriften, nach denen bestimmte Bauwerke einer Baugenehmigung bedürfen und denen dann das genehmigte Bauwerk entsprechen muß.

---

[1] Deutsche Übersetzung: J. H. WALTER RICHTER, Recklinghausen.

(3) Der Magistrat übersendet dem Antragsteller eine Abschrift des Beschlusses. Wenn die Genehmigung eine Wohnbaracke betrifft, übersendet der Magistrat gleichzeitig dem Inspekteur für Wohnungswesen unverzüglich eine Abschrift des Beschlusses. Wenn sich die Genehmigung auf ein Bauwerk bezieht, das zu einem geschützten Stadt- oder Dorfbild im Sinne des Denkmalgesetzes gehört, übersendet der Magistrat außerdem eine Abschrift des Beschlusses an den Rat für Denkmalpflege.

Artikel 50

(1) Der Magistrat entscheidet über einen Bauantrag innerhalb zweier Monate nach Eingang des Antrages. Er kann die Entscheidung einmal um höchstens zwei Monate aussetzen. Er übersendet dem Antragsteller eine Abschrift des Beschlusses, durch den die Entscheidung ausgesetzt worden ist.

(2) Abweichend von Absatz 1 hat der Magistrat die Entscheidung auszusetzen, wenn kein Grund vorliegt, die Genehmigung zu versagen, und für das Gebiet, in dem das Bauwerk ausgeführt werden soll, vor Eingang des Antrages ein Vorbereitungsbeschluß im Sinne des Artikels 21 des Raumordnungsgesetzes bekanntgemacht, ein Entwurf eines Widmungsplanes oder ein Entwurf für die Änderung eines Widmungsplanes zur Einsicht ausgelegt oder ein Widmungsplan aufgestellt oder geändert worden ist.

(3) Die Entscheidung bleibt ausgesetzt, bis der Vorbereitungsbeschluß gemäß Artikel 21 Absatz 4 des Raumordnungsgesetzes unwirksam geworden ist, die in Artikel 25 jenes Gesetzes genannte Frist überschritten ist oder über die Genehmigung des Widmungsplanes oder der Änderung eines Widmungsplanes rechtskräftig entschieden worden ist.

(4) Die Entscheidung über die Genehmigung gilt als noch nicht rechtskräftig, soweit einer Verpflichtung im Sinne des Artikels 30 des Raumordnungsgesetzes noch nicht genügt oder über die Genehmigung eines nach Artikel 30 oder 40 jenes Gesetzes aufgestellten Planes noch nicht rechtskräftig entschieden worden ist. Die Aussetzung endet jedoch, wenn innerhalb eines Jahres nach Ablauf der Frist im Sinne des Artikels 30 des vorgenannten Gesetzes kein Entwurf eines Widmungsplanes oder für die Änderung eines Widmungsplanes zur Einsicht ausgelegt worden ist.

(5) Abweichend von Absatz 1 hat der Magistrat die Entscheidung über einen Bauantrag ebenfalls auszusetzen, wenn kein Grund vorliegt, die Genehmigung zu versagen, und der Bauantrag ein Bauwerk betrifft, das zu einem geschützten Stadt- oder Dorfbild im Sinne des Denkmalgesetzes gehört, für das noch kein seinem Schutz dienender Widmungsplan gilt.

(6) Die Entscheidung bleibt nach Absatz 5 ausgesetzt, bis über die Genehmigung eines Widmungsplanes, der gemäß Artikel 37 Absatz 5 des Raumordnungsgesetzes aufzustellen oder zu ändern ist, rechtskräftig entschieden worden ist.

(7) Der Magistrat teilt dem Antragsteller wie auch, im Falle des Absatzes 5, Unserem Minister für Unterricht, Künste und Wissenschaften die Aussetzung mit.

(8) Abweichend von Absatz 2 kann der Magistrat die Genehmigung erteilen, wenn die Bauplanung nicht einem in Vorbereitung befindlichen Plan oder seiner in Vorbereitung befindlichen Änderung entgegensteht und zuvor die Erklärung des Provinzialausschusses vorliegt, daß er nach Anhörung des Inspekteurs für Raumordnung gegen die Erteilung der Genehmigung keine Einwendungen erhebe.

(9) Im Falle des Absatzes 5 kann Unser Minister für Unterricht, Künste und Wissenschaften, wenn er der Meinung ist, daß die Erteilung der Genehmigung zu einer unerwünschten Änderung des geschützten Stadt- oder Dorfbildes führen wird, innerhalb zweier Monate nach Abgang des Aussetzungsbeschlusses Unseren Minister für Wohnungswesen und Bauwirtschaft um Abhilfe ersuchen. Er teilt dies dem Magistrat mit. Unser Minister für Wohnungswesen und Bauwirtschaft kann innerhalb dreier Monate nach Eingang des Abhilfeersuchens erklären, ob etwas gegen die Erteilung der Genehmigung einzuwenden ist oder nicht. Er übersendet eine Abschrift des Beschlusses dem Magistrat und Unserem Minister für Unterricht, Künste und Wissenschaften.

118

(10) Abweichend von Absatz 5 ist die Genehmigung zu erteilen, wenn

a) Unser Minister für Unterricht, Künste und Wissenschaften erklärt hat, daß gegen die Erteilung der Genehmigung nichts einzuwenden ist,

b) die in Absatz 9 genannte Frist von zwei Monaten verstrichen ist, ohne daß eine Mitteilung Unseres Ministers für Unterricht, Künste und Wissenschaften eingegangen ist,

c) eine Mitteilung im Sinne des vorigen Absatzes, Satz 2, eingegangen ist und entweder Unser Minister für Wohnungswesen und Bauwirtschaft erklärt hat, daß gegen die Erteilung nichts einzuwenden ist, oder die im vorigen Absatz genannte Frist von drei Monaten verstrichen ist, ohne daß eine Erklärung abgegeben worden ist.

Anmerkung:

„Gebäude", definiert in Artikel 1 Absatz 1 Wohnungsgesetz:
„Jedes Bauwerk, das einen für den Aufenthalt von Menschen geeigneten, überdeckten, ganz oder teilweise mit Wänden umschlossenen Raum bildet."

Verzeichnis
der deutschen Übersetzung einiger niederländischer Fachausdrücke

1. ORGANE UND BEHÖRDEN

Beirat für Raumordnung	Raad van Advies voor de Ruimtelijke Ordening
Beirat für Straßen- und Wasserbaufragen	Raad van de Waterstaat
Bürgermeister	Burgemeester
Gemeinde	Gemeente, gemeentebestuur
Gemeinderat	Gemeenteraad
Gemeindeverwaltung	Gemeentesecretarie
Generalstaaten (Erste und Zweite Kammer)	Staten-Generaal (Eerste en Tweede Kamer)
Inspekteur für Raumordnung	Inspecteur van de Ruimtelijke Ordening
Inspekteur für Wohnungswesen	Inspecteur van de Volkshuisvesting
Magistrat	Burgemeester en Wethouders
Provinz	Provincie, provinciaal bestuur
Provinzialausschuß	Gedeputeerde Staten
Provinziale Raumordnungsbehörde	Provinciale Planologische Dienst
Provinzialer Raumordnungsausschuß	Provinciale Planologische Commissie
Provinziallandtag	Provinciale Staten
Provinzialverwaltung	Provinciale Griffie
Rat für Denkmalpflege	Monumentenraad
Staatliche Raumplanungsbehörde	Rijks Planologische Dienst
Staatlicher Raumplanungsausschuß	Rijks Planologische Commissie
Staatsrat (Abteilung für Verwaltungsstreitigkeiten)	Raad van State (Afdeling voor de geschillen van bestuur)
Wasserverband	Waterschap, waterschapsbestuur
Zentraler Kulturtechnischer Ausschuß	Centrale Cultuurtechnische Commissie

120

2. SONSTIGE FACHAUSDRÜCKE

Abhilfe	Voorziening
Anforderungen im einzelnen festlegen	Nadere eisen stellen
Anlagegenehmigung	Aanlegvergunning
Aufsichtsbefugnisse	Voorschriften van hoger gezag
Baugenehmigung	Bouwvergunning
Bauantrag	Aanvraag om bouwvergunning
Beschwerde	Beroep
Denkmalverordnung	Monumentenverordening
Einwendungen	Bezwaren
Erneuerung von im Zusammenhang bebauten Ortsteilen	Reconstructie van bebouwde kommen
Erschließungsverordnung	Exploitatieverordening
Gesetz- und Verordnungsblatt	Staatsblad (Stb.)
Grundsätze (siehe auch Regelungen)	Regelen
Grundzüge und Prinzipien	Hoofdlijnen en beginselen
Katastergrenzen, Gemarkung, Flur und Flurstück (Parzelle)	Kadastrale grenzen, sectie en nummer
Nutzungsregelungen	Gebruiksregelen
Ortsteil, im Zusammenhang bebauter	Bebouwde kom
Plan, Planung	Plan
Plan im einzelnen rechtsverbindlich ausgestalten	Plan nader uitwerken
Planungsmaßnahme	Planologische maatregel
Raumordnung[1])	Ruimtelijke ordening
Raumordnungsgesetz (ROG)	Wet op de ruimtelijke ordening
Raumordnungsverordnung (ROV)	Besluit op de ruimtelijke ordening
Rechtsverordnung	Algemene maatregel van bestuur
Regelungen (siehe auch Grundsätze)	Regelen
Regionalplan	Streekplan
Strukturplan	Structuurplan
Teilaspekte (der nationalen Raumordnungspolitik, der räumlichen Entwicklung)	Facetten (van het nationale ruimtelijke beleid, van de ruimtelijke ontwikkeling)
Überprüfen	Herzien
Verfügung	Aanschrijving

---

[1]) Siehe Fußnote 1 zum Raumordnungsgesetz.

Verwaltungsvollstreckung	Politiedwang
Vorbereitungsbeschluß	Voorbereidingsbesluit
Vorhaben	Werk
Weisungen	Aanwijzingen
Widmungsplan	Bestemmingsplan
Zweckbestimmung (festlegen)	Bestemming (aanwijzen)

Taschenbücher zur Raumplanung (TzR)
der Akademie für Raumforschung und Landesplanung

Band 1 *J. Heinz Müller*:

Methoden zur regionalen Analyse und Prognose;
neu bearbeitete 2. Auflage   212 Seiten, DM 15,—
Best.-Nr. 91 661

Band 2 *Elisabeth Lauschmann*:

Grundlagen einer Theorie der Regionalpolitik;
neu bearbeitete Auflage voraussichtlich Mitte 1976
Best.-Nr. 91 662

Band 3 *Karl Schwarz*:

Methoden der Bevölkerungsvorausschätzung unter
Berücksichtigung regionaler Gesichtspunkte;
Best.-Nr. 91 663   216 Seiten, DM 16,—

Band 4 *Olaf Boustedt*:

Grundriß der empirischen Regionalforschung
Teil I: Raumstrukturen
Best.-Nr. 91 664   399 Seiten, DM 18,—

Band 5 *Olaf Boustedt*:

Teil II: Bevölkerungsstrukturen
Best.-Nr. 91 665   213 Seiten, DM 14,—

Band 6 *Olaf Boustedt*:

Teil III: Siedlungsstrukturen
Best.-Nr. 91 666   378 Seiten, DM 16,—

Band 7 *Olaf Boustedt*:

Teil IV: Regionalstatistik
Best.-Nr. 91 667   224 Seiten, DM 14,—

Auslieferung

HERMANN SCHROEDEL VERLAG KG · HANNOVER